UTB 2104

Eine Arbeitsgemeinschaft der Verlage

Wilhelm Fink Verlag München
A. Francke Verlag Tübingen und Basel
Paul Haupt Verlag Bern · Stuttgart · Wien
Hüthig Fachverlage Heidelberg
Verlag Leske + Budrich GmbH Opladen
Lucius & Lucius Verlagsgesellschaft Stuttgart
Mohr Siebeck Tübingen
Quelle & Meyer Verlag Wiebelsheim
Ernst Reinhardt Verlag München und Basel
Schäffer-Poeschel Verlag Stuttgart
Ferdinand Schöningh Verlag Paderborn · München · Wien · Zürich
Eugen Ulmer Verlag Stuttgart
Vandenhoeck & Ruprecht in Göttingen und Zürich
WUV Wien

Annette Leonhardt

Einführung in die Hörgeschädigtenpädagogik

Mit 44 Abbildungen, 15 Tabellen und 77 Übungsaufgaben

Ernst Reinhardt Verlag München Basel

Annette Leonhardt, geb. 1955, Prof. Dr. habil., Diplomlehrerin für Mathematik und Physik, Diplomlehrerin für Hörgeschädigte, Studium in Potsdam und Berlin, nach Abschluß der Promotion Lehr- und Forschungstätigkeit an der Humboldt-Universität zu Berlin, Habilitation 1990, seit 1992 Professorin der Universität München; verschiedene internationale Studienaufenthalte (u. a. Japan, Kanada, Slowakei, Tschechien, Äthiopien und USA); zahlreiche Veröffentlichungen zu verschiedenen Teilbereichen der Gehörlosen- und Schwerhörigenpädagogik, u. a.: „Das Cochlear Implant bei Kindern und Jugendlichen" (1997). – Adresse: Ludwig-Maximilians-Universität, Institut für Sonderpädagogik, Lehrstuhl Gehörlosen- und Schwerhörigenpädagogik, Leopoldstr. 13, 80802 München.

Die Deutsche Bibliothek – CIP-Einheitsaufnahme

Leonhardt, Annette:
Einführung in die Hörgeschädigtenpädagogik mit 15 Tabellen und 77 Übungsaufgaben /
Annette Leonhardt. - München ; Basel : E. Reinhardt, 1999
  (UTB für Wissenschaft : Uni-Taschenbücher ; 2104)
  ISBN 3-8252-2104-0 (UTB)
  ISBN 3-497-01506-7 (Reinhardt)

© 1999 by Ernst Reinhardt, GmbH & Co KG, Verlag, München
Dieses Werk einschließlich seiner Teile ist urheberrechtlich geschützt. Jede Verwertung außerhalb der engen Grenzen des Urheberrechtsgesetzes ist ohne schriftliche Zustimmung der Ernst Reinhardt, GmbH & Co KG, München, unzulässig und strafbar. Das gilt insbesondere für Vervielfältigungen, Übersetzungen in andere Sprachen, Mikroverfilmungen und die Einspeicherung und Verarbeitung in elektronischen Systemen.

Einbandgestaltung: Alfred Krugmann, Freiberg/Neckar

Printed in Germany

ISBN 3-8252-2104-0 (UTB-Bestellnummer)

Inhalt

Vorwort 8

Hinweise zur Benutzung dieses Lehrbuches 10

1 Wer ist hörgeschädigt? 11

2 Ziel und Gegenstand der Hörgeschädigtenpädagogik 20

2.1 Pädagogische Kennzeichnung von Gehörlosigkeit
und Schwerhörigkeit 20
2.2 Ziele der Hörgeschädigtenpädagogik 26
2.3 Gegenstand der Hörgeschädigtenpädagogik 30
2.4 Übungsaufgaben 35

3 Hörschäden im Kindes- und Jugendalter 37

3.1 Anatomische und physiologische Vorbemerkungen .. 37
3.2 Arten und Ausmaß von Hörschäden 47
3.3 Ursachen 52
3.4 Häufigkeit 57
3.5 Übungsaufgaben 67

4 Beschreibung der Population 68

4.1 Schwerhörige 71
4.2 Gehörlose 77
4.3 Postlingual schwerhörig gewordene Erwachsene 81
4.4 Ertaubte 81
4.5 Cochlea-Implantat-Träger 84
4.6 Übungsaufgaben 86

5 Audiometrische Diagnostik 88

5.1 Medizinische Audiometrie 89
5.2 Pädagogische Audiometrie 91
5.3 Übungsaufgaben 93

6	**Institutionen und Maßnahmen für die Bildung und Erziehung hörgeschädigter Kinder und Jugendlicher**	**94**
6.1	Pädoaudiologische Beratungsstelle	95
6.2	Hausfrüherziehung	97
6.3	Wechselgruppen	99
6.4	Vorschulerziehung	100
6.5	Schulen für Gehörlose und Schwerhörige	102
6.6	Gemeinsames Lernen von hörgeschädigten und hörenden Schülern	106
6.7	Berufliche Bildung	109
6.8	Übungsaufgaben	112
7	**Hilfsmittel für Hörgeschädigte**	**113**
7.1	Manuelle Hilfen	113
7.2	Hörgeräte	117
7.3	Weitere Hilfen	124
7.4	Übungsaufgaben	126
8	**Das Cochlea-Implantat**	**127**
8.1	Übungsaufgaben	138
9	**Gebärdensprache und Gebärdensprachbewegung**	**139**
9.1	Übungsaufgaben	142
10	**Therapeutische Aspekte**	**143**
10.1	Hörerziehung	143
10.2	Rhythmisch-musikalische Erziehung	147
10.3	Entwicklung von Sprechfertigkeiten	149
10.4	Visuelle Lautsprachperzeption	151
10.5	Übungsaufgaben	153
11	**Die besondere Bedeutung und die Aufgabenfelder der Früherziehung**	**155**
11.1	Übungsaufgaben	166
12	**Jugend- und Erwachsenenalter**	**167**
12.1	Berufliche Eingliederung, Aus-, Fort- und Weiterbildung	167
12.2	Hörgeschädigte Erwachsene	170
12.3	Altersschwerhörige	175
12.4	Übungsaufgaben	178

13	**Überblick über die Geschichte der Hörgeschädigtenpädagogik**	179
13.1	Erziehung Hörgeschädigter von den Anfängen bis zum Mittelalter	180
13.2	Hörgeschädigte im Mittelalter	182
13.3	Aufklärung und Neuzeit: Die Entstehung einer institutionalisierten Bildung Gehörloser	191
13.4	Konzeptionen und Bewegungen Ende des 19./Anfang des 20. Jahrhunderts	201
13.5	Hörgeschädigtenpädagogik im Dritten Reich	212
13.6	Übungsaufgaben	215

Anhang 216

Glossar 216
Lösungshinweise zu den Übungsaufgaben 228
Literatur 236
Fachzeitschriften 247
Organisationen für Hörgeschädigte 248
Sachregister 250

Vorwort

Der Ernst Reinhardt Verlag hatte eine Idee – und ich war begeistert! Meine Begeisterung normalisierte sich, als ich mich im universitären Alltag zwischen Lehre, Forschung, Symposien, Drittmitteleinwerbung und universitärer Selbstverwaltung wiederfand. Dennoch: Die Idee, eine UTB-Reihe „Einführung in die X-Pädagogik" mit Lehrbuchcharakter für Erstsemester bzw. Studienanfänger herauszugeben, empfand ich als derart sinnvoll, daß ich diese nicht den alltäglichen Aufgaben opfern wollte.

Während es mittlerweile vielfältige, oft sehr spezifische Publikationen zu Teilgebieten der Hörgeschädigtenpädagogik – welche letztendlich für eine vergleichsweise kleine Population zuständig ist – gibt, ist es für Studienanfänger und ebenso für Personen, die sich kurz über das Fachgebiet informieren wollen, noch immer recht schwierig, auf Literatur zu stoßen, die nicht oder kaum auf Vorwissen aufbaut. Hier besteht ein Mangel! Eine Ausnahme bildet das Buch von Wisotzki: „Grundriß der Hörgeschädigtenpädagogik" (1994). Ergänzend sei noch auf Pöhle: „Grundlagen der Pädagogik Hörbehinderter" (1994) verwiesen, das jedoch als Studientext der Universität Potsdam keine Verbreitung über den Buchhandel erfährt.

Das vorliegende Buch soll der konzipierten UTB-Reihe gemäß einen Überblick über das Fachgebiet geben. Sein Inhalt konzentriert sich auf Themen, die für die Hörgeschädigtenpädagogik in einer gewandelten Wirklichkeit grundlegend wichtig sind und aktuelle Anforderungen und Herausforderungen für sie darstellen. Es ist der Versuch einer zusammenfassenden Beschreibung, die theoretische Positionen ebenso wie Aspekte der praktischen Arbeit einschließt. Gleichzeitig wird die Absicht verfolgt, das Spezifische in der (sonder-)pädagogischen Arbeit mit Hörgeschädigten zu kennzeichnen. So soll jedem Leser zugleich eine grundlegende Orientierung über die Tätigkeit eines Hörgeschädigtenpädagogen gegeben werden. Durch die neuen Entwicklungen, u. a. im Bereich der Pädoaudiologie, der Cochlea-Implantat-Versorgung, der Spracherwerbsforschung und der Linguistik kristallisieren sich heute neue Aufgabenfelder für die Hörgeschädigtenpädagogen heraus. Sie verlassen mehr und mehr die traditionelle Rolle als Lehrer einer Gehörlosen- und Schwerhörigenschule und finden sich in Bereichen wie der Früherziehung, der mobilen Dienste sowie der vor-, neben- und nachschulischen Betreuung wieder. Auch die Andragogik und die Gerontologie sind Gebiete, die hörgeschädigtenspezifisches Wissen erforderlich machen – sei es in der bisher noch zu sehr vernachlässigten Weiterbildung hörgeschädigter und ertaubter Berufstätiger oder in der Arbeit mit Senioren, die der pädagogischen Unterstützung bedürfen, um die sozialen Folgen ihrer häufig erst im höheren Alter eingetretenen Hörschädigung zu bewältigen und weiterhin ein sinnerfülltes Leben zu führen.

Die Hörgeschädigtenpädagogik befindet sich gegenwärtig (noch immer) – wie keine andere sonderpädagogische Fachrichtung – in einem Spannungsfeld der Meinungen und Auseinandersetzungen, deren Polarisierung sich (optimistisch gesehen) gerade etwas „aufzuweichen" beginnt. Um dieses Spannungsfeld und die Hintergründe, die dazu geführt haben, verständlicher werden zu lassen, schien es geboten, die historische Entwicklung vergleichsweise umfänglich aufzubereiten. Eine spezifische Diskussion kann jedoch nur im Rahmen von wissenschaftlichen Fachbeiträgen geführt werden, die die Ebene einer „Einführung" verlassen hat.

Das Bestreben, die Teilaspekte des Fachgebietes möglichst in ihrer Gesamtheit zu erfassen und andererseits die Notwendigkeit, sich hinsichtlich des Umfanges auf ein vertretbares Maß zu begrenzen, erlauben nicht, auf Detailfragen einzugehen. Hier sei auf ergänzende und fortführende Literatur verwiesen.

Die Entstehung eines Buches bedarf stets der Zusammenarbeit mit Helfern im Hintergrund:

Danken möchte ich Frau Hannelore Raudszus. Sie übernahm, wie schon so oft, die schreibtechnische Herstellung des Manuskripts. Ihre Ausdauer und ihre Geduld scheinen stets unerschöpflich. Immer behält sie den Überblick und ist gleichermaßen „Seele und Motor" unseres gemeinsamen Vorhabens. Frau Cornelia Kapfhammer, wissenschaftliche Assistentin am Lehrstuhl für Gehörlosen- und Schwerhörigenpädagogik der Ludwig-Maximilians-Universität München, erwies sich als unermüdliche Helferin bei den Literaturrecherchen. Ihr sei herzlich gedankt dafür! Von der Bibliothek für Hör- und Sprachgeschädigtenwesen, Leipzig, möchte ich Frau Leichter, Herrn Müller und Herrn Winkler danken. Ebenso sei Frau Hildegard Wehler vom Verlag für die zuverlässige und so wichtige Verlagsarbeit gedankt. Danken möchte ich ihr aber auch dafür, daß sie mich von Anfang an in die neue UTB-Reihe einbezog. Es war mir eine Freude, hier mitwirken zu können.

München, im August 1999　　　　　　　　　　Annette Leonhardt

Hinweise zur Benutzung dieses Lehrbuches

Dieses Lehrbuch soll das notwendige Basiswissen für eine Hörgeschädigtenpädagogik vermitteln. Am Ende jedes Kapitels sind Übungsaufgaben angefügt zur eigenen Lernkontrolle. Lösungshinweise und ein Glossar sind im Anhang abgedruckt. Zur schnelleren Orientierung wurden in den Randspalten Piktogramme benutzt, die folgende Bedeutung haben:

 **Begriffsklärung, Definition**

  Beispiel

  Literaturempfehlung, weiterführende Literatur

  Übungsaufgaben am Ende der Kapitel

1 Wer ist hörgeschädigt?

Hören ist eine Fähigkeit, deren Bedeutung der hörende Mensch fast immer unterschätzt. Spontan macht sich kaum jemand Gedanken darüber, in welchem Maß die Beziehung zwischen Individuum und Umwelt beeinträchtigt wird, wenn das Hören ausfällt oder nur eingeschränkt möglich ist. Je länger man jedoch über eingeschränktes oder ausgefallenes Hören nachdenkt, um so mehr wird die Tragweite bewußt: Der zwischenmenschliche Kontakt erlebt erhebliche Beeinträchtigungen; die Kommunikation mit anderen Menschen kann nicht ungehindert ablaufen.

Für den Normalhörenden ist es in der Regel etwas Selbstverständliches, daß er die Sprache anderer Menschen hören und verstehen kann, daß er sein eigenes Sprechen und Singen zu hören und zu kontrollieren vermag und daß es ihm zu jeder Zeit möglich ist, eine Vielzahl von Klängen und Geräuschen (z. B. Tierlaute, Maschinenlärm, Naturerscheinungen) wahrzunehmen. Den Wert des Hörens für die Entwicklung eines Menschen erkennt man eigentlich erst dann, wenn die Funktionstüchtigkeit des Hörorgans herabgesetzt oder wenn es gänzlich funktionsuntüchtig ist.

Einige *Fallbeschreibungen* sollen erste Informationen bieten und mögliche Auswirkungen illustrieren. Lassen wir – um eine konkrete Anschauung der Situation zu vermitteln – sechs sehr unterschiedliche Beispiele wirken:

Fallbeschreibung 1: Johannes L., 4;6 Jahre, hochgradig schwerhörig beiderseits

Johannes kam als erstes Kind nach komplikationsloser Schwangerschaft auf die Welt. Er entwickelte sich zunächst außerordentlich gut. Er war gleichaltrigen Kindern in vielen Entwicklungsschritten überlegen, so konnte J. mit 6 Monaten krabbeln und mit 9 Monaten frei laufen. Er war aufgeweckt und freundlich.

Mit ca. 9 Monaten begann er zu lallen und babbelte Silben wie „dadada". Mit 1;6 Jahren sprach er einige (wenige) Wörter, z. B. Auto, hei (heiß), gah (Kran) oder dada (Papa). Sein Wortschatz vergrößerte sich jedoch nicht. So konnte J. mit knapp 2 Jahren noch immer keine weiteren Wörter sprechen. Da J. sich aber in allen anderen Bereichen gut weiterentwickelte, waren die Eltern zunächst nicht beunruhigt und dachten, wie auch Verwandte und Freunde der Familie, daß er zum Sprechenlernen etwas länger brauche.

Da J. aber auch nicht auf das Zurufen seines Namens reagierte, wurden die Eltern zunehmend verunsichert, und es kam ihnen der Gedanke, daß er vielleicht nicht gut hören könne. Sie stellten J. daraufhin dem Kinderarzt vor, der ihnen zunächst riet, noch ein Vierteljahr abzuwarten und, falls J. dann noch nicht spricht, einen Hörtest machen zu lassen.

Da J. nach diesen 3 Monaten immer noch nicht mehr sprach, überwies der Kinderarzt die Eltern an die für den Wohnort zuständige Universitätsklinik, um dort einen Hörtest und eine BERA (Hirnstammaudiometrie) durchführen zu lassen.

Der Verdacht der Schwerhörigkeit bestätigte sich: J. war beidseitig hochgradig schwerhörig.

J. bekam mit 2;6 Jahren die ersten Hörgeräte. Zeitgleich setzte die Früherziehung mit einer Stunde pro Woche ein. Die Hörgeräte wurden von J. von Anfang an gut akzeptiert; es zeigte sich sehr bald, daß er mit ihnen etwas wahrnehmen kann. Er reagierte auf Zurufe und sprach nach zwei Monaten Wörter nach. Sein Wortschatz begann rasch anzuwachsen.

Im folgenden halben Jahr wurden noch andere Hörgeräte ausprobiert. Die Hörgeräte, die er heute trägt (mit 4;7 Jahren), besitzt er seit dem 3. Lebensjahr.

Mit 3;6 Jahren kam J. in einen Waldorfkindergarten. Seit dieser Zeit wuchs sein Wortschatz rasch an. Er kommt im Kindergarten gut zurecht, kann sich mit den anderen Kindern verständigen und wird von ihnen akzeptiert. Für sein Alter hat er einen vergleichsweise umfänglichen Wortschatz und spricht vollständige Sätze. Seine Aussprache ist oft noch verwaschen, sein Sprachverständnis ist gut.

Die Entwicklungsperspektiven sind gegenwärtig noch offen. Die Eltern hoffen auf einen Besuch der Allgemeinen Schule (nach: HörEltern 1998, 7–9).

Fallbeschreibung 2: Joachim D., gehörlos

Joachims Mutter erkrankte im 3. Monat ihrer Schwangerschaft an Röteln. Die Geburt des Kindes verlief ohne Komplikationen. J. schien sich normal zu entwickeln. Die ersten motorischen Reaktionen, die visuelle Kontaktaufnahme zu den Menschen seiner nächsten Umgebung und auch das Lallen setzten zum normalen Zeitpunkt ein. Dann blieb aber die eigentliche Sprachentwicklung aus. Das Lallen ließ immer mehr nach, und schließlich verstummte das Kind völlig.

Als J. gegen Ende des zweiten Lebensjahres noch nicht zu sprechen begann, suchten die Eltern einen Arzt auf, der sie an die audiologische Abteilung einer Ohrenklinik überwies. Dort erfolgte eine erste audiometrische Untersuchung.

Wiederholte Prüfungen des Gehörs mit Hilfe verschiedener audiometrischer Verfahren ergaben, daß J. taub ist. Die noch vorhandenen Hörreste waren so gering, daß sie zum Erlernen der Lautsprache auf dem natürlichen Wege über das Gehör nicht ausreichten.

J. besuchte einen Gehörlosenkindergarten und anschließend eine Gehörlosenschule (aus: Pöhle/Reuß 1982, 55).

Fallbeschreibung 3: Frau X, Mitglied eines Schwerhörigenkreises, schwerhörig

Sie berichtet: „Wie es mir als Schwerhörige in einem Wartezimmer erging. Heftige Schmerzen im Kopf zwangen mich, den Arzt aufzusuchen. Das linke Ohr war durch eine Erkältung fast taub, am rechten trage ich eine Hörhilfe. Da ich mich auf diese nicht völlig verlassen kann ..., schrieb ich alle Beschwerden auf einen Zettel, den ich bei der Anmeldung abgab. Dem Schalter gegenüber nahm ich Platz. Wenn dem Aufruf niemand folgte, fragte ich den Patienten neben mir, ob mein Name gefallen sei. Ich sei noch nicht dran, wurde mir entgegnet. Nach fast drei Stunden vergeblichen Wartens ging ich gleich den anderen für eine knappe Stunde nach Hause, um das Mittagessen anzusetzen; 15 Patienten waren noch vor mir. Als ich zurückkam, waren es noch fünf. Diese wurden nacheinander aufgerufen, zwei nach mir Angemeldete folgten, worauf ich im Sprechzimmer fragte, ob meine Karte verlegt sei. Fünfmal sei ich aufgerufen worden, aber niemals gekommen, sagte der Doktor vorwurfsvoll. Ich entschuldigte mich, daß ich den Aufrufen nicht gefolgt sei, und wies auf meine schriftliche Mitteilung hin.

Einer Sehschwachen gegenüber wären die Patienten wohl hilfsbereiter gewesen als mir, der Schwerhörigen. Ähnliches geschieht täglich und stellt unser Vertrauen zu gesunden Menschen auf eine harte Probe" (aus: Fink 1989, 13 f.).

Fallbeschreibung 4: Herr Y, ertaubt, Vater eines 4 Jahre alten Sohnes

Es kann große Probleme mit sich bringen, wenn 3- bis 4jährige Kinder ihrem hörbehinderten Vater oder der hörbehinderten Mutter ... erzählen wollen, was sie an großen und kleinen Dingen erlebt haben. Herr Y berichtet:

„Mein kleiner vierjähriger Sohn fährt manchmal aus der Haut, wenn er zum Beispiel aus dem Garten hereinkommt und dort etwas für ihn ganz und gar Einzigartiges gesehen hat, ein Insekt oder irgend etwas. Er versucht immer wieder, mir zu erklären, was es ist, aber ich armer Vater kann bei ihm nicht ablesen. Eine solche Situation ist sowohl für meinen Sohn als auch für mich sehr belastend. Man fühlt, daß man den Ansprüchen nicht gerecht wird" (aus: Vognsen 1976, 34 f.).

Fallbeschreibung 5: Kristina Sch., hochgradig schwerhörig, an Taubheit grenzend, Studentin des Lehramts an Sonderschulen mit der vertieft studierten Fachrichtung Gehörlosenpädagogik

Sie beschreibt ihr Leben so: „Der Hörverlust ist auf der rechten Seite etwa 95 dB und auf der linken Seite 110 dB. Ich habe nur sehr geringe Hörreste, die ich aber mit meinen HdO-Geräten beiderseits sehr gut verwerten kann.

Als ich ungefähr 9 Monate alt war, bekamen meine Eltern langsam den Verdacht, daß ich nicht hören könne. Sie bemerkten, daß ich immer weniger und monotoner lallte, anstatt in die 2. Lallperiode zu gelangen. Außerdem habe ich immer seelenruhig weitergeschlafen, obwohl in der Nachbarschaft die Kinder sehr laut waren. Daraufhin experimentierten meine Eltern selbst mit mir, ob ich auf Geräusche reagieren würde. Das war sehr schwierig, da ich relativ schnell mit den Augen bin. Da sich ihr Verdacht bestätigte, wurden sie vom Kinderarzt zu einem HNO-Arzt vermittelt. Nach dessen Diagnose, daß ich ‚stocktaub' sei, wurde ich in die Universitätskliniken in Würzburg überwiesen. Dort wurde dann die Diagnose ‚hochgradige, an Taubheit grenzende Schwerhörigkeit' gestellt. Für meine Eltern war es natürlich ein großer Schock. Dennoch faßten meine Eltern den Entschluß, daß sie mich nicht als Behinderte behandeln wollten, sondern wie ein normales hörendes Kind. So war für sie der wichtigste Grundsatz: ‚Wir werden unser Kind so behandeln, als ob es nicht behindert wäre.' Damit ist gemeint, daß sie mich nicht übermäßig behüten wollten oder mir etwas erlaubten, was sie mir normalerweise nicht erlaubt hätten, und dies nur taten, weil sie Mitleid mit mir hatten, so nach dem Motto: ‚Ach, laß das Kind, es kann ja nicht hören.'

Ich war in meinen ersten Lebensjahren ein recht ‚wildes' Kind: Ich rannte oft durch den Garten oder spielte mit meinem Vater. Ich hatte auch viele hörende Spielkameraden. Mein Vater hat mich oft durch die Luft geworfen, auf dem Spielplatz habe ich wie jedes andere Kind herumgetobt. Mir kam damals nie ins Bewußtsein, daß ich nicht normal höre wie die anderen Kinder.

Mit etwa 11 Monaten habe ich mein erstes Hörgerät bekommen: ein Taschengerät. Ich habe es sehr oft getragen. Es ist so zum festen Bestandteil meines Lebens geworden, daß ich mich heute sehr unwohl und hilflos fühle, wenn ich nichts höre.

Zu diesem Zeitpunkt kam ich zur Frühförderung an die Frühförderstelle in Würzburg. So mußten wir regelmäßig nach Würzburg fahren, da wir damals noch in Hofheim in den Haßbergen wohnten.

Wenn ich (etwa mit 2 Jahren) etwas wollte, beispielsweise Limo, dann habe ich es mit einer Geste und einem Gesichtsausdruck ausgedrückt. Meine Mutter hat mir daraufhin Limo gegeben und dabei ‚Limo' gesagt und dabei meine Aufmerksamkeit auf ihren Mund gezogen. Immer wieder hat sie mir die Namen von den verschiedenen Dingen genannt. Immer, wenn ich zu ihr geschaut habe, hat sie mit mir gesprochen, auch wenn ich ‚nichts' hörte. Wenn ich nicht geschaut habe, hat sie nichts gesagt. So lernte ich allmählich das Absehen und mein Restgehör zu verwerten.

Auch hat meine Mutter mich auf diverse Geräusche aufmerksam gemacht, zum Beispiel auf Hammerschläge, wenn mein Opa etwas zusammengebaut hat. Oder auf den Krach der Bohrmaschine, wenn mein Vater ein Loch in die Wand gebohrt hat. Kurze Zeit später nahm ich den Bohrlärm sehr deutlich wahr.

Mit der Zeit habe ich versucht, das, was meine Mutter mir sagte, nachzuahmen. Ein Beispiel: Wir gingen oft spazieren. Immer, wenn meine Mutter uns fertig angezogen hatte, sagte sie: ‚Ab die Post', und wir gingen los. Etwa mit 2 Jahren sagte ich dann etwas, das wie ‚abberpod' klang. Dazu kam, daß ich mit 2 Jahren eine kleine Schwester bekam, die, wie sich später herausstellte, auch eine hochgradige, an Taubheit grenzende Schwerhörigkeit hat. So bekam ich mit, daß meine Mutter sie genauso behandelte wie mich.

Ich möchte hier betonen, daß ich nichts anderes kannte als das, was mir meine Mutter beibrachte. Es fiel mir nicht auf, daß ich anders sprach als die anderen Kinder oder daß ich das Sprechen anders lernte als andere Kinder. Für mich war dies der ganz normale Alltag.

Zum Sprechenüben benutzten wir auch zu Hause einen Phonator. Einmal haben meine Schwester und ich mit unseren Puppen Sprechunterricht gespielt. Da war ich etwa 4 Jahre alt. Daran erkennt man ganz deutlich, wie sehr diese Geräte und das Sprechenlernen in unser Leben integriert war, daß wir es als etwas ganz Normales angesehen haben.

Zum Beispiel dachte ich immer, daß Kinder nicht telefonieren können, nur die Erwachsenen, da ich ja keine Kinder telefonieren gesehen habe. Als ich dann ein Kinderlexikon zu meinem 8. Geburtstag bekam, sah ich unter dem Wort ‚Telefon' ein Bild, wie ein Junge mit seinem Vater telefonierte. Da wurde mir klar, daß andere Kinder telefonieren können bzw. später können werden. Ich habe dann meine Mutter gefragt, und sie hat es bestätigt. Da war ich schon etwas traurig, und mir wurde meine Hörbehinderung richtig bewußt, vielleicht zum ersten Mal.

Der tägliche Umgang mit der Sprache hat mir sehr viel gebracht, da ich es nicht als ‚Du mußt', sondern als etwas Alltägliches empfunden habe. Beim Essen zum Beispiel haben wir oft miteinander gesprochen. Dies war und ist immer noch für meine Eltern und mich das Wichtigste. Meine Mutter kannte mein Wortschatzniveau gut, und so verwendete sie Wörter, die ich kannte und fügte so nach und nach neue Wörter hinzu. Dabei bewegte sie sich an der obersten Grenze meines Wortschatzes.

Was auch ganz wichtig war, ist, daß wir oft Bilderbücher angesehen haben. Meine Mutter hat mir oft vorgelesen, so sah ich, daß die Geschichten aus den Büchern kamen. Oft waren wir in der Stadtbücherei, um Bilderbücher anzusehen. Hinzu kommt, daß meine Eltern beide sehr gern lesen und so zu Vorbildern für mich wurden. Zuerst waren da die reinen Bilderbücher, dann die Bilderbücher mit Text, dann verschwanden die Bilder allmählich, dann hatte ich Bücher, die noch einige Bilder beinhalteten, zum Beispiel Enid-Blyton-Bücher, schließlich las ich dann auch bilderlose Bücher.

Als ich in die Dr.-Karl-Kroiß-Schule Würzburg kam, besaß ich bereits einen sehr großen Wortschatz, ich konnte auch sprechen, aber sehr verwaschen. Das richtige Artikulieren habe ich dann in der Schule gelernt. Dort wurde lautsprachlich unterrichtet, aber für mich war das nichts Neues und somit auch nicht so anstrengend und mühevoll wie für andere gehörlose Kinder.

Als ich in der Schule lesen lernte, konnte ich meinen riesigen Wortschatz noch besser verwenden. Und ich las gern! Dies hat höchstwahrscheinlich zu einem relativ guten Grammatikverständnis und einer weiteren Verbreiterung meines passiven Wortschatzes beigetragen. Lesen tue ich immer noch sehr gerne. Und ich finde, es hat mir sehr viel gebracht.

Nach der Schule war immer ‚Erzählstunde' beim Mittagessen. So erfuhr meine Mutter auch, wie weit ich in der Schule gekommen bin und hat an dem neu Gelernten angeknüpft, um das Gelernte zu vertiefen.

Wichtig war: Ich wurde ganz normal behandelt und erzogen, als ob ich keine Hörbehinderung hätte, und nebenbei wurde mir im normalen Alltag die Sprache beigebracht, ich kannte also nichts anderes. Ich empfand das Sprechenlernen nicht als ‚Du mußt', sondern als etwas ganz Normales, Spielerisches. Die Bücher waren mir bei der Erlernung und Vertiefung der deutschen Sprache und Grammatik eine sehr große Hilfe" (aus: Schunk 1998, 198ff)

Fallbeschreibung 6: Martina J., CI (Cochlea-Implantat)-Trägerin, promoviert, tätig in einem großen pharmazeutischen Unternehmen

Frau J. war von Geburt an schwerhörig. Die Ursachen dafür sind unbekannt. Mit 7 Jahren erhielt sie ihr erstes Hörgerät, was aus heutiger Sicht als sehr spät einzuschätzen ist. Mit Hilfe ihrer Mutter, die sich sehr um ihr Kind bemühte, lernte sie gut und verständlich sprechen und wurde trotz ihrer Schwerhörigkeit altersgemäß in eine Allgemeine Schule am Wohnort eingeschult.

Es stellte sich bald heraus, daß die Schwerhörigkeit progredient verlief. Dies konnte zunächst durch neue, leistungsstärkere Hörgeräte, die ca. alle 4 – 5 Jahre angepaßt wurden, ausgeglichen werden. Im Schulalter nahm Frau J. die fortschreitende Schwerhörigkeit noch nicht bewußt wahr oder – so beschreibt sie es aus heutiger Sicht – sie wurde von ihr ignoriert, da sie so sein wollte, wie die anderen Kinder ihrer Klasse auch.

Trotz ihrer erheblichen Hörprobleme konnte Frau J. erfolgreich das Abitur ablegen, studieren und promovieren. Ab ihrem 30. Lebensjahr bekam Frau J. regelmäßig alle 2–3 Jahre Hörstürze, bei denen sich jedesmal ihr Gehör gravierend verschlechterte. Diese ca. 10–12 Jahre andauernde Phase endete mit einem weiteren Hörsturz, in dessen Folge sie auditiv kaum noch etwas wahrnehmen konnte. Ihr selber war zu diesem Zeitpunkt noch nicht bewußt, daß sie „taub" geworden war. Mit Hilfe ihrer sehr leistungsfähigen Hörgeräte konnte sie noch immer einige tiefe Töne und Signale erfassen, was sie damals als „hören" interpretierte und aus heutiger Sicht als ein „Kitzeln am Trommelfell" beschreibt.

Bereits vor ihrer endgültigen Ertaubung hatte Frau J. vom „Cochlea-Implantat" gehört. Sie glaubte jedoch, daß man absolut taub sein müsse, ehe eine Implantation in Frage kommt. Nach näheren Erkundungen stellte sich heraus, daß bei Frau J. eine Implantation sinnvoll zu sein schien, und so ließ sie sich, etwa 1 ¾ Jahre nach der Ertaubung, implantieren. Als Gründe für ihre Entscheidung gibt sie an: „Ich wollte die Isolation, in die ich durch meine Ertaubung geraten war, nicht bedingungslos ertragen und war bereit, einen Versuch und auch ein Risiko einzugehen, um meine Lage zu ändern. Ich spürte als Ertaubte nicht nur meine eigenen Probleme, sondern auch die Probleme, die die Normalhörenden in meiner Umgebung (Familie/Freunde und Kollegen) mit mir hatten.

Ich konnte schon immer relativ gut absehen – das erforderte jedoch nach meiner Ertaubung ständige höchste Aufmerksamkeit, da die Kommunikation fast ausschließlich über ‚Sehen' erfolgte. Klar, daß bei dieser Anspannung und Dauer-Konzentration die Achtsamkeit mal nachließ. Entsprechend mühsam wurde infolgedessen dann die Kommunikation mit mir, wenn ich müde wurde. Absehen allein funktioniert auch nur gut im Zweiergespräch. Wenn mehrere Personen an der Unterhaltung teilnehmen, ist der Faden schnell verloren und die Unterhaltung fand dann meist – trotz aller Proteste – über meinen Kopf hinweg statt."

Die Operation verlief komplikationslos und dauerte ca. 1 ½ Stunden. Bereits am nächsten Tag konnte Frau J. ohne größere Schwierigkeiten aufstehen.

Schon eine Woche nach der Operation wurde der Sprachprozessor das erste Mal kurz ausprobiert, um zu wissen, ob das Implantat funktioniert. Frau J. beschreibt ihren ersten Höreindruck so: „Es war für mich ein unglaubliches (beeindruckendes) Erlebnis, ganz alltägliche Geräusche zu erkennen und zuordnen zu können. Z.B. das Klingeln eines Telefons oder das Plätschern von fließendem Wasser aus dem Wasserhahn. Ich war überwältigt – das hatte ich nicht erwartet. Nach einer halben Stunde mußte ich das Gerät dann leider wieder abgeben, da der Heilungsprozeß vor Dauereinsatz des CIs weiter fortgeschritten sein sollte."

Die eigentliche Anpassung des Sprachprozessors erfolgte ca. vier Wochen nach der Operation.

Ein halbes Jahr nach der Implantation und der Sprachprozessoranpassung beschrieb Frau J. ihr Hören so: „Ich habe die letzten fünf Jahre vor der Operation weniger gehört als jetzt, Vogelgezwitscher, Signaltöne meines Autos, wenn der Sicherheitsgurt nicht geschlossen ist – das alles hörte ich schon lange nicht mehr. Aber jetzt.

Ich konnte mich noch gut erinnern, wie die Geräusche klangen, das kam mir bei der Gewöhnung an das CI zugute.

Als ich das CI neu bekam, klang eine menschliche Stimme etwa so wie eine Computer-Stimme. Ein bißchen künstlich, höher im Ton – aber doch verständlich. Vereinfacht wurde mir das Verstehen durch das Absehen. Je länger ich das CI trage, um so natürlicher erscheinen mir die Geräusche und die Sprache.

Zu Beginn schienen mir die Geräusche bei viel höheren Frequenzen aufzutreten, als ich in Erinnerung hatte, z. B. im Straßenverkehr. Er schien eher zu pfeifen, zu quietschen und zu kreischen als zu brummen. Auch ein Lastwagen dröhnte nicht, sondern kreischte/zwitscherte wie eine streitende riesige Vogelschar. Inzwischen klingt dies aber alles so, wie ich es von früher her kenne.

Musik klingt dagegen immer noch sehr konfus. Ich habe mich darauf eingestellt, daß es länger dauert, bis ich damit zurecht komme. Musikstücke mit nur einem Instrument sind einfacher zu erkennen als ein von einem Orchester gespieltes Stück. Es ist mir jedoch schon gelungen, am Rhythmus und anhand einiger Töne ‚The Yellow Submarine' von den Beatles aus dem Radio zu identifizieren. Nachdem ich früher Klavierunterricht hatte, probierte ich natürlich auch aus, wie Klaviertöne mit dem CI klingen. Zunächst glaubte ich, daß mein Klavier verstimmt sei. Der einzelne Ton klingt auch nicht ganz rein. Ich bin jedoch optimistisch, daß es nach einiger Gewöhnungszeit immer besser klappen wird.

Telefonieren kann ich heute schon. Daß ich dazu in der Lage bin, gibt mir sehr viel Unabhängigkeit und Selbständigkeit, Gelassenheit, die ich jahrelang vermißte."

Wie hat sich das Leben für Frau J. – fünf Jahre nach der Implantation – verändert? Sie beschreibt es folgendermaßen:

„Vieles ist leichter geworden. Ich fühle mich gelassener, habe mehr Lebensmut, bin zuversichtlicher, fröhlicher und belastbarer als vorher. Es ist für mich ungeheuer befreiend, daß ich nun nicht mehr soviel um Hilfe bitten muß, sondern selber anderen auch helfen kann. Mein neues Selbstbewußtsein bereitete bisher niemandem Probleme. Beispielsweise kann ich telefonieren, um Termine mit dem Friseur, dem Arzt oder mit Freunden zu vereinbaren. Eigentlich Selbstverständlichkeiten für Normalhörende, aber ein Problem für stark Schwerhörige und Ertaubte."

Frau J. ist in einem pharmazeutischen Unternehmen in der Entwicklung von Diagnostischen Einsatzstoffen tätig. Hier arbeitete sie auch schon vor ihrer Implantation. Diese Arbeitsstelle erfordert viel mündliche Kommunikation, z. B. um Arbeitsvorgänge zu besprechen oder Ideen in Diskussionen mit Kollegen und Mitarbeitern entwickeln zu können. Sie sieht ihre Situation heute so:

„Mit dem Implant kann ich einfach aktiver und spontaner reagieren und auch aktiver an Diskussionen/Gesprächen teilnehmen. Besonders erleichternd ist, daß ich nun vieles telefonisch regeln kann, was früher nur umständlich über Umwege (Auftragstelefonat, Fax, Brief) möglich war.

Die Kommunikation ist für alle leichter geworden, deshalb ist das CI nicht nur für mich, sondern für alle Menschen in meiner Umgebung ein Gewinn" (nach einem gemeinsamen Gespräch der Autorin mit der CI-Trägerin).

Aus den sechs sehr unterschiedlichen Beschreibungen wird ersichtlich, daß die Auswirkungen und das individuelle Erleben, „hörgeschädigt zu sein", sehr verschieden sein kann. Sie machen zugleich deutlich, daß die Bezeichnung „hörgeschädigt" begrifflich unterschiedliche Störungen des Hörorgans zusammenfaßt. Darüber hinaus weist praktisch jeder Hörgeschädigte hinsichtlich seines Hörschadens und seiner kommunikativen Situation individuelle Unterschiede und Auffälligkeiten auf.

Reflektiert man einmal darüber, wie oft uns hörgeschädigte Menschen begegnen, müssen wir alsbald zu dem Schluß kommen, daß es weit häufiger geschieht, als es auf den ersten Blick scheint: Im täglichen Leben begegnen uns immer wieder Menschen, die Schwierigkeiten haben, Lautsprache zu verstehen. Manche von ihnen fallen durch unangemessen lautes, andere durch schlecht verständliches oder unverständliches Sprechen auf. Einige von ihnen tragen Hörgeräte, die durch die Weiterentwicklungen der letzten Jahre inzwischen so klein sind, daß sie für andere kaum noch sichtbar sind. Schließlich begegnen wir auch Menschen, die sich nicht lautsprachlich, sondern durch Gebärdensprache (von Außenstehenden meist Zeichensprache genannt) verständigen.

Darüber jedoch, was eingeschränktes Hören oder „Nicht-Hören-Können" für die Betroffenen tatsächlich bedeutet und wie es ihr Leben beeinflußt, sagen die äußerlich auffälligen Merkmale kaum etwas aus. Was dem Hörenden und nicht Sachkundigen auffällt, sind lediglich Symptome. Die eigentliche „Behinderung" liegt in den inneren psychischen Bedingungen. Sie ergibt sich aus den erheblich veränderten, beeinträchtigten und den teilweise gestörten zwischenmenschlichen Kontakten und Beziehungen. Von der wohl bekanntesten Taubblinden, Helen Keller (1880–1968, vorzugsweise schriftstellerisch tätig gemeinsam mit ihrer Lehrerin und Begleiterin Anne Sullivan), ist der Ausspruch bekannt:

„Blindheit trennt von den Sachen, aber Taubheit trennt von den Menschen."

Vielleicht kann diese Aussage einer Betroffenen die erheblichen Auswirkungen eines eingeschränkten oder ausgefallenen Gehörs verdeutlichen. Insbesondere unterliegt der zwischenmenschliche Kontakt wesentlichen Veränderungen und auch Einschränkungen. Pöhle schätzt die Situation Hörgeschädigter folgendermaßen ein:

„Taubheit bzw. hochgradige Schwerhörigkeit und das Unvermögen, sich laut- (Anm. d. Verf.) sprachlich ungehindert äußern zu können, sind für Nichtbehinderte praktisch nicht vorstellbar; deshalb wird auch kaum eine Behinderung hinsichtlich ihrer psychischen Belastung so sehr unterschätzt wie eine Hörbehinderung; und es gibt wohl keine Gruppe behinderter Menschen, die in so krasser Weise Fehlbeurteilungen unterliegt wie Hörbehinderte." (1994, 1)

Die Fallbeschreibungen vermittelten Informationen über schwerhörige, gehörlose und ertaubte Personen sowie einer mit einem Cochlea-Implantat versorgten Frau. Sie machen deutlich, daß die Bezeichnung „hörgeschädigt" unterschiedliche Störungen des Hörorgans zusammenfaßt. Darüber hinaus weist praktisch jeder Hörgeschädigte hinsichtlich seines Hörschadens und den daraus resultierenden Auswirkungen individuelle Unterschiede und Auffälligkeiten auf.

Zusammenfassung

Frage zum Einstieg:

Reflektieren Sie die sechs Fallbeispiele. Welches Fazit können Sie in bezug auf Hörschäden daraus ableiten?

2 Ziel und Gegenstand der Hörgeschädigtenpädagogik

2.1 Pädagogische Kennzeichnung von Gehörlosigkeit und Schwerhörigkeit

Schwerhörige, Gehörlose, Ertaubte und CI-Träger bilden die Gruppe der Hörgeschädigten. Ihnen gemeinsam ist die Minderung oder (in selteneren Fällen) der Ausfall des Hörvermögens.

Schwerhörigkeit
Gehörlosigkeit
Ertaubung

Begriffsbestimmungen von Schwerhörigkeit, Gehörlosigkeit und Ertaubung sind eine wichtige Grundlage für die pädagogische, therapeutische, medizinische und psychologische Versorgung der betroffenen Menschen und damit letztendlich auch für ihre soziale und menschliche Anerkennung in der Gesellschaft und ihre Rehabilitation.

Die Auffassungen darüber, ob jemand beispielsweise „gehörlos" oder „schwerhörig" ist, sind aus der Sicht der Medizin, aus der Sicht der Pädagogik und aus der Sicht der Betroffenen oft abweichend: Aus der Sicht der Medizin wird jede Funktionsstörung des Hörorgans erfaßt, während sich die Pädagogik auf solche beschränkt, die die Beziehung zwischen Individuum und Umwelt beeinträchtigen und damit soziale Auswirkungen auf den Betroffenen haben.

Aus der Sicht eines Teils der Betroffenen wird im Zusammenhang mit der aktuellen wissenschaftlichen Auseinandersetzung um die Gebärdensprache und der damit verbundenen Emanzipationsbewegung der Gehörlosen versucht, die Begriffe „Gehörlosigkeit" und „gehörlos sein" terminologisch zu bestimmen. Aus ihrer Sicht kann sich ein Hörgeschädigter, unabhängig vom Ausmaß der Hörschädigung, selbst als „gehörlos" definieren, wenn er sich dieser kulturellen Minderheit zugehörig fühlt. Sie gehen davon aus, daß Gehörlose eine eigene Sprache (die Gebärdensprache) und eine eigene Kultur (in Fachkreisen Gehörlosenkultur genannt) haben. Aus der amerikanischen Literatur ist bekannt, daß „deaf" bezogen auf das Individuum (also bzgl. der vorhandenen Sinnesschädigung) und „Deaf" im Sinne der Gemeinschaft und der Minoritätenkultur gebraucht wird (s. auch Padden/Humphries 1991, 10).

Ebenso ist eine verstärkte Öffentlichkeitsarbeit der erwachsenen Personen, die mit einem Cochlea-Implantat versorgt sind, zu beobachten. Sie versuchen, ihre Interessen und Bedürfnisse durch die bundesweite Deutsche Cochlear Implant Gesellschaft e.V. (DCIG e.V.), der zeitlich nachfolgenden Gründungen von Regionalverbänden (z.B. in Baden-Württemberg, Sachsen-Anhalt, Berlin-Brandenburg, Bayern und die Hannoversche Cochlear Implant Gesellschaft e.V.), zahlreichen Selbsthilfegruppen und letztendlich durch die Gründung einer europäischen Vereinigung, der European Association of Cochlear Implant Users (EURO-CIU) zum Ausdruck zu bringen und entsprechende Unterstützung zu finden.

Außenstehende – gemeint sind hier Personen, die keinen oder nahezu keinen Kontakt zu Hörgeschädigten haben – verfügen oft über völlig falsche Vorstellungen über „Gehörlose" und „Schwerhörige". So stellen sie sich Gehörlose zumeist als Personen vor, die überhaupt keine auditiven Empfindungen haben (also gar nicht hören). Schwerhörige sehen sie oft als Personen, mit denen man sehr laut und überdeutlich sprechen muß. Daß Schwerhörige, bei denen lautes und deutliches Sprechen hilfreich ist, nur eine geringe Anzahl aller Schwerhörigen ausmachen, ist kaum bekannt. Falsch ist auch die Vorstellung, daß ein Hörgerät einen Hörverlust ausgleichen kann. Ein Hörgerät vermag Qualität und Quantität der auditiven Eindrücke wesentlich zu verbessern, es bleibt aber auch bei optimaler Hörgeräteanpassung und -versorgung ein verändertes Hören.

Die Auswirkungen einer Hörschädigung können in verschiedenen Bereichen sehr unterschiedlich sein. Folglich ergeben sich unterschiedliche Sichtweisen, ob eine Hörschädigung für Zwecke der Sozialleistung, aus pädagogischen Gründen oder aus medizinischer Sicht zu werten ist. So gibt es für die einzelnen Bereiche des gesellschaftlichen Lebens unterschiedliche Definitionen, Bezeichnungen und Abgrenzungen, die zudem vom jeweiligen Stand der gesellschaftlichen Entwicklung (z.B. entsprechend dem Niveau fürsorgerechtlicher Leistungen) abhängig sind. Die Problematik wird auch deutlich durch die wiederkehrenden Diskussionen um den Grad der Behinderung (GdB). Die Bewertung der *tatsächlichen Auswirkungen* der Hör*behinderung* ist schwierig, da es ein objektives Maß nicht gibt. Die Feststellung des GdB aufgrund einer Hörschädigung erfolgt anhand der Ergebnisse audiometrischer Untersuchungen. Nach dem Schwerbehindertengesetz (SchwbG) wird das Ausmaß einer Behinderung in Prozentwerten ausgedrückt, die angeben, in welchem Umfang die individuelle Integrität eines Menschen durch die Behinderung(en) beeinträchtigt wird.

Tab. 1: Bestimmung des Grades der Behinderung (GdB) aus den prozentualen Hörverlusten beider Ohren (aus: Feldmann 1997, 99). Die Eckwerte für die Einstufung sind:

20 % GdB	für einseitige Taubheit
80 % GdB	für beidseitige Taubheit
von 20 bis 40 % GdB	für beidseitige mittelgradige Schwerhörigkeit
von 40 bis 60 % GdB	für beidseitige hochgradige Schwerhörigkeit
von 80 bis 100 % GdB	für angeborene oder in der Kindheit erworbene Taubheit

Rechtes Ohr			Normalhörigkeit	Geringgradige Schwerhörigkeit	Mittelgradige Schwerhörigkeit	Hochgradige Schwerhörigkeit	An Taubheit grenzende Schwerhörigkeit	Taubheit
	Normalhörigkeit	0–20	0	0	10	10	15	20
	Geringgradige Schwerhörigkeit	20–40	0	15	20	20	30	30
	Mittelgradige Schwerhörigkeit	40–60	10	20	30	30	40	40
	Hochgradige Schwerhörigkeit	60–80	10	20	30	50	50	60
	An Taubheit grenzende Schwerhörigkeit	80–95	15	30	40	50	70	70
	Taubheit	100	20	30	40	50	70	80
	Hörverlust in %		0–20	20–40	40–60	60–80	80–95	100
					Linkes Ohr			

Grad der Behinderung

Dieses abstrakte Maß wird als Grad der Behinderung (GdB) bezeichnet. Für Schwerhörigkeit wird der GdB nach der sog. Feldmann-Tabelle ermittelt (Tab. 1). Mit ihrer Hilfe läßt sich der prozentuale Hörverlust aus der Hörweitenprüfung bestimmen.

Die Problematik der Einstufung zeigt sich auch darin, daß bei Vorliegen mehrerer Behinderungen rein rechnerisch die Sum-

me der einzelnen GdB größer sein kann als 100 %, anerkannt werden aber immer nur maximal 100 %.
Ein internationaler Vergleich zeigt ähnliches. Hinzu kommt, daß auch heute noch in verschiedenen Ländern unterschiedliche Begriffsbestimmungen existieren.

Aus pädagogischer Sicht sind Abgrenzungen besonders problematisch, weil die Anforderungen des pädagogischen Prozesses von sehr komplexer Natur sind. Dennoch kann auf eine Begriffsbestimmung von Gehörlosigkeit, Schwerhörigkeit und Ertaubung nicht verzichtet werden, u. a. deshalb, weil die Erziehung, Bildung und Förderung im Kindes- und Jugendalter die Entwicklung der Persönlichkeit entscheidend, letztendlich maßgeblich, beeinflussen. Eine Hörschädigung im pädagogischen Sinne besteht also dann, wenn der Ausprägungsgrad des Hörverlustes bzw. die Auswirkungen des Hörschadens derart sind, daß das Kind sich nicht ungehindert entwickeln und entfalten kann. Es besteht sozusagen eine Widerspruchslage zwischen Kind und Umwelt, die es entwicklungs- und persönlichkeitsfördernd zu beeinflussen gilt.

Hörschädigung

Historisch gesehen hat es bis zur Jahrhundertwende (19./20. Jh.) gedauert, gehörlose und schwerhörige Schüler zu trennen und sie in entsprechenden (getrennten) Einrichtungen zu beschulen. Bis dahin galten sie als taubstumm. (Dieser Begriff konnte sich bis in die 50er/60er Jahre für Gehörlose halten und wird auch heute noch vereinzelt – zumeist von Nichtfachleuten – benutzt.) Die aus heutiger Sicht schwerhörigen Kinder befanden sich zur damaligen Zeit in den Taubstummenanstalten oder (oft als Schulversager) in den Volksschulen. Eine hörgerätetechnische Versorgung, wie wir sie heute kennen, gab es zur damaligen Zeit nicht. Zur Jahrhundertwende waren die diagnostischen Möglichkeiten und der Erkenntnisstand so weit fortgeschritten, daß eine Differenzierung der Hörschäden möglich wurde. Es sei an dieser Stelle aber auch darauf verwiesen, daß eigentlich von Beginn der Bildungsversuche mit taubstummen Kindern an immer wieder bei einem Teil der Schüler Hörreste vermutet und diese auch vereinzelt genutzt wurden.

Differenzierung der Schülerpopulation

Die Aufteilung in gehörlose und schwerhörige Schüler erfolgte danach, ob die Teilnahme am Unterricht auf auditivem Weg (also über das Hören) möglich war oder nicht. Bereits Ende des 19. Jahrhunderts forderte Bezold eine Trennung der gehörlosen und schwerhörigen Schüler (s. Kap. 13, S. 210). Als wesentliche Begründung für die Notwendigkeit der Entwicklung von Schwerhörigenschulen gab er an, daß der künstliche Weg des Spracherwerbs im Gehörlosenunterricht nicht dem natürlichen Weg der Schwerhörigen entsprach.

Diese grundsätzlichen Überlegungen haben sich bis in die Gegenwart hinein gehalten. Auch heute noch unterscheidet man oft danach, ob für das hörgeschädigte Kind das Erlernen der Lautsprache auf natürlichem (also imitativem) Weg möglich ist (schwerhörige Kinder) oder nicht (gehörlose Kinder). Dazu stehen den Kindern heute leistungsfähige Hörgeräte zur Verfügung, die im Idealfall unmittelbar nach Erkennen des Hörschadens angepaßt werden. Letztendlich kann jedoch die heutige Schülerpopulation der Schwerhörigen- und Gehörlosenschulen nicht mit der um die Jahrhundertwende unmittelbar verglichen werden.

Die Auffassungen über Gehörlosigkeit, Schwerhörigkeit und Hörschädigung sind aufgrund aktueller Sichtweisen und Forschungsergebnisse neu zu beleuchten. Beeinflußt werden aktuelle Erklärungen und Beschreibungen durch die anhaltenden Diskussionen

- um die Selbstbestimmung der Gehörlosen, aus deren Sicht sich jeder als gehörlos definieren kann, der sich dieser Gruppe (i. S. einer kulturellen Minderheit) zugehörig fühlt, und
- durch das Wissen über die Reifung des zentralen Hörsystems (und auch durch die praktischen Erfahrungen), die belegen, daß Hören mehr als die Verarbeitung von Schallereignissen durch das Ohr ist. In erster Linie ist Hören die Auswertung dieser Schallereignisse durch das Gehirn. Dazu braucht das hörgeschädigte Kind die bewußte Zuführung externer akustischer Reize und eine entsprechende pädagogische Begleitung und Förderung.

Aus diesen beiden Ansätzen heraus wird deutlich, daß klassische Einteilungen in „gehörlos" und „schwerhörig" zu hinterfragen sind. Hinzu kommt, daß Entwicklungsverläufe nicht mit dem Hörstatus korrelieren: So können bei gleicher Art und annähernd gleichem Ausmaß eines Hörschadens völlig unterschiedliche Entwicklungsverläufe bei einzelnen Kindern zu beobachten sein.

Die „Empfehlungen zum Förderschwerpunkt Hören", die von der Ständigen Konferenz der Kultusminister der Länder in der Bundesrepublik Deutschland am 10. Mai 1996 beschlossen wurde, haben die „Empfehlungen für den Unterricht in der Schule für Gehörlose (Sonderschule)" vom 30. Mai 1980 und die „Empfehlungen für den Unterricht in der Schule für Schwerhörige (Sonderschule)" vom 30. August 1981 aufgehoben. In den „Empfehlungen zum Förderschwerpunkt Hören" wird durchgängig von *hörgeschädigten* Kindern und Jugendlichen gesprochen. Zur sonderpädagogischen Förderung in Sonderschulen wird ausgeführt:

„Kinder und Jugendliche mit den Förderschwerpunkten im Bereich des Hörens, der auditiven Wahrnehmung, des Spracherwerbs, der Kommunikation sowie des Umgehen-Könnens mit einer Hörbeeinträchtigung, deren Förderung in allgemeinen Schulen nicht ausreichend gewährleistet werden kann, werden in Schulen für hörgeschädigte Kinder und Jugendliche in entsprechenden Bildungsgängen unterrichtet ... Von besonderer Bedeutung ist im Blick auf die Lernerfolge der förderbedürftigen Schüler und Schülerinnen das verantwortungsvolle Zusammenwirken einer Schule für Gehörlose und einer Schule für Schwerhörige im gleichen Einzugsbereich." (1996, 377)

Einleitend wurde vorangestellt, daß die schulische Förderung von Kindern und Jugendlichen mit den Förderschwerpunkten in den genannten Bereichen alle Schulstufen und Schularten einbezieht. Sie habe zu einer Vielfalt von Förderformen und Förderarten geführt. Dem gemeinsamen Lernen von Schülern mit und ohne Behinderung wird ein größerer Stellenwert eingeräumt, ebenso den vorbeugenden Maßnahmen, die Entwicklungsverzögerungen und Fehlentwicklungen verhindern, mindern oder weitergehende Auswirkungen einer Hörschädigung vermeiden sollen. Dazu sollen sofort nach dem Erkennen der Hörschädigung Fördermaßnahmen einsetzen. Da dies zumeist vor der Einschulung erfolgt, wird der Früherziehung ein expliziter Stellenwert zugewiesen.

Die Ursachen für eine Hörstörung sind unterschiedlicher Art (vgl. Kap. 3.3). Hörstörungen können angeboren sein (genetisch bedingt bzw. prä- oder perinatal auftretend) oder im Laufe des Lebens eintreten.

Unabhängig davon, welche Ursache für eine Hörstörung besteht oder in welchem Alter sie eintritt, sind stets Maßnahmen zu ergreifen, die zu einem mehr oder weniger großen Teil pädagogischer Natur sind. Ziele, Inhalte, Methoden und Organisationsformen dieser speziellen Maßnahmen sind Gegenstand der Hörgeschädigtenpädagogik (s. Kap. 2.3).

Die Schwierigkeiten, Hörgeschädigten wirkungsvoll zu helfen und sie zu unterstützen, zeigen sich bereits in dem Versuch, Gehörlosigkeit und Schwerhörigkeit zu definieren. Diese definitorischen Klärungsversuche sind keine bloße Begriffsspielerei, sondern weisen die Richtung für Hilfen und Unterstützung, die den hörgeschädigten Kindern, Jugendlichen und Erwachsenen geboten oder angeboten werden müssen.

Zusammenfassung

Vor allem die Pädagogen sind heute bemüht, die allein an Beeinträchtigungen (Defiziten) und Förderbedarf orientierten Definitionen zu überwinden. So schließt man Auswirkungen mit ein, die „im pädagogischen Sinn wesentlich sind" oder „die Teilhabe an der Gesellschaft (die zwangsläufig eine Gesellschaft der Hörenden ist) beeinträchtigen" oder man betrachtet die „besonderen (individuellen und sozialen) Bedingungen, unter denen, z. B. in der Schule, gelernt werden muß". Diese Begriffsbestimmungen schließen ein, daß die Beeinträchtigungen, die sich aus dem eingeschränkten oder (in Ausnahmefällen) vollständig ausgefallenen Hören ergeben, die geistige, emotionale und soziale Entwicklung und Stabilität der Betroffenen nachhaltig beeinflussen. Bezogen auf Kinder bedeutet das, daß ihre Förderung nicht auf den Ausgleich oder die Kompensation des eingeschränkten oder ausgefallenen Hörens beschränkt bleiben darf, sondern eine vielseitige und umfassende Persönlichkeitsentwicklung in den Mittelpunkt gestellt werden muß. Daraus ergibt sich für die

Schule für Hörgeschädigte eine im Vergleich zur Allgemeinen Schule erweiterte Aufgabenstellung, die sich beispielsweise in einer größeren Variationsbreite im Fächerangebot, in der Ausdehnung der Grundschulzeit um ein Schuljahr, in den Curricula und in der Leistungsbeurteilung zeigen kann. Zugleich soll der Unterricht das soziale Lernen und die Entwicklung einer positiven Selbsteinschätzung unterstützen.

Trotz der aufgeworfenen Problematik sind Begriffsbestimmungen unumgänglich, da nur bei einer klar definierten Ausgangsbasis eine wissenschaftliche Verständigung und ein gezieltes praktisches Handeln möglich wird. Der einzelne Begriff muß so klar definiert sein, daß der Spielraum für subjektive Interpretation gering ist, wohl aber kann man unterschiedliche Definitionen entsprechend unterschiedlicher Sichtweisen oder unterschiedlicher Bezugssysteme einbringen.

2.2 Ziele der Hörgeschädigtenpädagogik

Es wird nicht möglich sein, im Rahmen der Ausbildung für pädagogische Berufe die Fähigkeit zu vermitteln, die richtige Handlungsanweisung aus *vorgegebenen übergeordneten gesellschaftlichen Zielen* abzuleiten. Das Studium der Pädagogik bietet jedoch Wissen über Voraussetzung und Folgen des pädagogischen Handelns (Lenzen 1994, 19ff). Betrachtet man im Gegensatz dazu aber *konkrete Ziele (Absichten)*, so können diese die Effektivität pädagogischen Handelns erhöhen. In diesem Sinne ist nachfolgende Reflexion zu betrachten.

Bevor die Bestimmung des Begriffs Hörgeschädigtenpädagogik durch Kennzeichnung des Ziels (Kap. 2.2) und des Gegenstandes (Kap. 2.3) vorgenommen werden soll, sollen die Begriffe Pädagogik und Sonderpädagogik skizziert werden. Eine umfängliche Bestimmung dieser Begriffe ist der entsprechenden Fachliteratur zu entnehmen. Die hier vorgelegten Fassungen dienen dazu, eine gedankliche Diskussionsbasis zu schaffen. Die Voranstellung scheint sinnvoll, da die Hörgeschädigtenpädagogik Teilgebiet der Sonderpädagogik ist, die sich wiederum als Teilgebiet der (Allgemeinen) Pädagogik versteht.

Pädagogik

„Pädagogik" bezeichnet die Lehre, Theorie und die Wissenschaft von der Erziehung und Bildung der Kinder und der Erwachsenen in unterschiedlichen pädagogischen Feldern wie Familie, Kindergarten, Schule, Freizeit und Beruf.

Pädagogik hat sich ursprünglich auf das Kind (von griechisch pais agein, wörtlich: Führung des Knaben bzw. Kindes vom Haus zur Übungsstätte) beschränkt. Seit dem Vordringen der Pädagogik in viele Bereiche der Gesellschaft wurde sie auf die Erwachsenen ausgedehnt (dort auch als Andragogik oder Geragogik bezeichnet).

Der Terminus „Pädagogik" wird umgangssprachlich synonym mit „Erziehungswissenschaft" verwendet. Die Einführung und Durchsetzung von „Erziehungswissenschaft" war mit der Intention verknüpft, den Übergang einer vorwiegend geisteswissenschaftlich ausgerichteten „Pädagogik" zu einer erfahrungswissenschaftlichen (empirisch-analytischen) und damit – so die Absicht der Vertreter dieser Richtung – zu einer exakteren Disziplin werden zu lassen.

„**Sonderpädagogik**" (auch als Behindertenpädagogik, Förderpädagogik, Heilpädagogik, Rehabilitationspädagogik und ferner als Rehabilitation, Normalisierung, Integration bezeichnet) ist die Theorie und Praxis sowie Wissenschaft einer speziellen Pädagogik.

Sonderpädagogik
Heilpädagogik
Behindertenpädagogik u. a.

Der älteste Begriff ist „Heilpädagogik". Orientiert am allgemeinpädagogischen Gedanken einer „heilenden Erziehung" entwickelte sie sich spätestens seit Mitte des 18. Jahrhunderts zu einer eigenständigen Disziplin, wenn der Begriff „Heilpädagogik" auch erst in der 2. Hälfte des 19. Jahrhunderts auftauchte.

Die genannten Bezeichnungen werden oft synonym verwendet. Dennoch muß angemerkt werden, daß Abweichungen in den Grundintentionen zu erkennen sind. So setzt beispielsweise die Heilpädagogik ihren Akzent auf das sinnerfüllte Leben der Betroffenen, die Sonderpädagogik stellt die spezifischen Aufgaben der betreuenden Institutionen in den Mittelpunkt und die Behindertenpädagogik reflektiert die sozialpsychologische und gesellschaftstheoretische Entstehung und Funktion von Behinderung. Gemeinsam benennen sie jedoch den Tatbestand des pädagogischen Bemühens, Menschen mit Behinderungen bei ihrem Hineinwachsen und Leben in der Gesellschaft zu unterstützen.

Direkt durchgesetzt hat sich keine der Bezeichnungen, wenn auch Sonderpädagogik seit den 60er Jahren die am häufigsten benutzte zu sein scheint. In dieser Zeit etablierte sich auf der Basis des Gutachtens des Schulausschusses der KMK zur Ordnung des Sonderschulwesens ein differenziertes Sondersystem für alle Behinderungsarten (vgl. Gutachten zur Ordnung des Schulwesens 1960). Während sich damals die Sicht vorzugsweise auf die (Sonder-)Schule richtete und die Sonderpädagogik vorzugsweise eine (Sonder-)Schulpädagogik war, haben sich die Aufgaben dieser „speziellen Pädagogik" und die Anforderungen an sie mehr und mehr erweitert und damit auch ihre Aufgabenfelder. Sie umfaßt heute bewußt alle Altersstufen und Lebensbereiche.

Abb. 1:
Einteilung der Sonderpädagogik in Teildisziplinen

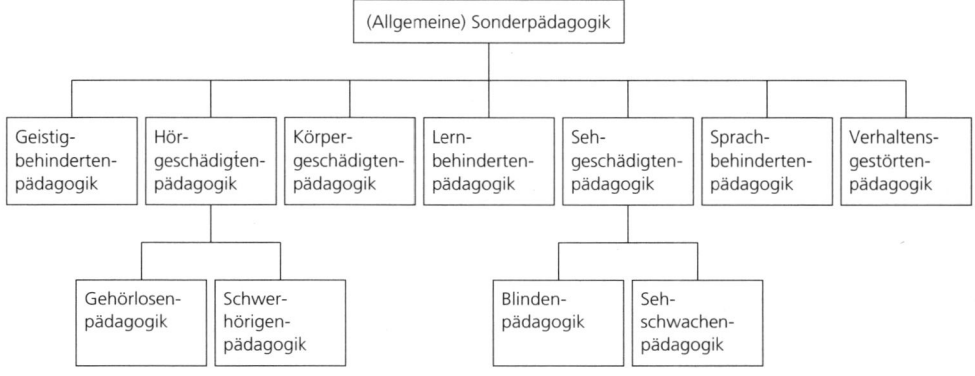

Abb. 1 stellt die einzelnen sonderpädagogischen Teildisziplinen in der Form vor, wie sie aktuell auch an den sonderpädagogischen Ausbildungsstätten (i. S. einer Fachrichtung) gelehrt werden. Die Bezeichnung der Teildisziplinen (Fachrichtungen) stimmt nicht immer mit der Bezeichnung der Sonderschularten überein: So studiert man in Bayern das Lehramt an Sonderschulen mit der vertieft studierten Fachrichtung Geistigbehindertenpädagogik, arbeitet aber in der „Schule zur individuellen Lebensbewältigung" ebenso wie man das Lehramt an Sonderschulen mit der vertieft studierten Fachrichtung Verhaltensgestörtenpädagogik studiert, der Schüler aber an der „Schule zur individuellen Erziehungshilfe" lernt.

Ausbildung der Hörgeschädigtenpädagogen

Auch folgendes sei angemerkt: An allen Ausbildungsstätten, an denen man das Lehramt für Sonderschulen mit Gehörlosen- und Schwerhörigenpädagogik studieren kann (Universitäten in Berlin, Hamburg, Köln und München sowie Pädagogische Hochschule Heidelberg), studiert man die Fachrichtung Gehörlosenpädagogik oder Schwerhörigenpädagogik. Die Bundesdirektorenkonferenz (Arbeitsgemeinschaft der Leiter der Bildungseinrichtungen für Gehörlose und Schwerhörige) mahnte auf ihrer Tagung 1998 aufgrund ihrer aktuellen praktischen Erfahrungen eine Ausbildung in Hörgeschädigtenpädagogik an. Es existieren seit langem vereinzelt Landesbildungs- und/oder Förderzentren für Hörgeschädigte (z. B. Braunschweig, Halberstadt, Hildesheim); weitere Gehörlosen- und Schwerhörigenschulen wurden oder werden derzeit in Schulen für Hörgeschädigte umstrukturiert (z. B. Erfurt/Gotha, Dresden, Augsburg/Dillingen, München).

Weitere sonderpädagogische Teildisziplinen

Abb. 1 spiegelt nicht alle möglichen Teildisziplinen wider. So hat sich seit Mitte des 19. Jahrhunderts eine Taubblindenpädagogik entwickelt, die sich gegenwärtig als Taubblinden-/Hör-Sehgeschädigtenpädagogik formiert. Einen eigenen Studiengang dafür gibt es nicht. In Einrichtungen für Taubblinde tätige Lehrer studieren meist Gehörlosen- *oder* Blindenpädagogik *oder* beide Fachrichtungen, obwohl Taubblindheit bzw. Hörsehschädigung ein völlig eigenständiges Erscheinungsbild hat.

Klauer nimmt in seiner Publikation noch die Schwerstbehindertenpädagogik mit auf, die von dem Verfasser des Kapitels (Anstötz) aber als Zweig der Geistigbehindertenpädagogik beschrieben wird (1992, 150).

Eine weitere Sichtweise ist die, daß auch die Hochbegabtenpädagogik als sonderpädagogische Fachrichtung anzusehen sei. Das basiert auf dem Grundgedanken, daß sich die Sonderpädagogik mit Kindern, Jugendlichen und Erwachsenen befaßt, die besondere Aufmerksamkeit, Förderung und Zuwendung benötigen. Dazu gehören (zweifelsfrei) auch die Hochbegabten. Die Zugehörigkeit der Hochbegabtenpädagogik zur Sonderpädagogik wird in Deutschland z. B. vertreten durch Hoyningen-Süess (1989) und Feger (1990), indirekt auch durch Klauer (1992), der in seinem Buch „Grundriß der Sonderpädagogik" neben den (bekannten) sonderpädagogischen Fachrichtungen der Hochbegabtenpädagogik ein eigenständiges Kapitel (verfaßt von Feger) einräumt. Damit schließt man sich grundsätzlichen Überlegungen aus den USA an. Dort ist die Hochbegabtenpädagogik Bestandteil der Sonderpädagogik („special education", wörtlich übersetzt: Sondererziehung) und fester Bestandteil der Lehreraus- und -weiterbildung.

Das Ziel der Hörgeschädigtenpädagogik ist es, Gehörlose, Schwerhörige, im Sprachbesitz Ertaubte, CI-Träger, aber auch Mehrfachbehinderte mit Hörschäden zu befähigen, sich durch eigenes aktives soziales Tätigsein zu verwirklichen, ihre Identität zu finden und sich sozial zu integrieren. Da Integration als wechselseitiger (hier: zweiseitiger) Prozeß anzusehen ist, müssen die Hörenden zur Integration der Hörgeschädigten beitragen. Als Teilziele werden – unter Beachtung der subjektiven Voraussetzungen – des weiteren angesehen:

<small>Ziel der Hörgeschädigtenpädagogik</small>

- das Erwerben einer möglichst umfassenden Bildung
- die Entwicklung und Ausformung ihrer Persönlichkeitsqualitäten (die ihnen eine weitgehend uneingeschränkte Teilnahme am Leben der Gesellschaft ermöglicht)
- die Entscheidungskompetenz des Hörgeschädigten, in welcher der sozialen Gruppierungen er leben möchte (in der lautsprachlich geprägten Gemeinschaft Hörender, in der vorwiegend gebärdensprachlich bestimmten Gemeinschaft der Gehörlosen, inmitten der Gruppe von Schwerhörigen oder auch durch einen häufigeren Wechsel seiner Bezugssysteme in Abhängigkeit seines jeweils aktuellen Bedürfnisses oder Anliegens).

Das *Hauptziel* der Hörgeschädigtenpädagogik ist jedoch, dem Hörgeschädigten (unabhängig von Art und Ausmaß des Hörschadens) den Erwerb kommunikativer Kompetenzen zu ermöglichen. Damit wird es ihm möglich, sprachliche Interaktionen durchzuführen und sich mit Gesprächspartnern dialogisch zu verständigen. Das Erwerben einer kommunikativen Kompetenz ist letztendlich Voraussetzung für das Erreichen und Verwirklichen aller anderen (bereits genannten) Zielaspekte. Ohne eine angemessene sprachliche, kommunikative und soziale Kompetenz ist weder das Aneignen kultureller Werte noch die Ausformung seiner Persönlichkeit noch die selbständige, von äußerer Hilfe unabhängige Lebensführung (z. B. zur Absicherung der Existenz) möglich.

<small>Hauptziel: Kommunikative Kompetenz</small>

2.3 Gegenstand der Hörgeschädigtenpädagogik

Die Frage nach dem Gegenstand einer Wissenschaft läuft darauf hinaus zu kennzeichnen, womit sich diese Wissenschaft beschäftigt. Die Antwort sollte möglichst in Form einer Definition gegeben werden.

Der Kennzeichnung des Gegenstandes der Hörgeschädigtenpädagogik soll, in Anlehnung an das Vorgehen im letzten Kapitel, zunächst die Bestimmung des Gegenstandes der (Allgemeinen) Pädagogik und dann der Sonderpädagogik vorangestellt werden.

Eine Literaturanalyse hat ergeben, daß es offensichtlich im Rahmen der Pädagogik schwierig ist, eine Gegenstandsbestimmung zu formulieren, die eine weitgehende Zustimmung der Vertreter der oft sehr unterschiedlichen Richtungen und Strömungen innerhalb der Pädagogik findet. So beläßt es Kron (1996, 17ff) bei einer Aufzählung und teilweisen Beschreibung von (insgesamt 24) Gegenstandsbereichen der Pädagogik, die er auch als Forschungsbereiche oder Teildisziplinen bezeichnet. Auch die recht umfängliche Bestimmung des Begriffs „Pädagogik" im Band 2 des Nachschlagewerkes „Pädagogische Grundbegriffe" (hrsg. von Lenzen 1989) läßt eine direkte Gegenstandsbestimmung aus. Eine konkrete Formulierung ist auch nicht bei Lassahn (1995) und Schröder (1992) zu finden.

Vermutlich beruhen die Schwierigkeiten einer Fassung des Gegenstandsbereiches darauf, daß die (Allgemeine) Pädagogik sich in zahlreiche, mehr oder weniger eigenständige, Subdisziplinen aufgegliedert hat, die wiederum für sich einen relativ abgrenzbaren Gegenstandsbereich reklamieren.

Im Gegensatz dazu herrscht jedoch beispielsweise in der Psychologie trotz ihrer unterschiedlichen Schulen und Teilgebiete ein weitgehender Konsens darüber, was der Gegenstand des Faches ist (Zimbardo 1995, 4).

Nachfolgend wird die Gegenstandsbestimmung für die Allgemeine Pädagogik von Keßler/Krätzschmar (1993, 3 u. 5) vorgestellt, die für weitere Überlegungen geeignet erscheint:

Allgemeine Pädagogik

Die Allgemeine Pädagogik beschäftigt sich mit übergreifenden Fragestellungen, erforscht das Wesen pädagogischer Prozesse, und sie erfaßt die historischen Dimensionen erziehungswissenschaftlicher Inhalte. Sie reflektiert gesellschaftliche, philosophische und anthropologische Ursprünge und Grundlagen in ihrem Gegenstandsbereich.

Die Gegenstandsbestimmung für Sonderpädagogik scheint ähnlich schwierig zu sein – vgl. Bleidick 1974, 192–207; Gerspach 1989, 73–88; Marx 1989, 1394–1396; Kobi 1993, 127–135; Bach 1995, 11, und Haeberlin 1998, 25–44. Bedingt scheint das durch den jeweiligen theoretischen Ansatz und den darauf aufbauenden Überlegungen. Nachfolgend sollen zwei der genannten vorgestellt werden:

Bleidick (er verwendet den Begriff Behindertenpädagogik) sieht das sonderpädagogische Gegenstandsgebiet in den drei Gegenstandsfeldern

- Behinderung
- Behinderung der Erziehung
- Erziehung der Behinderten

Gegenstand der Behindertenpädagogik nach Bleidick

Die drei aufeinander bezogenen Inhalte des Gegenstandes werden wie folgt gefaßt:

1. Bei der Bestimmung des Begriffs Behinderung wird von einer pädagogischen Systematik ausgegangen. Es wird sich also auf jene eingeschränkt, die pädagogisch relevant sind, „d. h. die sich als Behinderungen des Erziehungsgeschäfts erweisen und der besonderen Erziehung der von ihnen Betroffenen bedürfen" (1974, 193).

2. Behinderung der Erziehung. Die Behinderung schlägt sich als eine intervenierende Variable der Erziehung nieder. Es liegt eine „Störung der Bildsamkeit" (Bildungsbehinderung) vor.

3. Erziehung der Behinderten. Angesichts der Beeinträchtigungen des Bildungsprozesses ist es notwendig, auf diese Erschwerung der Erziehung „einzugehen". Dies ist mit den üblichen Mitteln der Pädagogik nicht zu leisten. Die Erziehung der Behinderten ist „besondere Erziehung", Sondererziehung. (1974, 193)

In aktueller Literatur von Bleidick (1998, 27–29) ist die Begrifflichkeit und damit die Formulierung entsprechend der allgemeinen Entwicklung aktualisiert. Der wissenschaftliche Grundgedanke bleibt aber erhalten.

Der Begriff der Behinderung ist für die Pädagogik der Behinderten zentrales Bestimmungsmoment. Bildlich gesprochen „unterbricht" die Behinderung zunächst den Vorgang der Erziehung. Bleidick beschreibt das an Beispielen:

„Der blinde Schüler kann die Tafel nicht sehen, auf der der Lehrer für die übrigen Schüler der Klasse etwas anschreibt. Der Gehörlose ist im buchstäblichen Sinne nicht ‚ansprechbar'. Der Geistigbehinderte besitzt nicht die Aufnahmefähigkeit, die für das Erlernen bestimmter Kulturfunktionen erforderlich erscheint." (27)

Der Kerngedanke des Behinderungsbegriffs wird darin gesehen, daß Behinderung eine „intervenierende Variable des Erziehungsvorgangs" ist.

„Gemeint ist damit, daß die Behinderung die Lernbedingungen in entscheidender Weise verändert. Aus diesem Sachverhalt bezieht die Sondererziehung ihren *Auftrag*. Mit der Erschwerung des Lerngeschehens soll nämlich nicht gesagt sein, daß ein Defekt, ein Mangel, eine funktionelle Störung die Ziele der Erziehung und des Unterrichts dauerhaft verstellen oder ihr Erreichen unmöglich machen. Man kann das so definieren: Ein pädagogischer Begriff von Behinderung liegt dann vor, wenn sich der Educandus aufgrund seiner Behinderung nicht mit den ‚üblichen' Mitteln erziehen und unterrichten läßt und spezieller, ‚besonderer' pädagogischer Verfahrensweisen bedarf." (28)

Unterricht und Erziehung sind erschwert; sie unterliegen besonderen Bedingungen. Erziehung i. w. S. meint die Zusammenfassung aller beeinflussenden Maßnahmen, mit denen Ältere auf Jüngere als noch zu Erziehende einwirken. „Behinderung als *intervenierende Variable des Erziehungsvorgangs* bezeichnet ... die Gesamtveränderung der pädagogischen Förderung." (28) Erziehung i. e. S. ist gemeint, wenn Unterricht und Erziehung gegenübergestellt werden:

„Unterricht meint hier den Bildungsvorgang, der im engeren Sinne als Lernen umschrieben wird. Erziehung meint die Führung zur Mündigkeit, womit soziale Selbständigkeit und soziale Eingliederung gemeint sind." (28)

Bleidick kommt zu folgenden Bestimmungen:
Definition der Behinderung im pädagogischen Sinne: Als behindert im pädagogischen Sinne gelten Kinder, Jugendliche und Erwachsene, deren Lernen und deren soziale Eingliederung erschwert sind. (1998, 29)
Als Gegenstand bestimmt er:

> Gegenstand der Behindertenpädagogik ist das Lernen und die soziale Eingliederung angesichts erschwerten Lernens und erschwerter sozialer Eingliederung.

Gegenstand der Sonderpädagogik nach Bach

Bach (er verwendet den Begriff Sonderpädagogik) sieht den Gegenstand der Sonderpädagogik folgendermaßen: „Sonderpädagogik erstreckt sich

– auf *alle Arten der Beeinträchtigungen* (also nicht nur auf Behinderungen, sondern ebenso auf Störungen, Gefährdungen und Sozialrückständigkeiten),
– auf *alle Formen* von Beeinträchtigungen (und nicht nur auf intellektuelle, sondern ebenso auf sensorielle, motorische und anderen Formen),

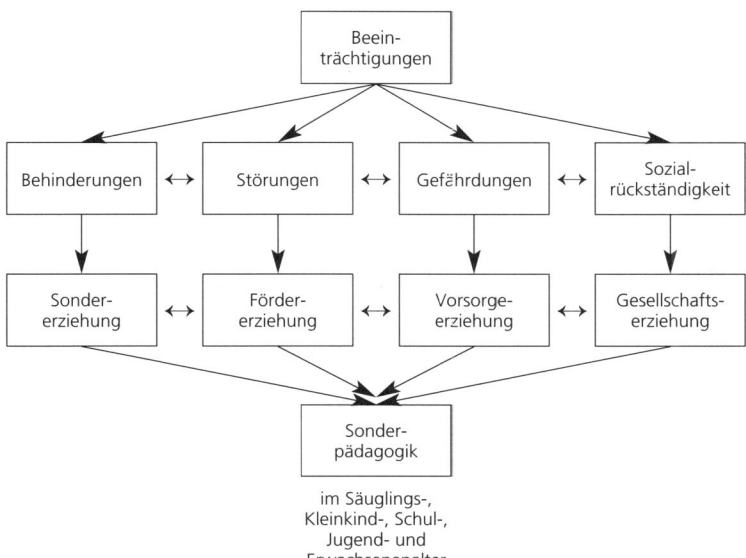

Abb. 2:
Gegenstandsbereich
der Sonderpädagogik
nach Bach 1995

– auf *alle Altersstufen* (und nicht nur auf die Kindheit, sondern ebenso auf das Säuglings- und das Erwachsenenalter) und
– auf *das ganze Erziehungsfeld* (und nicht nur auf die Schule, sondern ebenso auf das familiäre und auf andere Erziehungsfelder)." (1995, 11) (vgl. Abb. 2)

Unter „Beeinträchtigung" versteht Bach die Erschwerung der Personalisation und Sozialisation eines Menschen. Gekennzeichnet ist sie objektiv durch Unregelhaftigkeiten in den Bereichen des Erziehungsprozesses. Liegt diese objektive Feststellung noch nicht vor, spricht man von „Auffälligkeit".

Folgt man der gedanklichen Kette, daß die Hörgeschädigtenpädagogik ein Teilgebiet der Sonderpädagogik und diese wiederum ein Teilgebiet der Pädagogik ist, so sind der Hörgeschädigtenpädagogik deren beider Gegenstandsbereiche immanent.

Es sei an dieser Stelle noch einmal betont, daß sich Pädagogik, und damit auch die Hörgeschädigtenpädagogik, auf *alle* Phasen des Lebensalters bezieht. Ein Hörschaden kann zu jedem Zeitpunkt des Lebens eintreten, so z. B. prä- oder perinatal oder als Folge eines Hörsturzes in der Lebensmitte oder auch als Folge des Alterns (Altersschwerhörigkeit). Entsprechend muß auch die Gegenstandsbestimmung der Hörgeschädigtenpädagogik vorgenommen werden.

Gegenstand der Hörgeschädigtenpädagogik

34 Ziel und Gegenstand der Hörgeschädigtenpädagogik

In Anlehnung an die oben genannte Gegenstandsbestimmung von Bleidick könnte man die der Hörgeschädigtenpädagogik folgendermaßen formulieren:
Der Gegenstand der Hörgeschädigtenpädagogik sind die besonderen Bedingungen des Lernens und der sozialen Eingliederung von hörgeschädigten Kindern, Jugendlichen und Erwachsenen. Für die wissenschaftstheoretische Diskussion ist folgende Überlegung lohnenswert: Bei der Gegenstandsbestimmung der Hörgeschädigtenpädagogik ist die der allgemeinen Pädagogik um die Dimension, die sich aus dem dynamischen Charakter einer Hörbehinderung ergibt, zu erweitern (Pöhle 1994, 37).

Unter dem „dynamischen Charakter der Hörbehinderung wird verstanden, daß Auffälligkeiten (z. B. im Verwenden der Sprache oder im sozialen Verhalten) dem Hörgeschädigten nicht wesenseigen sind. Sie haben sich herausgebildet, weil die anatomisch-physiologischen Entwicklungsvoraussetzungen des Hörgeschädigten (z. B. des hörgeschädigten Kindes) und seine Entwicklungsbedingungen einander nicht bzw. nicht hinreichend entsprechen. Da sie jedoch Ergebnis eines Prozesses sind, lassen sie sich auch durch prozessuale, fördernde pädagogische Einwirkungen verändern" (18).

Die Hörgeschädigtenpädagogik sieht nicht die eingeschränkte, veränderte oder im Extremfall ausgefallene auditive Perzeption als ihren Gegenstand, sondern die dennoch bestehenden *Entwicklungspotentiale*. Die folgende Gegenstandsdefinition für die Hörgeschädigtenpädagogik dürfte heute weitgehende Zustimmung finden:

Hörgeschädigten-
pädagogik

> Gegenstand der Hörgeschädigtenpädagogik ist das Gewährleisten einer möglichst allumfassenden und uneingeschränkten Entwicklung Hörgeschädigter durch hörgeschädigtenspezifische Bildung, Erziehung und Förderung.

Die Hörgeschädigtenpädagogik will von ihrem Selbstverständnis her nicht nur beschreibend, sondern gegebenenfalls auch gestaltend tätig sein. Damit verfügt sie gleichermaßen über einen allgemeinen wie auch angewandten Wissenschaftszweig.

Forschung und Praxis der Hörgeschädigtenpädagogik akzentuieren heute vor allem den hörgerichteten Spracherwerb und die bilinguale Erziehung. Es wäre wünschenswert, wenn man die grundsätzliche Entweder-oder-Entscheidung gegen „Angebot" austauscht und der Gesichtspunkt der Persönlichkeitsentwicklung im Kontext jeweiliger sozialer Rahmenbedingungen und -bezüge stärker herausgearbeitet würde.

Alle sonderpädagogischen Teildisziplinen sind auf interdisziplinäre Zusammenarbeit angewiesen, insbesondere aber die Pädagogiken der Sinnesbehinderten (also die Hörgeschädigtenpädagogik und die Sehgeschädigtenpädagogik). Gleichsam werden sie von „außen" (also von anderen Wissenschaftsdisziplinen) beeinflußt und zu neuen Denkansätzen veranlaßt. Beispielhaft seien Forschungsergebnisse aus der Linguistik über die Gebärdensprache und Entwicklungen im Rahmen der HNO-Heilkunde im Zusammenhang mit den Cochlea-Implantationen genannt.

Weiterführende Literatur zur Theoriebildung der Sonderpädagogik: Bleidick (1974): Pädagogik der Behinderten – Bleidick (1998): Einführung in die Behindertenpädagogik, Band I. – Kobi (1993): Grundfragen der Heilpädagogik. – Speck (1998): System Heilpädagogik. – Für einen allgemeinen Überblick über die Sonderpädagogik bietet sich an: Klauer (1992): Grundriß der Sonderpädagogik.

2.4 Übungsaufgaben zu Kapitel 2

Warum sind möglichst exakte Begriffsbestimmungen (z. B. von Gehörlosigkeit und Schwerhörigkeit) unumgänglich? **Aufgabe 1**

Aus der Sicht der Medizin und aus der Sicht der Pädagogik wird der Begriff „hörgeschädigt" unterschiedlich bestimmt. Worin besteht der wesentliche Unterschied? **Aufgabe 2**

Wann entwickelten sich eigenständige Schwerhörigenschulen? Wonach sollte die Trennung in gehörlose und schwerhörige Schüler erfolgen? **Aufgabe 3**

Worin zeigt sich die erweiterte Aufgabenstellung der Schule für Hörgeschädigte im Vergleich zur Allgemeinen Schule? **Aufgabe 4**

Welche Teilgebiete der Sonderpädagogik sind Ihnen außer der Hörgeschädigtenpädagogik bekannt? **Aufgabe 5**

Was ist als Hauptziel der Hörgeschädigtenpädagogik anzusehen? **Aufgabe 6**

36 Ziel und Gegenstand der Hörgeschädigtenpädagogik

Aufgabe 7 Was ist der Gegenstand der Hörgeschädigtenpädagogik?

Aufgabe 8 Erarbeiten Sie sich anhand der Ausführungen in Kapitel 2 und durch Zuhilfenahme weiterer Fachliteratur (z. B. Lenzen [1994], Bleidick u. a. [1998], Wisotzki [1994] und Claußen [1995]) folgende Übersicht:

	Allgemeine Pädagogik	Sonderpädagogik	Hörgeschädigtenpädagogik
Begriff (Was ist ...?)			
Aufgabe/Ziel (Wozu braucht man ...?; Was beabsichtigt ...?)			
Gegenstand (Womit beschäftigt sich ...?)			

3 Hörschäden im Kindes- und Jugendalter

Die Situation eines von Geburt an hörgeschädigten (gehörlosen, hochgradig hörgeschädigten oder schwerhörigen) Kindes und eines Kindes, das sehr frühzeitig das Gehör verliert, unterscheidet sich grundlegend von den Verhältnissen, die für den im Erwachsenenalter ertaubten oder schwerhörig gewordenen Menschen gelten. In den Kapiteln 1 und 4 sind die Auswirkungen eines Hörschadens auf die emotional-volitive, geistige, körperliche, soziale und sprachliche Entwicklung dieser Kinder beschrieben. Die Früherkennung von Hörschäden ist unter diesen Gesichtspunkten eine bedeutungsvolle Aufgabe. Deshalb hat der Gesetzgeber die Grundlagen dafür geschaffen, daß in der gesetzlichen Krankenversicherung ein umfangreiches und an den einzelnen Entwicklungsphasen des Kindes orientiertes Früherkennungsprogramm angeboten wird. Dieses für Säuglinge und Kleinkinder geschaffene Programm umfaßt neun ärztliche Untersuchungen in der Zeit von der Geburt bis zum 6. Lebensjahr zu festgelegten Terminen. Das Früherkennungsprogramm enthält auch Maßnahmen zur Früherkennung von Hörschäden. Die Untersuchungen sollen nach den Vorgaben der „Kinder-Richtlinien" von denjenigen Ärzten vorgenommen werden, „die die vorgesehenen Leistungen aufgrund der Kenntnisse und Erfahrungen erbringen können, nach der ärztlichen Berufsordnung dazu berechtigt sind und über die erforderlichen Einrichtungen verfügen" (zit. n. Der Beauftragte... 1994, 27).

3.1 Anatomische und physiologische Vorbemerkungen

Anatomie des Ohres

Das, was gewöhnlich als Ohr bezeichnet wird, ist das statoakustische Sinnesorgan (gr. Statikos = auf das Gleichgewicht bezogen; gr. akoustikos = das Gehör betreffend). Wie der Name es bereits ausdrückt, sind hier zwei Sinnesorgane (Hörorgan, Gleichgewichtsorgan) auf engem Raum kombiniert. Sie haben verschiedene Funktionen.

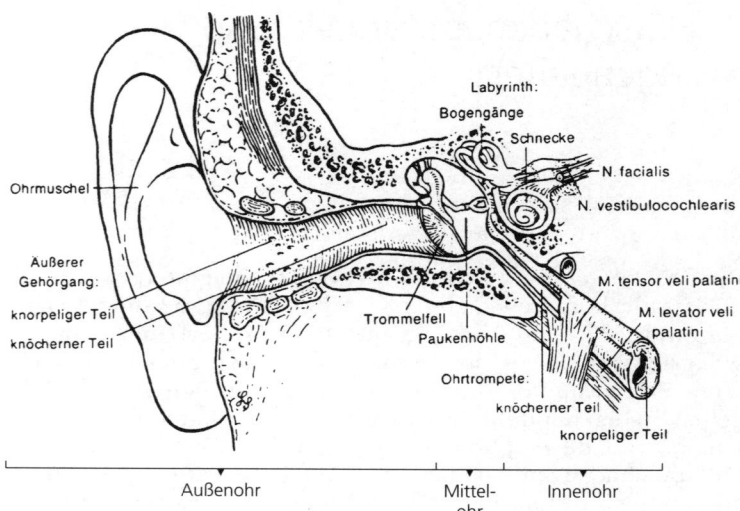

Abb. 3:
Aufbau des Ohres
(nach Boenninghaus
1990)

Am Ohr werden drei Abschnitte unterschieden (Abb. 3): äußeres Ohr, Mittelohr und Innenohr.

Das äußere Ohr (Auris externa)

Zum äußeren Ohr werden Ohrmuschel und Gehörgang gezählt. Die Ohrmuschel besitzt mit Ausnahme des Ohrläppchens ein Gerüst aus elastischem Knorpel. Sie hat die Form eines Schalltrichters, der sich zum äußeren Gehörgang immer mehr verjüngt, d. h. der Anfangsteil des äußeren Gehörganges wird von einer rinnenförmigen Fortsetzung des Ohrmuschelknorpels gebildet, die durch das Bindegewebe zu einem geschlossenen Gang ergänzt wird (Abb. 4). Den Abschluß bildet das schräg in den Gehörgang eingelassene Trommelfell. Das Trommelfell ist eine häutige Membran mit einem Durchmesser von 9–11 mm. Es ist normalerweise so zart, daß die Gebilde des Mittelohres hindurchschimmern (Abb. 5).

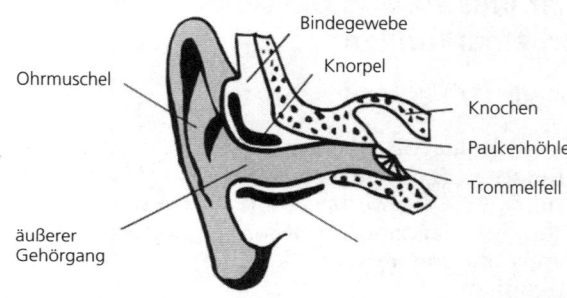

Abb. 4:
Längsschnitt des
äußeren Gehörganges
(aus: Brunner/Nöldeke
1997, 14)

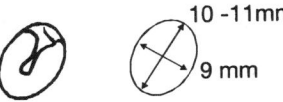

Abb. 5:
Ein rechtes Trommelfell (aus: Brunner/Nöldeke 1997, 19)

Hauptbestandteil des Mittelohrs (Abb. 6) ist die Paukenhöhle, ein spaltförmiger (schmaler hoher) Raum des Felsenbeins. Es wird lateral vom äußeren Ohr (Trommelfell) und medial vom Innenohr begrenzt. Die Paukenhöhle ist mit Schleimhaut ausgekleidet und beim gesunden Menschen mit Luft gefüllt.

Quer durch den oberen Teil der Paukenhöhle zieht vom Trommelfell zur Wand des Innenohrs die gelenkig miteinander verbundene Kette der Gehörknöchelchen: Hammer, Amboß und Steigbügel. Der Hammer ist durch seinen Handgriff mit dem Trommelfell verwachsen. Sein Köpfchen trägt eine Gelenkfläche, an die sich der Amboßkörper anlagert. Der Amboß sieht ähnlich aus wie ein Backenzahn mit zwei Wurzeln. Der längere dieser Amboßschenkel ist gelenkig mit dem Steigbügel verbunden. Die Fußplatte des Steigbügels ist bindegewebig im ovalen Fenster der Vorhofswand befestigt, so daß sie beweglich bleibt. Zwei Muskeln regulieren die Bewegungen der Gehörknöchelkette: der Hammermuskel, der das Trommelfell spannt, und der Steigbügelmuskel. Beide Muskeln sind Antagonisten: Der Hammermuskel zieht bei Auftreffen eines Schalls das Trommelfell nach innen und drückt das Fußstück des Steigbügels in das Vorhoffenster: Er bewirkt so eine erhöhte Empfindlichkeit der Überleitung. Der Steigbügelmuskel hebelt das Fußstück des Steigbügels aus dem Vorhoffenster heraus und verursacht dadurch eine Dämpfung der Überleitung. Beide Muskeln regulieren also den Spannungszustand des Schallleitungsapparates.

Das Mittelohr (Auris media)

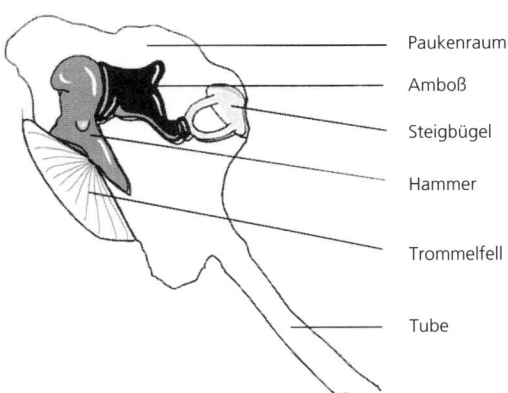

Abb. 6:
Querschnitt durch das Mittelohr (aus Brunner/Nöldeke 1997, 22)

Abb. 7:
Öffnung der Tube durch die Muskeln (aus: Brunner/Nöldeke 1997, 27)

a) geschlossene Tube
b) offene Tube

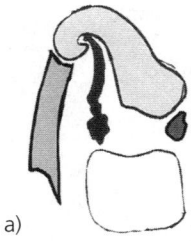
a)
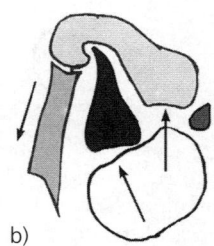
b)

Die Ohrtrompete ist eine 3–4 cm lange Röhre, auch Eustachische Röhre genannt. Sie geht von der Vorderwand der Paukenhöhle ab und mündet in den oberen Teil des Nasen-Rachen-Raumes. Bei jedem Schluckakt (oder auch beim Sprechen von k-Lauten und Gähnen) wird durch Muskelzug die Ohrtrompete erweitert (Abb. 7), so daß zwischen Mittelohr und Nasen-Rachen-Raum ein ständiger Luftaustausch erfolgen kann. (Somit erfolgt ein Luftdruckausgleich zwischen Mittelohr und Rachen.)

Das Innenohr (Auris interna)

Das innere Ohr ist in die Felsenbeinpyramide eingelagert (Abb. 8). Es wird wegen seiner verwirrenden Vielfalt auch als Labyrinth bezeichnet. Es besteht aus zwei miteinander in Verbindung stehenden funktionellen Teilen, den Gleichgewichtsorganen (mit Vorhof und den drei Bogengängen) und dem Hörorgan in der Schnecke (Cochlea). Gleichgewichtsorgan und Hörorgan reagieren auf sehr feine Druckänderungen und stehen funktionell in enger Beziehung zueinander. Beide Sinnesorgane befinden sich im häutigen Labyrinth.

Das häutige Labyrinth ist ein System von Blasen und Kanälen, das allseitig von einer sehr harten Knochenkapsel (knöchernes Labyrinth) umgeben ist. Das häutige Labyrinth ist mit Endolym-

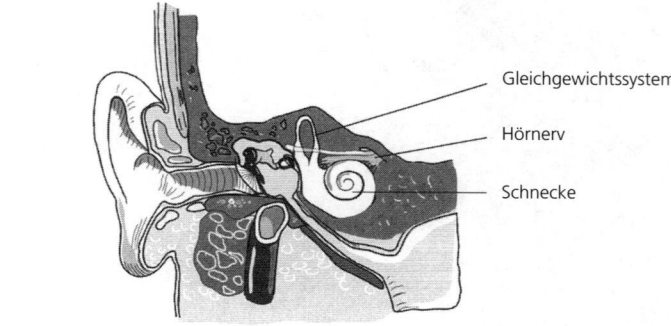

Abb. 8:
Natürliche Lage des Innenohres im Felsenbein. Sicht von oben auf dem Schädelboden (aus: Brunner/Nöldeke 1997, 28)

Anatomische und physiologische Vorbemerkungen 41

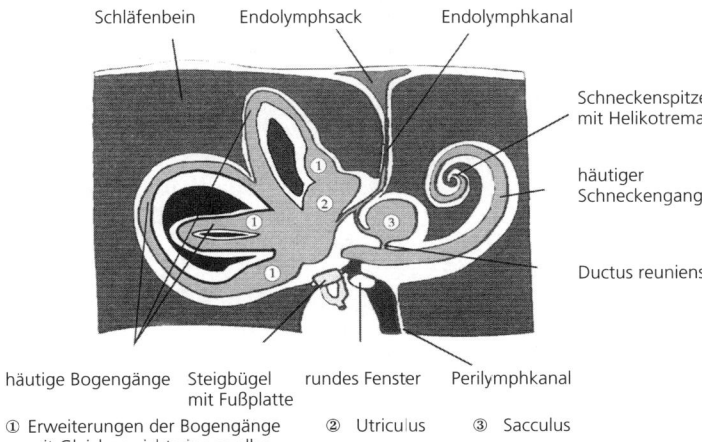

Abb. 9: Schema des häutigen Labyrinths: Die endolymphatischen Räume sind hellgrau, der Knochen dunkelgrau und die perilymphatischen Räume weiß (aus: Brunner/Nöldeke 1997, 29)

phe (visköse, d. h. klebrige Flüssigkeit) gefüllt. Das knöcherne Labyrinth enthält eine wasserklare Flüssigkeit, die Perilymphe, in der das häutige Labyrinth schwimmt.

Alle Räume des häutigen Labyrinths stehen durch feine Kanälchen miteinander in Verbindung. Die Perilymphe und die Endolymphe im häutigen Labyrinth stehen nicht miteinander in Verbindung.

Zentrales Mittelstück des knöchernen Labyrinths ist der Vorhof (Vestibulum). Nach vorn geht das Vestibulum in die knöcherne Schnecke (Cochlea) über, und an seiner Rückwand münden die knöchernen Bogengänge. Die laterale Wand des Vorhofes entspricht der medialen Wand der Paukenhöhle und enthält zwei Öffnungen: das ovale Fenster und das runde Fenster.

Das knöcherne Labyrinth

Das häutige Labyrinth besteht aus vier Teilen:

- *Sacculus*
- *Utriculus*   } gehören zum Gleichgewichtsorgan
- die *3 Bogengänge*

- der häutige *Schneckengang* ▸ gehört zum Hörorgan

Das häutige Labyrinth

Utriculus und Sacculus sind zwei kleine Säckchen, die gemeinsam im knöchernen Vorhof liegen. Beide enthalten in einem umschriebenen Wandabschnitt Sinnesepithel. Auch in jedem Bogengang liegt jeweils eine quere Leiste mit Sinnesepithel. Durch Verschieben der Endolymphe werden bei Bewegungen und Lageänderungen des Körpers die Sinneszellen gereizt. Von den

Sinneszellen im Vorhof wird die Erregung durch den Vorhofnerv des Gleichgewichts- und Hörnervs (Nervus vestibulocochlearis) zum Gehirn weitergeleitet.

Die häutige Schnecke enthält das Cortische Organ. Das Cortische Organ erstreckt sich in spiraligem Verlauf von der Basalwindung bis zur Kuppelwindung der Schnecke. Es ist das Sinnesepithel des Hörorgans und besteht ebenfalls aus Sinnes- und Stützzellen. Schallwellen, die auf das Trommelfell treffen, versetzen dies in Schwingungen. Diese werden durch die Kette der Gehörknöchelchen zum ovalen Fenster geleitet und durch die Steigbügelplatte auf die Endolymphe des Innenohrs übertragen, wodurch die Sinneszellen des Cortischen Organs gereizt werden. Der Schneckennerv des Gleichgewichts- und Hörnerven (Nervus vestibulocochlearis) leitet die Erregung zum Gehirn. Der Gleichgewichts- und Hörnerv hat also – ebenso wie das Ohr – eine doppelte Funktion.

Der Gleichgewichts- und Hörnerv (Nervus vestibulocochlearis) bildet gemeinsam mit 11 weiteren Hirnnerven das periphere Nervensystem des Kopfes. Das periphere Nervensystem hat die Aufgabe, die nervösen Erregungen weiterzuleiten.

Periphere Nerven enthalten im allgemeinen sowohl afferente (sensorische) Nervenfasern, die dem ZNS Informationen aus der Um- und Innenwelt zuleiten, als auch efferente (motorische) Nervenfasern, deren periphere Zielgebiete Drüsen und die Muskulatur sind.

Hörnerv und zentrale Hörbahnen

Die von den Sinneszellen des Cortischen Organs zum Ganglion spirale (Ganglien sind Ansammlungen von Nervenzellen, in denen die Nervenfasern ihren Ursprung haben) ziehenden Fasern geben dort die von ihnen geleiteten Reize auch an andere Nervenzellen weiter. Die Nervenfasern des 1. Neurons (Neuron = Gesamtheit der Zellfortsätze mit der dazugehörigen Ganglienzelle) verlaufen gemeinsam als Hörnerv in das Schädelinnere, wo sie in das Gehirn an dessen Unterseite eintreten. (Diesen Vorgang hat der Hörnerv mit den von den Gleichgewichtsorganen kommenden Nervenfasern gemeinsam.)

Nach Eintritt in den oberen Anteil des verlängerten Rückenmarks ziehen die Fasern des Hörnervs in ein aus mehreren Teilen bestehendes Ganglion, das als Nucleus cochlearis bezeichnet wird.

Vom Nucleus cochlearis ziehen nun zentrale Hörbahnen über verschiedene Kerne (Nuclei) zum Zwischenhirn und von hier zur Hirnrinde, wobei der größere Teil der Bahnen auf die andere Hirnseite hinüber wechselt („kreuzt"). (Ein Prinzip, das bei allen wesentlichen Nervenbahnen zu beobachten ist.)

Eine Vorstellung von der Kompliziertheit der Führung der zentralen Hörbahnen im Gehirn vermittelt die vereinfachende

Darstellung in Abb. 10. Die Abbildung zeigt, daß Impulse von einem Ohr zu beiden Hörrindenzentren geleitet werden. Die Hörrinde liegt anatomisch in einer Querwindung des Schläfenlappens und wird Heschlsche Querwindung genannt. Die gürtelförmig an diese primäre Hörrinde angrenzenden Hirnareale werden als sekundäre Hörrinde bezeichnet.

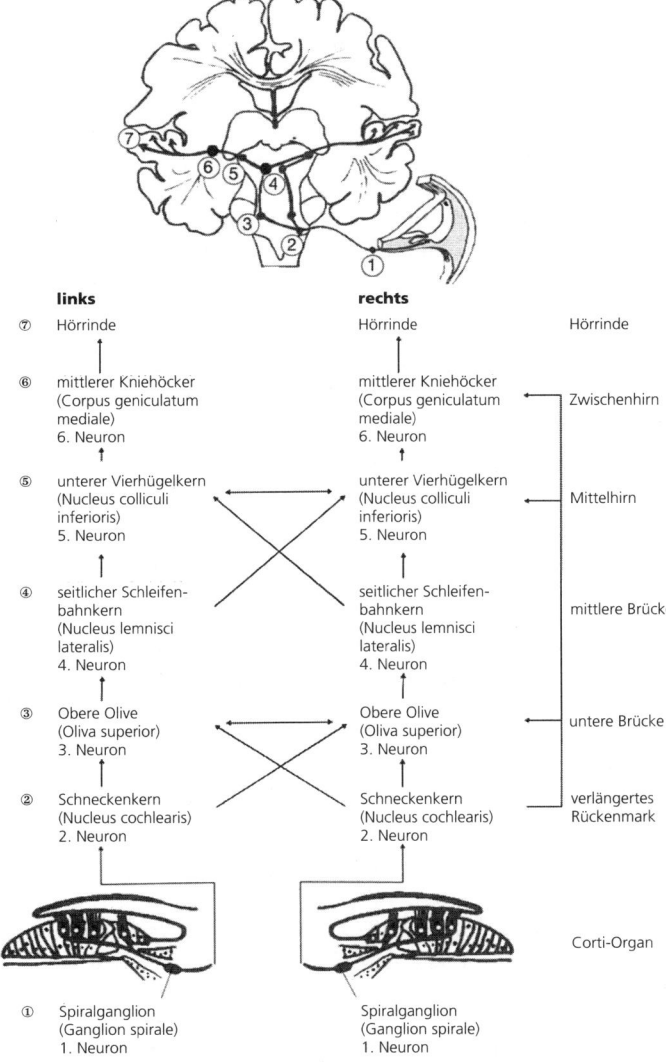

Abb. 10: Schematische Darstellung der zentralen afferenten Hörbahnen (aus: Brunner/Nöldeke 1997, 40)

Abb. 11 (links):
Seitenansicht des Gehirns mit Großhirn, Kleinhirn und Übergang zum Rückenmark
(aus: Brunner/Nöldeke 1997, 38)

Abb. 12 (rechts):
Die Hörrinde
(aus: Brunner/Nöldeke 1997, 38)

In der Hörrinde (Abb. 12) findet die bewußte Verarbeitung der Höreindrücke statt.

Physiologie des Hörens

Äußeres Ohr

Die Schallwellen erreichen das Hörorgan hauptsächlich über die Ohrmuschel, die als Schalltrichter dient (Abb. 3). Der Schall wird hier aufgefangen und gebündelt und gelangt durch den Gehörgang zum Trommelfell. Die auftreffenden Schallwellen versetzen das Trommelfell in Schwingungen.

Der Schall setzt auch den ganzen Schädel in Schwingungen, die direkt auf die Hörschnecke übertragen werden (man spricht von Knochenleitung). Sie spielt physiologisch kaum eine Rolle, doch wird sie zur Diagnose herangezogen und kann zur Hörgeräteversorgung genutzt werden.

Mittelohr

Die Schwingungen werden über die Gehörknöchelkette weitergegeben (Abb. 6). Der Hammergriff, der mit dem Trommelfell fest verwachsen ist, gibt die Schwingungen an den dahinterliegenden Amboß weiter. Dieser wiederum überträgt die Schwingungen auf den Steigbügel. Der Steigbügel leitet die Schwingungen über die Steigbügelplatte als Druckbewegung an das ovale Fenster weiter. Es entsteht so eine Druckwelle, die die Perilymphe (Flüssigkeit im knöchernen Labyrinth) des Innenohrs in Schwingung bringt.

Die Aufgabe der Gehörknöchelkette ist die möglichst verlustarme Übertragung des Schalls von einem Medium mit niedrigem Wellenwiderstand (Luft) zu einem mit hohem Wellenwiderstand (Flüssigkeit). Dieser Schallwellenwiderstand wird Impedanz genannt.

Die Binnenohrmuskeln (Trommelfellspannmuskel und Stapediusreflexmuskel) sind eine Schutzfunktion des Ohres gegen zu laute Höreindrücke. Sie sind in der Lage, die Schallübertragung der Gehörknöchelkette zu verändern. Teils wird die Übertragung leisen Schalles verbessert, teils die Übertragung lauten

Anatomische und physiologische Vorbemerkungen 45

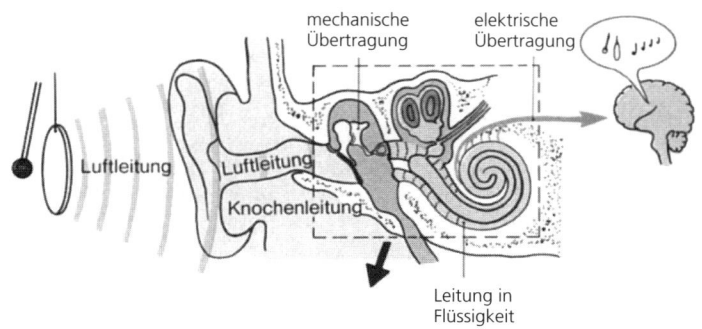

Abb. 13:
Schallaufnahme und
-weiterleitung
(aus: Silbernagl/
Despopoulos 1991,
319)

Schalles gebremst und die Nachschwingungen der Knöchelchen gedämpft. Wenn der eintreffende Schall zu laut und von langer Dauer ist, kontrahieren sich die Binnenohrmuskeln und versteifen die Gehörknöchelkette.

Das ovale Fenster gerät durch die Druckbewegung, die durch die Schwingungen der Steigbügelplatte entstehen, ebenfalls in Schwingung. Dadurch entsteht eine Wanderwelle in der Schnecke.

Die Schnecke (Cochlea) ist hauptsächlich ein flüssigkeitsgefüllter Schlauch mit einer Membran (Basilarmembran genannt), die der Länge nach mitten durch sie hindurchläuft. Die Flüssigkeit innerhalb der Cochlea wird in wellenartige Bewegungen versetzt, wenn – wie eingangs erwähnt – der die Fußplatte des Steig-

Innenohr

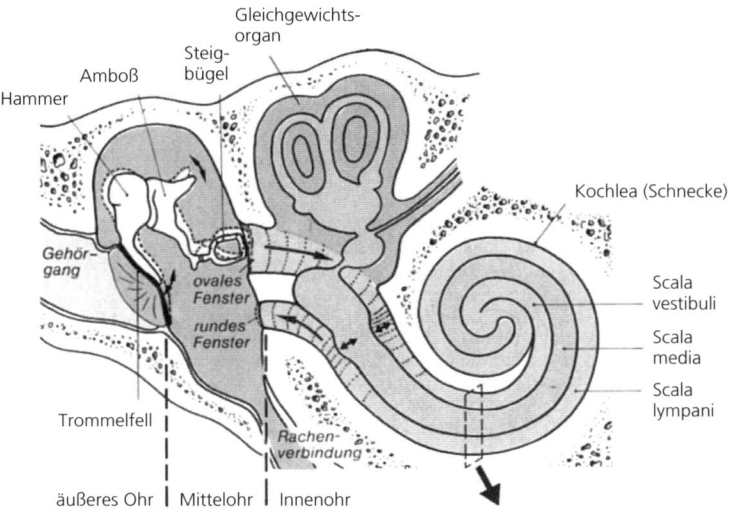

Abb. 14:
Schallweiterleitung
(Ausschnitt)
(aus: Silbernagl/
Despopoulos 1991,
319)

bügels gegen das ovale Fenster an der Basis der Schnecke vibriert. Diese Wellenbewegung der Flüssigkeit setzt sich der Länge des aufgerollten Schlauches nach fort, um das Ende herum und zurück zur Basis auf der anderen Seite, wo sie vom runden Fenster absorbiert wird (s. auch Abb. 14).

Durch ihre Bewegung versetzt die Flüssigkeit die Basilarmembran in wellenartige Bewegung. Diese Bewegung beugt die kleinen Sinneshaare, die sich an den Sinneszellen der Schnecke befinden. (Die Sinneszellen der Schnecke werden Corti-Organ oder Hörorgan genannt.) Die Sinneszellen verwandeln die mechanischen Schwingungen der Basilarmembran in neurale Aktivität, indem sie, wenn sie sich beugen, Nervenenden reizen.

Der physikalische Reiz ist nunmehr in einen Nervenreiz transformiert.

Hörtheorien

Zur Erklärung der Umwandlung von Schallwellen in Empfindungen (Hörempfindungen) gibt es verschiedene Hörtheorien. Diese sind aber nicht in der Lage, gleichzeitig alle Einzelheiten des Hörvorgangs zu erklären. Jede erklärt einen Teil des Vorgangs. Die genaue Erforschung ist infolge der geringen Ausmaße des Hörorgans und der Winzigkeit der von ihm verarbeiteten Kräfte schwierig. (Weiterführende Informationen dazu sind Lindner [1992, 91f], Plath [1992, 37f], Schmidt/Thews [1995, 266f] und Zimbardo [1995, 186f] zu entnehmen.)

Reizfortleitung und zentrale Schallverarbeitung

Schallintensität, Dauer (Entfernung der Schallquelle), Schallfrequenz(en) und Schallrichtung werden vom Ohr aufgenommen und zur Weiterleitung im Hörnerv kodiert.

Im Verlauf der Hörbahn (Nervenverbindungen zwischen Cortischem Organ [= Hörorgan] in der Cochlea [= Schnecke] des Innenohres und dem Hörzentrum in der Hirnrinde – s. auch Abb. 10) findet bereits eine komplizierte Verarbeitung der aufgenommenen akustischen Informationen statt. Während die Umformung im Mittelohr- und Innenohrbereich noch als analoge Informationswandlung angesehen werden kann, läßt sich die neuronale Weiterverarbeitung der Signale mit einer digitalen und sogar strukturbildenden vergleichen (Lindner 1992, 89).

Wichtige Umschaltstationen der Hörbahnen

Die Nervenimpulse verlassen die Cochlea in einem Faserbündel (= Hörnerv). Diese Fasern haben Schaltstellen (= Synapsen) im Nucleus cochlearis (s. S. 42) des Gehirnstammes. Von da aus laufen 60 % der eintreffenden Informationen zur gegenüberliegenden Gehirnhälfte, der Rest bleibt auf der ursprünglichen Seite. Auf ihrem Weg zum auditiven Cortex (Hörrindenzentrum) durchlaufen die auditiven Signale noch eine Reihe weiterer Kerne (Nuclei).

Das akustische Hörrindenzentrum liegt im Bereich des Schläfenhirns in unmittelbarer Nachbarschaft zur Körpergefühlssphäre, zum Brocaschen Sprachzentrum und zum akustischen Sprachzentrum.

3.2 Arten und Ausmaß von Hörschäden

Funktionsstörungen im Bereich des Hörorgans, der Hörbahnen oder der Hörzentren bewirken eine Schwerhörigkeit oder eine Gehörlosigkeit. Das Wissen darüber allein reicht nicht aus, um eine entsprechende (z. B. medizinische oder pädagogische) Intervention einleiten zu können. Ebenfalls wichtig ist es, über Art und Ausmaß des Hörschadens Bescheid zu wissen. Dies ist aus medizinischer Sicht für die Art der Behandlung, aber auch zur Abschätzung des Grades der Behinderung (s. Tab. 1, S. 22) notwendig. Für den Hörgeräteakustiker bietet die Kenntnis dieser Daten eine wesentliche Grundlage für die Anpassung von Hörgeräten. Dem Hörgeschädigtenpädagogen vermittelt es eine erste Orientierung, wobei aufgrund einer Diagnose, insbesondere bei kleineren Kindern, nicht voreilig auf mögliche Entwicklungsverläufe geschlossen werden darf. Es sind folgende Arten der Hörschädigung zu unterscheiden:

a) Schalleitungsschwerhörigkeit
b) Sensorineurale Schwerhörigkeit
c) Kombinierte Schalleitungs-Schallempfindungsschwerhörigkeit
d) Gehörlosigkeit

Arten der Hörschädigung

Schwerhörigkeiten dieser Art sind im schallzuleitenden Teil des Ohres lokalisiert, d. h., daß der Schall das Innenohr nicht ungehindert erreichen kann. Es liegt eine Funktionsstörung des Gehörgangs, des Trommelfells oder des Mittelohres vor, die meist als Folge von Mittelohrentzündungen oder von Infektionskrankheiten, die auf das Mittelohr übergegriffen haben, entstanden sind.

Abb. 15 zeigt normale Knochenleitungswerte. Daraus kann geschlossen werden, daß das Innenohr und die zentrale Verarbeitung von Schallreizen normal funktionieren. Für die Luftleitung zeigt sich ein Hörverlust, der weitgehend linear verläuft. Die Lage von Knochenleitung und Luftleitung zueinander beschreibt man als Luftleitungs-Knochenleitungs-Differenz. Bei einer Schalleitungsstörung ist der Hörverlust in allen Frequenzen etwa gleich groß; ihre Folge ist leiseres Hören. Diese Art von Schwerhörigkeit ist mittels Hörgeräten gut auszugleichen. Eine lineare Intensitätsverstärkung bewirkt hier, daß das gesamte Sprachfeld in den Bereich des Hörens rückt. Schalleitungsschwerhörigkeiten kann man zudem medizinisch in fast allen Fällen soweit therapieren, daß auch ohne technische Hilfen (Hörgeräte) ein soziales Gehör vorhanden ist. Daher besitzen sie sonderpädagogisch kaum Bedeutung. Liegt allerdings eine weitere Behinderung vor, so ist mit nachteiligen Auswirkungen auf die Gesamtentwicklung

a) Schalleitungsschwerhörigkeit (auch Mittelohrschwerhörigkeit)

48 Hörschäden im Kindes- und Jugendalter

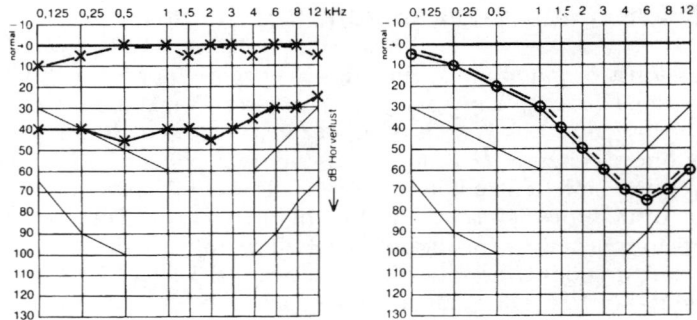

Abb. 15 (links): Schalleitungsschwerhörigkeit (Differenz zwischen Knochenleitung[1] und Luftleitung[2]; geringe Abweichungen um die Nullinie für die Knochenleitungswerte liegen im Normbereich) (aus: Plath 1991, 39)

Abb. 16 (rechts): Sensorineurale Schwerhörigkeit. Dieser Hörkurvenverlauf kann sowohl bei einer sensorischen als auch bei einer neuralen Schwerhörigkeit bestehen (aus: Plath 1991, 39)

b) Sensorineurale Schwerhörigkeit

des Kindes weit eher zu rechnen, so daß dies bei der pädagogischen Begleitung und Förderung entsprechend Berücksichtigung finden muß.

Die sensorineurale Schwerhörigkeit beruht auf pathologischen Veränderungen des Cortischen Organs oder retrocochleär der nervalen Hörbahn. Deswegen sind zwei Formen zu unterscheiden: die sensorische (auch cochleäre) Schwerhörigkeit und die neurale (auch retrocochleäre) Schwerhörigkeit. Die beiden Schädigungsformen können auch gleichzeitig auftreten.

Das Tonaudiogramm (Abb. 16) weist für Luft- und Knochenleitung den gleichen Hörverlust aus, d. h., es besteht keine Luftleitungs-Knochenleitungs-Differenz.

Aus dem Kurvenverlauf kann man entnehmen, daß die Störung entweder im Innenohr oder von da aus zentralwärts liegt. Um den genauen Ort der Funktionsstörung zu finden, bedarf es einer Differentialdiagnostik durch spezielle audiologische Tests.

Die Hörschwelle verläuft bei einer sensorineuralen Schwerhörigkeit nicht linear, die höherer Frequenzen sind stärker betroffen. Schallereignisse, insbesondere die Lautsprache, werden zumeist verzerrt wahrgenommen, weil Teilbereiche des Sprachfeldes (insbesondere die hochfrequenten Sprachanteile) unterhalb der subjektiven Hörschwelle liegen. Diese sind jedoch für das Verstehen von Sprache wichtig. Es liegt also eine Beeinträchtigung der auditiven Differenzierungsfähigkeit vor, wodurch z. B. Sprachlaute nicht adäquat aufgenommen werden können.

---

[1] Knochenleitung: Übertragung des Schalls *über den Schädelknochen* zum Innenohr
[2] Luftleitung: *natürlicher* Weg des Schalls (Umwelt → Gehörgang → Trommelfell und Mittelohr → Innenohr)

Eine einfache lineare Verstärkung der Intensität, z. B. durch lautes Sprechen, bietet dem von dieser Art betroffenen Schwerhörigen keine Hilfe. Hörgeräte können eine wirkungsvolle Hilfe sein. Voraussetzungen für einen wirklichen Hörgewinn sind jedoch eine gründliche audiologische Diagnostik durch den HNO-Arzt, eine sorgfältige Anpassung der Hörgeräte durch den Akustiker sowie eine Hörerziehung bzw. ein Hörtraining (s. Kap. 10.1), das auf die individuelle audiologische Situation abgestimmt ist.

Die Ursachen der sensorineuralen Schwerhörigkeit sind vielfältig. Sie kann vererbt sein, kann pränatal eintreten (z. B. Erkrankung der Mutter während der Schwangerschaft an Röteln oder Toxoplasmose), perinatal (z. B. durch Asphyxie) oder postnatal (z. B. durch Meningitis, Encephalitis, toxische Stoffwechselstörungen, häufige und länger andauernde Lärmeinwirkung) (weiterführende Information s. Kap. 3.3).

Im Zusammenhang mit der sensorineuralen Schwerhörigkeit ist noch auf zwei Formen überschwelliger (bedeutet *über* der Hörschwelle des Betroffenen liegende) Hörstörungen hinzuweisen, die die Wahrnehmung und die zentrale Verarbeitung hörbarer Schallerscheinungen zusätzlich erschweren: Bei der sensorischen (oder cochleären) Schwerhörigkeit findet man als typisches audiometrisches Merkmal das Recruitment. Bei der neuralen (oder retrocochleären) Schwerhörigkeit tritt die pathologische Verdeckung auf.

Überschwellige Hörstörungen

Das Recruitment wird durch Innenohr-Haarzellenstörungen verursacht und bewirkt einen pathologischen Lautheitsausgleich. Leise Schallerscheinungen werden nicht gehört, wenn sie unterhalb der Hörschwelle liegen. Signale oberhalb der Hörschwelle werden gut erkannt und im Bereich um 80 dB werden sie ebenso laut empfunden wie von Normalhörenden. Da aber der Abstand zwischen (der herabgesetzten) Hörschwelle und der Schmerzschwelle verringert ist, wird die Unbehaglichkeitsschwelle eher erreicht. Das Recruitment ist oft nicht über die gesamte Frequenzbreite verteilt, sondern betrifft nur bestimmte Bereiche des Frequenzspektrums, die den geschädigten Haarzellenabschnitten der Basilarmembran entsprechen. Dadurch erhöht sich die Kompliziertheit der individuellen auditiven Wahrnehmung weiter. Meist ist das Recruitment mit starken Hörverlusten verbunden, so daß bei Kindern die Auswirkungen auf die Sprachentwicklung erheblich sein können. Bei enger Dynamik (das ist der Bereich zwischen Hörschwelle und Unbehaglichkeitsschwelle) kann die Hörgeräteanpassung schwierig sein, weil leicht Verzerrungen auftreten. Bei optimaler Verstärkung kann man jedoch ein gutes Sprachgehör erreichen.

Recruitment

Pathologische Verdeckung	Die pathologische Verdeckung ist eine abnorme auditive Ermüdung, d. h. unter Geräuschbelastung verschlechtert sich die Hörschwelle des Betroffenen. Laute Schallerscheinungen werden als sehr leise empfunden oder verschwinden ganz. Der Betroffene hat erhebliche Schwierigkeiten, sprachlichen Nutzschall vom Störlärm bzw. Nebengeräuschen zu erkennen. Damit ist das Verstehen von Sprache weitgehend beeinträchtigt.
c) Kombinierte Schalleitungs-Schallempfindungsschwerhörigkeit	Wenn neben einer Schalleitungsstörung noch eine Funktionsstörung des Innenohres besteht, spricht man von kombinierter Schwerhörigkeit oder kombinierter Schalleitungs-Schallempfindungsschwerhörigkeit oder kombinierter Mittelohr- und Innenohrschwerhörigkeit. Die drei Bezeichnungen werden in der Fachliteratur parallel verwandt. Bei dieser Form der Schwerhörigkeit weist das Audiogramm (Abb. 17) sowohl einen herabgesetzten Verlauf der Knochenleitungskurve als auch der Luftleitungskurve aus, zwischen beiden liegt jedoch eine Differenz. Der Hörverlust für die Luftleitung ist immer größer als der für die Knochenleitung. Die Schallempfindungsschwerhörigkeit dominiert jedoch und bestimmt das Wahrnehmungsgeschehen.
d) Gehörlosigkeit	Gehörlosigkeit ist eigentlich keine gesonderte Hörstörung, sondern beruht auf einem hochgradigen Schallempfindungsschaden. Anders ausgedrückt: Die sensorische oder neurale Schwerhörigkeit bedeuten im Extremfall eine praktische Taubheit oder Gehörlosigkeit. Eine absolute Taubheit, bei der keinerlei Hörreste mehr vorhanden sind, ist sehr selten und tritt eigentlich nur dann auf, wenn der Hörnerv oder das primäre Hörzentrum zerstört sind. Ungefähr 98 % der gehörlosen Menschen verfügen über Hörreste (Pöhle 1994, 12). Diese Hörreste sind jedoch so gering, daß Lautsprache auf natürlichem Wege nicht oder bei Verwendung elektronischer Hörhilfen nur unter bestimmten Bedingungen, d. h.

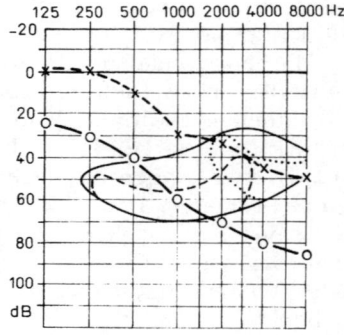

Abb. 17: Hörverlustaudiogramm einer kombinierten Schalleitungs-Schallempfindungsschwerhörigkeit (aus: Pöhle et al. 1990, 41)

durch spezifische Förderung und Erziehung, erlernt werden kann. Lange Zeit galt als Gehörlosigkeit, wenn der Hörverlust im Hauptsprachbereich (liegt zwischen 500 und 4.000 Hz) größer als 90 dB war. Durch die Entwicklung der modernen Hörgerätetechnik und durch die Effektivität auditiv-verbaler Frühförderung ist diese Definition aus pädagogischer Sicht nicht mehr haltbar (Diller 1991; Pöhle 1994).

Neben der Art des Hörschadens wird das Ausmaß des Hörverlustes (gemessen in Dezibel [dB] als Maß der für die Tonwahrnehmung oder das Sprachverstehen notwendigen relativen Lautstärkeerhöhung) ermittelt. Bestimmt wird die Hörschwelle mit einem Audiometer, mit Hilfe dessen ein Audiogramm graphisch erstellt wird (s. Kap. 5). Die Hörschwelle kennzeichnet den Schalldruck der Töne, der gerade so groß ist, daß eine Hörempfindung ausgelöst wird. Bei (normal-)hörenden Menschen liegt sie bei ungefähr 0 dB, als definierter durchschnittlicher Mittelwert von jungen Erwachsenen, die in ihrem Leben keine außergewöhnlichen Ohrenerkrankungen hatten und keinem besonderen Lärm ausgesetzt waren. Bei einem Hörverlust zwischen 20–40 dB spricht man von leichter, zwischen 40–60 dB von mittlerer, bei 70 dB von erheblicher und zwischen 70–90 dB von einer extremen Schwerhörigkeit. Als Resthörigkeit (Gehörlosigkeit und Taubheit) bezeichnet man Hörschäden, bei denen der Hörverlust im Hauptsprachbereich über 90 dB liegt.

Ausmaß des Hörverlustes

Dringend anzumerken ist, daß die Einteilung nach dem Ausmaß des Hörverlustes nur von begrenztem Wert ist, da die individuellen Auswirkungen und Folgeerscheinungen auch bei etwa gleichem Hörverlust und gleicher Art des Hörschadens sehr unterschiedlich sein können. Daher sollten nach der Diagnose nicht voreilig Prognosen über mögliche Entwicklungsverläufe betroffener Kinder gegeben werden.

Tab. 2: Beispiele für dB-Lautstärke (s. auch Lindner 1992, 40; Plath 1992, 68)

Dezibel	entspricht
0 dB	Hörschwelle normalhörender Personen
30 dB	Rauschen von Bäumen
40 dB	gedämpfte Unterhaltung
60 dB	Staubsauger, Rundfunkmusik
80 dB	starker Straßenlärm
100 dB	sehr laute Autohupe
120 dB	Flugzeugmotoren in 3 m Abstand
130 dB	schmerzender Lärm

Zum Vergleich sollen einige Lautstärken für bestimmte Schallereignisse angegeben werden. Tab. 2 soll dem Leser eine ungefähre Vorstellung von dem Ausmaß eines Hörverlustes geben.

3.3 Ursachen

Nach Biesalski und Collo (1991) sind bei etwa 40 % der Kinder keine sichere Ursache ihrer Hörschädigung festzustellen, d. h. die Hörschädigung ist unbekannter Ätiologie.

Die Ursachen können nach verschiedenen Gesichtspunkten eingeteilt werden, siehe z. B. Abb. 18.

Eine andere Möglichkeit der Einteilung wäre die nach dem Ort der Störung:

Äußerer Gehörgang

- Aplasie (Organanlage [hier: Gehör] vorhanden, aber Entwicklung ausgeblieben)
- Gehörgangsatresie (angeborener Verschluß des Gehörgangs)
- Anotie (fehlende Ohrmuschel)
- Mikrotie (Kleinheit der Ohrmuschel)
- Cerumen obturans (Ohrenschmalzpfropf)

Trommelfell

- Fehlbildung
- Retraktion (Zurück- oder Zusammenziehen des Trommelfells)
- starke Vernarbung
- sehr große Perforation (Durchbruch)

Paukenhöhle

- Fehlbildung
- Exsudat (entzündungsbedingter Austritt von Flüssigkeit und Zellen aus Blut- und Lymphgefäßen)
- entzündliche Erkrankungen
- Blutungen

Cochlea

- Fehlbildungen
- Entzündungen
- biochemische Veränderungen, z. B. Vitamin A-Mangel
- intracochleäre Druckstörungen

Nucleus cochlearis (Nervenfortsätze)

- Aplasie (s. o.)
- toxische Degeneration

Zentrale Hörbahn und kortikale Hörregion

- angeborene und erworbene Hörschäden

(in Anlehnung an Biesalski/Collo 1991, 124)

Ursachen 53

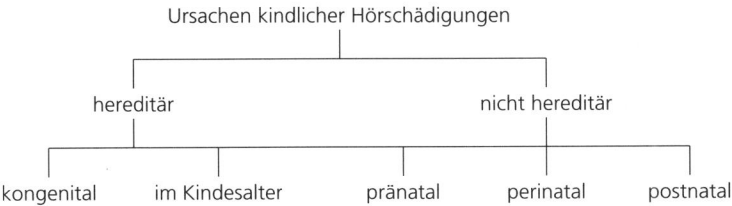

Abb. 18:
Ursachen kindlicher Hörschädigungen (nach: Biesalski/Frank 1994, 68)

Seidler (1996) teilt in seiner Darstellung der Ursachen für therapieresistente Schwerhörigkeiten nach Ursachen für Schalleitungsschwerhörigkeit und Ursachen für sensorineurale Schwerhörigkeit ein. Seine Ausführungen könnte man wie in Abb. 19 verdichten.

Die häufigste Einteilung der Ursachen ist die nach dem Zeitpunkt des Eintretens der Hörschädigung, also ob die Hörschädigung pränatal, perinatal, postnatal oder im Erwachsenenalter eingetreten ist.

Eine pränatale Hörschädigung ist entweder erblich bedingt oder sie ist durch Erkrankung der Mutter während der Schwangerschaft (z. B. Masern, Keuchhusten, Röteln) hervorgerufen worden. Aber auch Alkohol-, Nikotin- und Drogenmißbrauch, (mißbräuchliche) Verwendung von Beruhigungsmitteln und Antibiotika können ebenso zu Hörschäden führen wie schwere Diabetes der Mutter oder schwere Blutungen während der Schwangerschaft.

Pränatal

Perinatal umreißt den Zeitraum kurz vor, während oder nach der Entbindung. Eine perinatale Hörschädigung kann durch Schädelverletzungen verursacht werden, ebenso durch Atemstillstand mit längeren Wiederbelebungsmaßnahmen, Sauerstoffmangel während der Geburt oder durch eine im Zusammenhang mit der Geburt auftretende Neugeborenengelbsucht hervorgerufen werden.

Perinatal

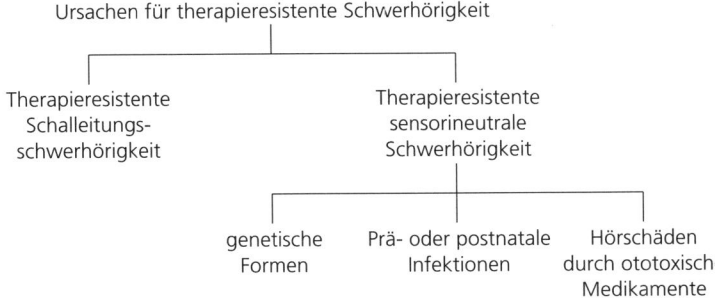

Abb. 19:
Einteilung der Ursachen (nach Ausführungen von Seidler 1996)

Postnatal

Eine postnatale Hörschädigung tritt häufig infolge einer Infektionskrankheit ein. Als solche wären beispielhaft zu nennen: Hirn- und Hirnhautentzündung, Diphtherie, Mumps, Scharlach und Masern. Außerdem können postnatale Schädigungen durch Schädelverletzungen verursacht werden. Im Erwachsenenalter entstehen Hörschädigungen seltener durch Krankheiten, sondern eher durch Hörsturz (zumeist streßbedingt), infolge des Alterns (als Altersschwerhörigkeit) oder als Folge andauernden starken Lärms (Lärmschwerhörigkeit). Eine Schwerhörigkeit kann progredient (fortschreitend) verlaufen, so daß eine vollständige Ertaubung eintreten kann.

Schorn (1998, 95) verweist für kindliche Schwerhörigkeit auf Mißbildungen des äußeren und des Mittelohres, die mit einer Schalleitungsschwerhörigkeit einhergehen. Beispiele hierfür wären Gehörgangsatresie, doppelter Gehörgang, Aplasie oder Dysplasie (Fehlbildung) des Trommelfells, Dysplasie der Paukenhöhle und Felsenbeindysplasie oder im Rahmen von Syndromen, z. B. Cockayne-Syndrom (Kombination von Zwergwuchs, Schwerhörigkeit und Retinitis pigmentosa), Down-Syndrom (Trisomie 21 – numerische Chromosomen-Aberation, intellektuelle Beeinträchtigungen, häufig mit Schalleitungsschwerhörigkeit verbunden), Goldenhar-Syndrom (Mißbildungen im Gesicht, Augen- und Ohrmißbildung, Gehörgangsatresie).

Kindliche Innenohrschwerhörigkeit teilt sie in kongenitale (angeborene) und erworbene Schwerhörigkeiten ein.

Kongenitale Schwerhörigkeiten
- Kongenitale nicht progrediente monosymptomatische Schwerhörigkeiten
- Kongenitale progrediente monosymptomatische Schwerhörigkeiten
- Kongenitale polysymptomatische Schwerhörigkeiten (Syndrome)
  – Schwerhörigkeit mit Mißbildung am äußeren Ohr
  – Schwerhörigkeit mit Augenerkrankungen
  – Schwerhörigkeit mit Nierenerkrankungen
  – Schwerhörigkeit mit Schilddrüsenerkrankungen
  – Schwerhörigkeit mit Hauterkrankungen
  – Schwerhörigkeit mit Skeletterkrankungen
  – Schwerhörigkeit mit Mukopolysaccharidosen (Stoffwechselanomalien)
  – Schwerhörigkeit mit chromosomalen Anomalien

Erworbene Schwerhörigkeiten
- Intrauterin erworbene Schwerhörigkeiten
- Perinatal erworbene Schwerhörigkeiten
- Postnatal erworbene Schwerhörigkeiten
  (Beispiele dafür s. Tab. 4, S. 57)

Tab. 3 stellt von der Vielzahl mit Schwerhörigkeit einhergehender Syndrome (im Gesamtschrifttum werden mehr als 350 beschrieben) fünf kurz vor. Es wurden die ausgewählt, die nach Biesalski/Collo (1991, 125) am bekanntesten sind und daher wohl am häufigsten auftreten. Somit werden diese dem Hörgeschädigtenpädagogen am ehesten begegnen.

Weiterführende Informationen zu den in Tab. 3 genannten und zu zahlreichen anderen Symptomen sind zu finden bei Groos (1981), Kessler (1989), Leiber (1996), Bunck (1998), Lehnhardt (1998a) und Naumann/Scherer (1998).

Tab. 3: Darstellung ausgewählter Syndrome

Bezeichnung	benannt nach	Audiologische Symptomatik	Erscheinungsbild (typische Symptome, Besonderheiten)
Waardenburg-Syndrom	Petrus Johannes Waardenburg, 1886–1979, holländischer Ophthalmologe und Genetiker	kongenitale Schwerhörigkeit beidseits, unterschiedlich ausgeprägt, meist mittelgradige Schwerhörigkeit	einhergehend mit Hauterkrankung, Fehlbildungssyndrom infolge genabhängiger frühembryonaler Entwicklungsstörungen (Erbleiden), fakultative Pigmentstörungen von Iris, Haut und Haaren; weiße, große Stirnlocke; charakteristische Gesichtsveränderungen: innerer Augenwinkel lateral verlagert; flacher breiter Nasenrücken; zusammenwachsende Augenbraue
Franceschetti-Syndrom	Adolf Franceschetti, 1896–1968, Ophtalmologe, Zürich und Genf	ein- oder beidseitige hochgradige Mittelohrschwerhörigkeit, einseitige, selten beidseitige Innenohrschwerhörigkeit unterschiedlichen Ausmaßes möglich	einhergehend mit Skeletterkrankung, Fehlbildungssyndrom mit charakteristischem Gesicht (vererbt), Mikrotie und Gehörgangsatresie; laterales Lidkolobom (Spalt des Lids); antimongoloide Lidspaltenstellung, Vogelgesicht, hypoplastisches Jochbein, Makrostomie (Fehlbildung mit seitlicher Erweiterung der Mundspalte), Zahnstellungsanomalien; starke Ausprägungsschwankungen
Pendred-Syndrom	Vaughan Pendred, 1869–1946, brit. Arzt	kongenitale hochgradige Schwerhörigkeit beidseits,	einhergehend mit Schilddrüsenerkrankung, erblich bedingt, angeborene oder im Kindesalter manifest werdende Innen-

		Progredienz bis zur Gehörlosigkeit	ohrschwerhörigkeit (manchmal schubweise), Struma („Kropf")-Beginn, frühkindlich; Jodfehlverwertung
Usher-Syndrom	Charles Howard Usher, 1865–1942, Ophtalmologe	angeborene oder frühmanifeste Innenohrschwerhörigkeit oder Gehörlosigkeit	einhergehend mit Augenerkrankung, vererbtes Krankheitsbild mit charakteristischer Kombination von (meist) Gehörlosigkeit und Retinitis pigmentosa (vom Rand der Netzhaut zum Zentrum langsam fortschreitend kommt es zur Einlagerung von Pigmentkörperchen und damit zur Lichtundurchlässigkeit), beginnend mit Nachtblindheit, später Gesichtsfeldeinschränkung beidseits bis Erblindung (ca. ab 40. Lebensjahr); dem Lehrer können betroffene Schüler durch Orientierungsschwierigkeiten bei Dämmerlicht und Dunkelheit oder „Tolpatschigkeit" (z. B. stolpern über Gegenstände, da Gesichtsfeld eingeschränkt) auffallen
Alport-Syndrom	Arthur Cecil Alport, 1880–1959, Arzt, Südafrika	progrediente bilaterale Schwerhörigkeit, Ertaubung möglich	einhergehend mit Nierenerkrankung, vererbtes Krankheitsbild mit charakteristischer Kombination von Nierenleiden und Schwerhörigkeit, Augenanomalien möglich (häufig Grauer Star), Veränderung im Hören (und beim Sehen) Ende des ersten Lebensjahrzehnts

Tab. 4 enthält eine Übersicht mit möglichen Ursachen für Hörschäden (z. T. wurden sie im Kapitel bereits erwähnt). Die vorgenommene Reihenfolge innerhalb der Spalten ist subjektiv, d. h. sie entspricht weder der Häufigkeit des Vorkommens noch anderen Ordnungskriterien. Es erfolgt hier nur noch eine Aufzählung. Zur Begriffsklärung sollte bei Bedarf im Glossar nachgelesen werden.

Tab. 4: Zusammenstellung möglicher Ursachen für Hörschäden

Pränatale Ursachen	Perinatale Ursachen	Postnatale Ursachen
erblich bedingte Hörschäden, zahlreiche Syndrome, siehe z. B. Tab. 3; Erkrankungen der Mutter während der Schwangerschaft an – Röteln – Masern – Keuchhusten – Toxoplasmose – konnatale Lues – Zytomegalie – schwere Diabetes – toxische Schäden (Drogen-, Alkohol- und Nikotinmißbrauch, Antibiotika) – craniofaciale Anomalien (auch Kiefer-Gaumen-Spalten)	Geburtsgewicht unter 1500 g, Frühgeburt, Hypoxie, Neugeborenenasphyxie, Schädelverletzungen, Sepsis und/oder Meningitis, Neugeborenengelbsucht	Meningitis, Encephalitis, Zoster oticus, Dystrophie, Mumps, Masern (selten), Scharlach (selten), Diphterie, bakterielle tympanogene Labyrinthitis, Lyme-Borreliose, Toxoplasmose, Lues, HIV-Infektion, Knall- und Explosionstrauma, Hörsturz, Morbus Menière, Presbyakusis

3.4 Häufigkeit

Die Aussagen über die Verbreitung von Hörschäden sind sowohl in der nationalen als auch in der internationalen Literatur sehr unterschiedlich. Ebenso ergibt die ältere und jüngere Fachliteratur des In- und Auslandes in den angeführten Zahlenwerten ein sehr uneinheitliches Bild. Die Gründe dafür sind in tatsächlichen regionalen und epochalen Unterschieden, in Unzulänglichkeiten in den Erfassungsmethoden, in Abgrenzungs- und Klassifikationsproblemen bis hin zu unterschiedlichen Auffassungen, ob behebbare Schalleitungsstörungen und einseitige Hörstörungen mit zu erfassen sind oder nicht, zu sehen. Ein weiterer Grund für statistische Differenzen sind tatsächlich vorhandene Abweichungen und Veränderungen. So ändern sich der Stand der medizinischen Erkenntnis und Versorgung, die gesundheitspolitische Aufklärung und die sozio-ökonomischen Verhältnisse.

Krüger verweist in diesem Zusammenhang (1991, 27) auf eine Vergleichsstudie in neun westeuropäischen EG-Staaten (veröffentlicht 1979, demzufolge sind von der BRD nur die alten Bundesländer erfaßt) auf eine durchschnittliche Rate von 0,09 % si-

Epidemiologie und Demographie

gnifikanter Hörschädigungen im Kindesalter. In der Studie war versucht worden, alle damals Achtjährigen (Geburtsjahrgang 1969) mit einem Hörverlust von über 50 dB auf dem besseren Ohr zu erfassen. Die offensichtlichen Schwierigkeiten einer Erfassung zeigten sich darin, daß trotz vergleichbarer sozialpädiatrischer und sozialpolitischer Gegebenheiten man in Belgien auf 0,07 % und in Dänemark auf 0,15 % Hörschädigungen in diesem Alter kam, was in diesem Ausmaß wohl kaum tatsächlichen Unterschieden entspricht. Es muß angemerkt werden, daß Demographie und Epidemiologie der Hörgeschädigten gegenwärtig noch nicht befriedigen kann.

Trotz der genannten Schwierigkeiten soll auf verschiedene Angaben verwiesen werden, um einerseits einen generellen Überblick über die Situation zu vermitteln und andererseits auf die bereits in vorangegangenen Kapiteln erwähnte Heterogenität der Gruppe der Hörgeschädigten zu verweisen.

Statistik: Deutschland

Um einen ersten Überblick zu schaffen, wieviel Hörgeschädigte es in der BRD gibt, soll die Statistik der Schwerbehinderten, herausgegeben vom Statistischen Bundesamt, herangezogen werden. Das Statistische Bundesamt erhebt seit 1979 alle zwei Jahre eine Bundesstatistik über die Behinderten. Die nachfolgenden Daten sind der Ausgabe von 1998 entnommen. Die dort aufgeführte Tabelle „Schwerbehinderte am 31.12.1997 nach Art der schwersten Behinderung, Altersgruppen und Geschlecht, 2.1.1 Insgesamt" ist in Tab. 5 wiedergegeben.

Tab. 5: Anzahl der Hörgeschädigten insgesamt (lt. Statistik der Schwerbehinderten)

Lfd. Nr.	Art der schwersten Behinderung	insgesamt
...		
...		
26	Taubheit (allein)	25.493
27	Taubheit kombiniert mit Störungen der Sprachentwicklung und entsprechenden Störungen der geistigen Entwicklung	23.253
28	Schwerhörigkeit, auch kombiniert mit Gleichgewichtsstörungen	201.368
...		
...		

Tab. 6: Anzahl der Hörgeschädigten in ausgewählten Altersgruppen (lt. Statistik der Schwerbehinderten)

Lfd. Nr.	Art der schwersten Behinderung	davon im Alter von ...			
		unter 4	6–15	35–45	75 u. mehr
...					
...					
26	Taubheit	144	992	3.435	4.655
27	Taubheit kombiniert mit Störungen der Sprachentwicklung und entsprechenden Störungen der geistigen Entwicklung	178	1.751	3.407	2.066
28	Schwerhörigkeit, auch kombiniert mit Gleichgewichtsstörungen	402	3.067	8.528	58.071
...					
...					

Die Gesamtanzahl wird noch untergliedert in einzelne Altersgruppen: unter 4 Jahren, von 4 bis unter 6 Jahren, von 6 bis unter 15 Jahren, von 15 bis unter 18 Jahren, von 18 bis unter 25 Jahren und von da in Zehnjahresschritten bis 75 Jahren und mehr. Sie geben Auskunft darüber, wieviel Personen sich davon (also von der Gesamtanzahl) in der jeweiligen Altersgruppe befinden. Beispielhaft werden vier Altersgruppen vorgestellt (Tab. 6).

Hörschädigungen gehören – bezogen auf die Gesamtbevölkerung – zu den verbreitetsten körperlich-funktionellen Beeinträchtigungen. Lärmbedingte Erkrankungen stehen – bei vermutetem weiterem raschen Ansteigen – schon jetzt an der Spitze aller Berufskrankheiten (Neubert 1970 in Richtberg 1980, 5). Nach Lüdtke (1989, 42) nimmt die Lärmschwerhörigkeit (nach den Hautkrankheiten) die zweite Stelle bei den Berufskrankheiten ein.

Mit einem insgesamten Anwachsen der Zahl der Hörgeschädigten ist in Zukunft zu rechnen, u. a. aufgrund allgemein zunehmender Lärmbelästigung (z. B. im Straßenverkehr, im Beruf) oder auch aufgrund veränderten Freizeitverhaltens (stundenlanges übermäßig lautes Hören mit Walkman, häufiger Diskothekenbesuch, Besuch von dröhnenden Popkonzerten).

Krüger (1991, 26) verweist auf verschiedene Studien in den USA und kommt zu folgender Aussage:

Statistik: USA

60 Hörschäden im Kindes- und Jugendalter

„Regelmäßige Erhebungen in den USA erbringen gegenwärtig Prozentsätze von 7–8 % an Personen mit Hörproblemen ('some difficulty hearing, including tinnitus') und dies mit zunehmender Tendenz und Hochrechnungen auf 12 % im Jahre 2050. Etwa die Hälfte davon, d. h. 3,5 %, ist von einem bilateralen signifikanten Hörverlust betroffen. Als ‚deaf' (gehörlos und hochgradig schwerhörig, so daß sprachliche Kommunikation allein über das Gehör nicht möglich ist) werden rund 2 Millionen (knapp 1 %) eingestuft, davon 1/5 (400.000) mit einer Ertaubung vor dem 20. Lebensjahr (prevocational) und 1/10 (200.000) vor dem 3. Lebensjahr (prelingual)."

Der gleiche Autor verweist auf 60.000 Gehörlose (1991, 26) in der Bundesrepublik Deutschland, während Wisotzki 80.000 Gehörlose angibt (1998, 36), wobei aus beiden Angaben nicht hervorgeht, ob sich die Zahlen auf die alten Bundesländer oder die gesamte BRD beziehen.

Der Deutsche Schwerhörigenbund (DSB) spricht von 14 Millionen Menschen mit Hörschädigungen in Deutschland (nach Diller 1997, 138).

Statistik: Altersverteilung

Abb. 20 gibt einen Überblick über die Altersverteilung. Aus der Abbildung wird ersichtlich, daß von allen nennenswert Hörgeschädigten etwa die Hälfte im Erwerbsalter (20 bis 60 Jahre) steht. Im Alter über 60 Jahre sind fast ebenso viele (45 %) betroffen und nur ein geringer Teil, nämlich 1/25 oder 4 %, sind im Kindes- und Jugendalter.

Heese (1961, 13f) verwies darauf, daß die Lebensalter, in denen Gehörlosigkeit oder Ertaubung am häufigsten eintritt, im frühen Kindes- und im höheren Alter liegen. Von ihm stammt Abb. 21, die ein sprunghaftes Anwachsen von Hörschäden jenseits des 50. Lebensjahres zeigt. Ähnliche Aussagen trifft Heese auch in späteren Publikationen. So verweist er auf „im Erwachsenenalter mehr als 0,05 % Gehörloser der Jahrgänge mit stark zunehmend höherem Prozent-Anteil nach dem fünften Lebensjahrzehnt" (Heese, 1995, 87).

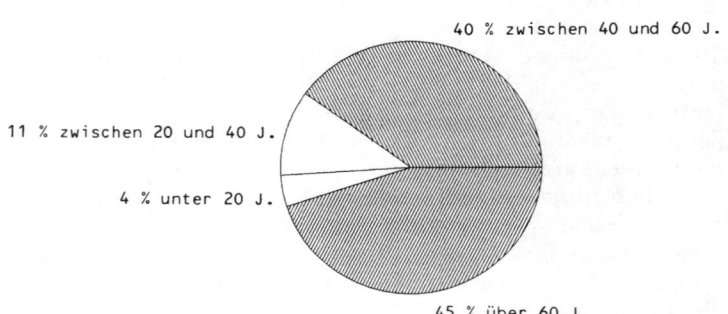

Abb. 20:
Altersverteilung der Hörgeschädigten
(aus: Krüger 1991, 26)

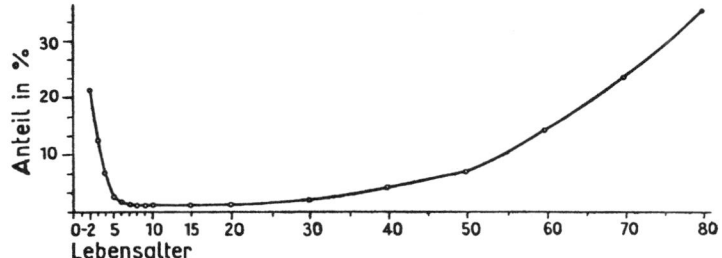

Abb. 21:
Übersicht über die Lebensalter, in denen die Gehörlosigkeit eintritt (bzw. festgestellt wird) (aus: Heese 1961, 14)

Für den Altersabschnitt 0–5 Jahre (Abb. 21) sei darauf verwiesen, daß die Früherkennung von Hörschäden nicht mit heutigen Maßstäben gemessen werden kann.

Aus historischer Sicht sei noch auf Statistiken Anfang des 20. Jahrhunderts verwiesen:
Nach der Volkszählung des Deutschen Reiches 1900 machten die „Taubstummen" einen Anteil von 0,86 % aus; es gab also 8,6 Taubstumme auf 10.000 Einwohner. Für das Jahr 1925 wird ein Anteil von 0,69 %, also 6,9 Taubstumme auf 10.000 Einwohner, angegeben (Schumann 1929, 13). Heese (1961, 12) gibt unter Verweis auf die gleiche Volkszählung für das Jahr 1925 0,73 % an (unter Bezug auf: Statistik d. Dtsch. Reiches. Bd. 419 (Die Gebrechlichen im Dtsch. Reich n. d. Zählung v. 1925/26) Berlin (Statist. Reichsamt 1932, S. 408).
Bereits Schumann (1929, 13) verwies auf erhebliche Abweichungen in den Durchschnittszahlen unterschiedlicher Länder. Beispielhaft sei auf folgende Angaben verwiesen:
Niederlande (1869): 3,35 Taubstumme auf 10.000 Einwohner
Luxemburg (1922): 5,98 Taubstumme auf 10.000 Einwohner
Schweiz (1870): 24,50 Taubstumme auf 10.000 Einwohner
USA (1890/1910): 6,5/4,48 Taubstumme auf 10.000 Einwohner

Statistik: Beginn des 20. Jahrhunderts

Aus allen Statistiken wurde deutlich, daß Hörschädigungen keine seltenen Ausnahmeerscheinungen sind, schon rein quantitativ verdienen sie größere Beachtung.
Bei den Angaben des Statistischen Bundesamtes (Tab. 5 und 6) ist zu beachten, daß hier nur Hörgeschädigte erfaßt sind, die nach dem Schwerbehindertengesetz anerkannt sind. Demzufolge ist von einer weit größeren Anzahl Betroffener auszugehen.

Wie bereits ausgeführt, enthält die Gesamtgruppe der Hörgeschädigten nur einen vergleichsweise geringen Teil im Kindes- und Jugendalter. Die grundsätzliche Problematik der sehr unterschiedlichen Zahlenangaben verschiedener Statistiken bleibt auch hier bestehen.
Wendler et al. (1996) betonen, daß es in Deutschland keine genauen Studien über die Prävalenz kindlicher Schwerhörigkeit

Statistik: Kinder und Jugendliche

(es werden hier offensichtlich alle kindlichen Hörschädigungen, also auch die Gehörlosigkeit gemeint) gibt, abgesehen von epidemiologisch angreifbaren Untersuchungen von Patienten-Interessenverbänden. Schätzungen über die Anzahl von hörgeschädigten Kindern in sonderpädagogischen Einrichtungen belaufen sich auf etwa 80.000 Kinder, über deren Hörverlust und Altersverteilung wenig bekannt ist.

Auch weltweit sind keine „harten" Zahlen über kindliche Schwerhörigkeit zu finden (Wendler et al. 1996). Groos et al. (1999) sprechen in diesem Zusammenhang von einer Häufigkeit kindlicher Hörstörungen zwischen 0,9 und 13 %. Abhilfe hofft man zu schaffen durch den Aufbau eines Deutschen Zentralregisters für kindliche Hörstörungen (DZH). Das Zentralregister entstand 1994 als ein drittmittelfinanziertes Projekt und hat 1996 damit begonnen, Kinder mit persistierenden (bleibenden) Hörstörungen flächendeckend in der Bundesrepublik zu erfassen. Es befindet sich an der Klinik für Audiologie und Phoniatrie am Universitätsklinikum Benjamin Franklin (Berlin) und hat sich zur Aufgabe gestellt, mit Hilfe eines Patientenregisters eine möglichst realistische Darstellung der epidemiologischen, sozialdemographischen und medizinischen Situation hörgeschädigter Kinder zu geben. Die gewonnenen Erkenntnisse sollen zukünftig die Basis bilden für eine verbesserte Diagnostik, Therapie und Prognose von Hörstörungen.

Die Tabellen 7–9 stellen – trotz der gegenwärtig noch bestehenden Schwierigkeiten – den Versuch dar, dem Leser ein ungefähres Bild über die Häufigkeit des Vorkommens von Hörschäden im Kindes- und Jugendalter zu vermitteln. Ein völliger Verzicht auf derartige Zahlenangaben wird nicht möglich sein, da sie z. B. als Grundlage für sozialpädiatrische, schulpolitische oder organisatorische Maßnahmen genutzt werden müssen.

Tab. 7: Angaben zum Anteil hörgeschädigter Kinder und Jugendlicher in der BRD

Literatur	betrachtete Population	Anteil der betrachteten Population	Bezugspopulation
Krüger (1982, 38)	kindliche Hörstörungen	3–5 %	alle altersgleichen Kinder und Jugendlichen
Krüger (1991, 27)	mittel- bis hochgradig schwerhörige und gehörlose Kinder	0,1–0,5 %	alle Gleichaltrigen

Tab. 8: Angaben zum Anteil gehörloser Kinder und Jugendlicher (geordnet nach dem Erscheinungsjahr der zitierten Literatur; Anmerkung: Die Publikation von Bach 1995 (inzwischen in 15. Auflage), aus der Heese zitiert wurde, scheint seit Jahren nicht neu bearbeitet worden zu sein, demzufolge bürgt die relative Neuigkeit der Literatur nicht für Aktualität).

Literatur	betrachtete Population	Anteil der betrachteten Population	Bezugspopulation
Sandner (1973, 60)	gehörlose Schüler der Klasse 1–10	0,05 %	altersgleiche Schulpflichtige
Pöhle (1990, 42)	gehörlose Kinder	0,044 %	Gesamtheit der Schulpflichtigen
Krüger (1991, 27)	gehörlose Schüler	0,04 %	alle Gleichaltrigen
Pöhle (1994, 23)	Gehörlose	0,04–0,05 %	Geburtsjahrgang
Biesalski (1994, 53)	hochgradig hörgeschädigte Kinder, die Sprache spontan nicht erlernen können	0,03–0,04 %	Kinder von 1 bis 12 Jahren
Heese (1995, 87)	gehörlose Kinder und Jugendliche	0,05 %	Schulpflichtalter
Wisotzki (1998, 36)	gehörlose Kinder und Jugendliche	0,04 %	schulpflichtige Bevölkerung

Tab. 9: Angaben zum Anteil schwerhöriger Kinder und Jugendlicher (geordnet nach dem Erscheinungsjahr der zitierten Literatur; Anmerkung: Die Publikation von Bach 1995 (inzwischen in 15. Auflage), aus der Jussen zitiert wurde, scheint seit Jahren nicht neu bearbeitet worden zu sein, demzufolge bürgt die relative Neuigkeit der Literatur nicht für Aktualität.)

Literatur	betrachtete Population	Anteil der betrachteten Population	Bezugspopulation
Sandner (1973, 66)	sonderschulbedürftige Schwerhörige der Klassen 1–10	0,25–0,30 %	altersgleiche Schulpflichtige
Jussen (1974, 211)	sonderschulbedürftige Schwerhörige im Grundschulalter	0,25 %	altersgleiche Schulpflichtige

→

Pöhle (1990, 43)	schwerhörige und im Sprachbesitz ertaubte Kinder, die die Schwerhörigenschule besuchen	0,11 %	Gesamtheit der Schulpflichtigen
Jussen (1995, 115f)	schwerhörige Kinder und Jugendliche	4–6 %	alle Kinder und Jugendliche
	sonderschulbedürftige schwerhörige Kinder und Jugendliche	0,25 %	schwerhörige Kinder im schulpflichtigen Alter
Biesalski (1994, 53)	mittelgradig schwerhörige Kinder	0,5–1 %	Kinder von 1–12 Jahren
	leichtgradig schwerhörige Kinder (zumeist schalleitungsbedingte Hörstörungen	3–4 %	Kinder von 1–12 Jahren

Die Tabellen können ein ungefähres Bild der Anzahl der hörgeschädigten Kinder vermitteln. Da gegenwärtig – im Vergleich zu vor 10 und mehr Jahren – erheblich mehr hörgeschädigte Kinder und Jugendliche die Allgemeine Schule besuchen, sollte auch nicht mehr die „Sonderschulbedürftigkeit", sondern der „Bedarf an sonderpädagogischer Begleitung" in den Vordergrund gestellt werden. Nicht erfaßt werden von genannten Statistiken all jene Kinder, die zwar hörgeschädigt sind, aber ohne sonderpädagogische Begleitung – zum Teil sogar unerkannt – allgemeine Einrichtungen besuchen. So verweist Claußen (1995, 19) auf eine erhebliche Dunkelziffer von Kindern, die nicht als schwerhörig bekannt werden.

Rechnet man den Personenkreis mit einseitigen und geringen beidseitigen Hörschäden hinzu und beachtet man, daß zum Vorkommen zentraler Hörstörungen kaum Zahlen vorliegen, muß die insgesamte Zahl von hörgeschädigten Kindern und Jugendlichen als relativ hoch angesehen werden.

Statistik: Sonderschulbesuch

Abschließend sollen noch einige Informationen über den Anteil der eine Sonderschule besuchenden gehörlosen und schwerhörigen Schüler (bezogen auf die Gesamtpopulation der Sonderschüler im Pflichtschulalter) gegeben werden (Tab. 10). Nach-

Tab. 10: Schüler in Sonderschulen in Prozent aller Schüler der Klassenstufen 1–10 und der Sonderschulen in den Jahren 1975–1990 (aus: Arbeitsgruppe Bildungsbericht 1997, 352)

Klassen für	Behinderungsquoten BRD			
	1975	1980	1985	1990
Lernbehinderte	3.206	2.887	2.534	2.131
Sonstige Behinderte	0.931	1.301	1.664	1.899
Blinde	0.037	0.016	0.018	0.018
Sehbehinderte		0.031	0.036	0.033
Gehörlose	0.098	0.048	0.050	0.038
Schwerhörige		0.078	0.089	0.079
Sprachbehinderte	0.095	0.169	0.276	0.357
Körperbehinderte	0.097	0.162	0.213	0.210
Geistigbehinderte	0.397	0.548	0.643	0.535
Verhaltensgestörte	0.142	0.115	0.132	0.149
Kranke		0.069	0.101	0.110
Mehrfachbehinderte/Hausunterricht/ schulische Erziehungshilfe	0.065	0.076	0.123	0.372
Zusammen	4.137	4.189	4.198	4.031

dem der Anteil der Sonderschüler (insgesamt) bis 1975 stark angestiegen war, hat er sich seither kaum verändert; er liegt bei knapp über 4 Prozent (Arbeitsgruppe Bildungsbericht 1997, 350). Zu entnehmen ist der Tabelle auch, daß der Anteil der hörgeschädigten Schüler (neben den sehgeschädigten Schülern) im Verhältnis zur Gesamtzahl der Sonderschüler vergleichsweise gering ist. (Etwa die Hälfte der Sonderschüler besuchen Klassen für Lernbehinderte.)

Interessant scheinen noch einige ergänzende Informationen, auf die in verschiedener Literatur verwiesen wird. Sie sollen mit angeführt werden, da sie die bereits getroffenen Aussagen ergänzen und differenzieren. Nachfolgende Ausführungen basieren vorzugsweise auf Krüger (1991), der sich wiederum auf verschiedene weitere Literatur stützt.

Bei den Hörgeschädigten überwiegt das männliche gegenüber dem weiblichen Geschlecht etwa im Verhältnis 5:4 (neben Krüger auch Wisotzki 1998, 36). Wisotzki begründet das damit, daß Jungen insgesamt häufiger von den genannten Ursachen für Hörschädigungen (Kap. 3.3) betroffen werden als Mädchen.

Geschlechterverteilung

Nach Krüger tritt der Unterschied verstärkt bei der Schülerschaft von Schwerhörigenschulen auf; bei Gehörlosen ist dieser Überschuß männlicherseits recht gering.

Widersprüchliche Aussagen gibt es zur Geschlechterverteilung bei Altersschwerhörigen: Krüger (1991, 28) spricht mit Bezug auf das o. g. Verhältnis von 5:4 von einer gewissen Umkehrung dieses Verhältnisses bei der Altersgruppe über 65 Jahren. Tesch-Römer/ Wahl (1996, 7) verweisen in ihrer Publikation auf die Framingham-Studie, die hörgeschädigte Personen über 60 Jahre erfaßte. Von den betroffenen Hörgeschädigten waren 32,5 % Männer und 26,7 % Frauen, so daß Männer eine höhere Prävalenzrate zeigen.

Schumann (1929, 14) verweist mit Blick auf die Volkszählung von 1900 auf „54,1 % männliche Taubstumme bei sonstigem, nicht unbeträchtlichem Überwiegen des weiblichen Geschlechts". Des weiteren sind bei ihm folgende Zahlenverhältnisse zu Taubstummen zu finden:

1906 in Bayern 52,6 % männlich, 47,4 % weiblich
1910 in den USA 54 % männlich, 46 % weiblich

Schichtzugehörigkeit

Wie auch bei anderen Behindertengruppen läßt sich bei der Gruppe der gehörlosen, insbesondere aber bei den schwerhörigen Schülern in der Bundesrepublik Deutschland eine deutliche Überrepräsentation der niedrigen Sozialschichten der Elternhäuser feststellen (Krüger 1991, 28). Wisotzki (1998, 37) spricht davon, daß bei der Gruppe der Gehörlosen die untere soziale Schicht leicht überrepräsentiert ist.

Familiensituation

In bezug auf die Familiensituation Gehörloser kann auf drei Prozentwerte verwiesen werden:

- 90 % der Gehörlosen kommen aus Familien, in denen keine weiteren Familienmitglieder hörgeschädigt sind.
- 90 % der Gehörlosen heiraten einen hörgeschädigten (Krüger 1991, 29) bzw. gehörlosen (Wisotzki 1998, 37) Partner.
- 90 % aller Kinder aus Ehen Gehörloser sind hörend.

3.5 Übungsaufgaben zu Kapitel 3

In welche drei Bereiche wird das Ohr grob unterteilt?	**Aufgabe 9**
Wie erfolgt die Schallaufnahme und -weiterleitung im Ohr?	**Aufgabe 10**
Welche Arten der Hörschädigung sind zu unterscheiden?	**Aufgabe 11**
Für welche der Arten von Hörschädigung besteht vorrangig sonderpädagogischer Förderbedarf?	**Aufgabe 12**
Wie stellt sich eine a) Schalleitungsschwerhörigkeit b) sensorineurale Schwerhörigkeit c) kombinierte Schalleitungs-Schallempfindungsschwerhörigkeit im Audiogramm dar?	**Aufgabe 13**
Wie heißt das Gerät, das zur Erstellung eines Audiogramms benötigt wird?	**Aufgabe 14**
Was ist die Hörschwelle?	**Aufgabe 15**
Wie wurde die Hörschwelle bei (normal-)hörenden Menschen festgelegt?	**Aufgabe 16**
Wie kann man das Ausmaß des Hörverlustes einteilen?	**Aufgabe 17**
Nennen Sie Ursachen von Hörschäden!	**Aufgabe 18**
Was läßt sich über die Verbreitung von Hörschäden (Häufigkeit) aussagen?	**Aufgabe 19**

4 Beschreibung der Population

Will man sich mit dem Personenkreis der hörgeschädigten Menschen beschäftigen, wird man nicht umhin kommen, sich auf verschiedenen Betrachtungsebenen mit den *Auswirkungen* der Hörschädigung auseinanderzusetzen. Neben medizinischen Aspekten (s. Kap. 3.2) sind im wesentlichen sprachliche und psychosoziale Merkmale zu berücksichtigen. Die letzten beiden sollen nun nachfolgend näher beleuchtet werden, da erst durch eine gedankliche Zusammenfassung *aller* Gesichtspunkte die Grundlagen für ein pädagogisches und damit zugleich rehabilitatives Bemühen gegeben sind.

„Den" Schwerhörigen gibt es nicht

Obwohl versucht wird, die einzelnen Gruppierungen von Hörgeschädigten näher zu beschreiben, muß angemerkt werden, daß die Erscheinungsbilder hörgeschädigter Menschen und ihre psychosoziale Situation infolge der Vielzahl der Faktoren, die am Zustandekommen der Hörschädigung beteiligt sind, und infolge der sehr unterschiedlichen Intensität und Zeitdauer, mit denen diese wirken, ein sehr breites Spektrum aufweisen. Es ist de facto nicht möglich, von *dem* Gehörlosen, *dem* Schwerhörigen oder *dem* Ertaubten zu sprechen. Möglich ist dagegen, übergreifende Merkmale, die gehäuft zu beobachten sind, zu verdichten. Die Auswirkungen einer Höreinschränkung oder eines Hörverlustes sind individuell sehr verschieden und kaum vergleichbar, so daß eindeutige Zuordnungen (s. auch Kap. 2.1) zu hinterfragen sind. Ebenso erweist sich das persönliche Erleben der Höreinschränkung als sehr unterschiedlich.

Entsprechend differenziert muß die Entwicklungsproblematik der Hörgeschädigten gesehen werden. Unter pädagogischem Aspekt ist es trotz aufgeworfener Überlegungen sinnvoll, mehrere Gruppierungen nach der *Spezifik des Förderbedarfs* zusammenzufassen. Kriterien dieser Einteilung bzw. Zuordnung zu bestimmten Gruppen sind vorrangig die verbliebenen Hörkapazitäten *und* die Fähigkeit zur verbalen Kommunikation bzw. deren Entwicklungsstand.

Beim Versuch, die einzelnen Gruppen zu charakterisieren, ergibt sich die Notwendigkeit, stark zu verallgemeinern und mit vorrangigen Beobachtungen und sich häufenden Erscheinungen zu operieren. Für eine allgemeine Orientierung ist das zunächst ausreichend. Hörgeschädigtenspezifische Bildung, Erziehung und Förderung verlangen nach weiterem differenzierten Wissen über die individuelle psychosoziale Situation, insbesondere über die Fähigkeit, vorhandene Hörkapazitäten auszunutzen, den Stand der geistig-sprachlichen Entwicklung und über den Entwicklungsverlauf jedes hörgeschädigten Kindes.

Inwieweit psychosoziale Folgen auftreten, durch die sich aus dem Hörschaden eine Hörbehinderung entwickelt, hängt von mehreren determinierenden Faktoren ab: Vom Hörschaden zur Hörbehinderung

Art und Ausmaß des Hörschadens   Faktor 1
Es ist zu unterscheiden zwischen der Schalleitungsschwerhörigkeit, der sensorineuralen Schwerhörigkeit, der kombinierten Schalleitungs- und Schallempfindungsschwerhörigkeit sowie der Gehörlosigkeit bzw. Taubheit (s. Kap. 3.2).

Sonderpädagogisch bedeutsam sind vor allem die sensorineurale Schwerhörigkeit, die kombinierte Schwerhörigkeit und die Gehörlosigkeit. Biologisch gesehen ist die Gehörlosigkeit eine (sehr) hochgradige sensorineurale Schwerhörigkeit oder kombinierte Schwerhörigkeit, bei der der Hörverlust im Hauptsprachbereich (zwischen 500 und 4.000 Hz) unter 90 dB liegt.

Die Beeinträchtigung der auditiven Perzeption ist um so stärker, je höher der Grad, also das Ausmaß der Schwerhörigkeit, ist. Die Verwertbarkeit der Hörreste (also der noch vorhandenen Hörkapazitäten) insbesondere für das Sprachverstehen, hängt nicht allein von dem in Dezibel gemessenen Hörverlust ab, sondern vor allem davon, in welchem Frequenzbereich der auditive Analysator überhaupt noch auf akustische Reize anspricht (Neimann 1978). Hinzu kommen die sehr unterschiedlichen Fähigkeiten und Begabungen Betroffener, aus den vorhandenen Hörkapazitäten Nutzen ziehen zu können.

Zeitpunkt des Eintretens eines Hörschadens   Faktor 2
Von wesentlicher Bedeutung für die Entwicklung der Persönlichkeit ist das Lebensalter, in dem ein Hörschaden eintritt. Je früher das geschieht, desto gravierender sind in der Regel die Auswirkungen auf die Entwicklung. Starke und hochgradige Hörschäden, die angeboren, unter der Geburt oder im frühen Kindesalter, noch vor oder während des Spracherwerbs eingetreten sind, belasten die Entwicklung des Kindes erheblich, zumal Kleinkinder noch nicht über die erforderlichen Regulationsmechanismen verfügen, um aktiv auf die Gestaltung der Wechselbeziehungen mit ihrer sozialen Umwelt Einfluß nehmen und der Hörbehinderung entgegenwirken zu können.

Eine gewisse Sonderstellung haben die gehörlosen Kinder gehörloser Eltern inne, da hier (zumindest im familiären Rahmen) eine ungehinderte Kommunikation (zumeist über manuelle Zeichen) von Anfang an ablaufen kann.

Beim Eintritt eines Hörschadens nach Abschluß des Spracherwerbs (ca. 3./4. Lebensjahr) oder zu einem noch späteren Zeitpunkt sind die lautsprachlichen Kompetenzen und die kognitiven Funktionen bereits deutlicher ausgeprägt. Die Problematik besteht vor allem darin, daß der Hörschaden die psychosoziale Situation der Betroffenen häufig kurzfristig (oft sogar schlagartig) verändert, ihre kommunikativen Möglichkeiten stark einschränkt und dadurch eine sehr umfängliche psychische Belastung bewirken kann.

Faktor 3

Das Vorhandensein einer oder mehrerer weiterer Behinderungen
Eine weitere bzw. mehrere zusätzliche Behinderungen können die Auswirkungen eines Hörschadens auf die gesamte Entwicklung erheblich verstärken. Die einzelnen Behinderungen wirken (sofern sie sich überhaupt klar voneinander abgrenzen lassen) nicht additiv oder nebeneinander, sondern haben in ihrer Auswirkung potenzierenden Charakter.

Mehrfachbehinderungen treten in unterschiedlichem Umfang, unterschiedlich schwer und in vielfach variierenden Kombinationen auf. Prinzipiell ist ein Hörschaden (unabhängig von Art und Ausmaß) in Verbindung mit jeder anderen Behinderung denkbar. Die zahlenmäßig größte Gruppe bildet die der lernbehinderten Gehörlosen und lernbehinderten Schwerhörigen. Die bekannteste und für den Außenstehenden beeindruckendste Gruppe der Mehrfachbehinderung ist die der Taubblinden, wenn auch tatsächliche Taub-Blindheit sehr selten vorkommt. Sehr viel häufiger dagegen gibt es Hör-Seh-Behinderte. Eine mit einem Hörschaden kombinierte Sehschwäche bereitet beispielsweise Schwierigkeiten beim Erlernen der Absehfertigkeit und setzt der visuellen Lautsprachperzeption objektive Grenzen. Cerebralparesen und andere Bewegungsbehinderungen können das Ausbilden der Sprechfertigkeiten, aber auch das Benützen manueller Zeichen (z. B. von Gebärden) erschweren oder auch unmöglich machen. (Weiterführende Informationen über Mehrfachbehinderte mit Hörschäden können der von Leonhardt 1998a herausgegebenen Publikation entnommen werden.)

Faktor 4

Soziale Entwicklungsbedingungen
Die Auswirkungen eines Hörschadens werden wesentlich durch das soziale Umfeld mitbestimmt. Dazu gehören zunächst die

engeren Bezugspersonen, also die Familie des Betroffenen, aber auch alle anderen Förderung, Betreuung und Unterstützung leistenden Personen und Institutionen (s. auch Kap. 6). Dies könnte beispielsweise für ein hörgeschädigtes Kleinkind die Pädoaudiologische Beratungsstelle und für den schwerhörig gewordenen Erwachsenen der Absehkurs an der Volkshochschule sein. Die Qualität der von diesen Einrichtungen geleisteten Arbeit kann auf das Wohlbefinden und die Minimierung möglicher negativer Auswirkungen des Hörschadens erheblichen Einfluß ausüben.

Bei frühzeitigem Beginn sonderpädagogischer und therapeutischer Einflußnahme, bei ihrer kontinuierlichen Fortführung und bei angemessener Intensität und Qualität können Auffälligkeiten in der psychischen Entwicklung vermieden oder möglichst gering gehalten werden. Unzureichende soziale Förderung und Unterstützung kann dagegen bewirken, daß sich Auffälligkeiten in der Entwicklung und/oder im Verhalten wesentlich stärker ausprägen und sich ggf. negativ auf die Persönlichkeitsstruktur auswirken.

Auch die Qualität der elektronischen Hörhilfen und anderer Kommunikationshilfen und der Nutzen, den der einzelne aus ihnen ziehen kann, bestimmt die Wechselbeziehungen Individuum – Umwelt. Der tatsächliche Wirkungsgrad der technischen Hilfe hängt nicht allein von den technischen Parametern ab, entscheidend sind die subjektiven Voraussetzungen, unter denen das Hören mit Hörgerät zielgerichtet aufgebaut und das Interesse an akustischen Erscheinungen geweckt (bei Kindern) oder erhalten (bei Spätbetroffenen) wird.

4.1 Schwerhörige

Schwerhörigkeit kann zu jedem Zeitpunkt des Lebens eintreten. Sie ist nicht wie die Gehörlosigkeit (Kap. 4.2) auf die prälinguale Entwicklungsetappe festgelegt. Dadurch, sowie durch die verschiedenen Arten und das Ausmaß einer Schwerhörigkeit (Kap. 3.2) ist es äußerst schwierig, schwerhörige Menschen zu charakterisieren. Die relativ große Schwankungsbreite in der Perzeptionsleistung und in der sprachlichen Entwicklung erschwert ihre Beschreibung und veranlaßt dazu, auf Erscheinungen hinzuweisen, die im Einzelfall auftreten können, aber nicht unbedingt auftreten müssen.

Allen Schwerhörigen gemeinsam ist die Abweichung in der auditiven Perzeption. Unter pädagogischem Aspekt werden Menschen als schwerhörig bezeichnet, deren Schädigung des

Schwerhörig

Hörorgans die Wahrnehmung akustischer Reize so beeinträchtigt, daß sie Lautsprache mit Hilfe von Hörhilfen aufnehmen und ihr eigenes Sprechen – wenn auch mitunter nur eingeschränkt – über die auditive Rückkopplung kontrollieren können. Für die Auswirkungen der Schwerhörigkeit auf den Entwicklungsverlauf Betroffener und für die fachpädagogische Beurteilung Schwerhöriger sind die Zeitfaktoren und die spontan wirkenden sozialen Entwicklungsbedingungen von großer Bedeutung, so daß ihre psychosoziale Situation und ihre Erscheinungsbilder sehr differenziert zu sehen sind.

Auswirkungen bei Schalleitungsschwerhörigkeit

Mittelgradige Schalleitungsstörungen führen aufgrund der geringeren Intensität der Höreindrücke bzw. der schlechteren Diskriminationsmöglichkeit in Hörschwellennähe zu unvollständigem Hören. Insbesondere werden dabei unbetonte Teile der Rede (Endsilben, Partikel usw.) schlecht aufgefaßt. Die Konstanz der Wahrnehmung akustischer Sprachzeichen bleibt jedoch erhalten, da keine Klangveränderungen eintreten. Der Betroffene hört leiser, der Höreindruck erfährt damit eine quantitative Beeinträchtigung. Durch Distanzverringerung bzw. elektroakustische Verstärkung ist ein weitgehender Ausgleich dieser Hörstörung möglich.

Schalleitungsschwerhörige, die über den vollen Sprachbesitz und die Fähigkeit zum Ergänzen und Kombinieren verfügen, sind folglich bei der Sprachwahrnehmung kaum beeinträchtigt. Anders ist es bei von Geburt an schalleitungsschwerhörigen Kindern, deren Sprache sich erst entwickeln muß. Ihre Spontansprache zeigt häufig Auffälligkeiten. Da Endsilben, Endkonsonanten, Präpositionen, Konjunktionen, Flexionsendungen der Substantive, Verben und Adjektive, Artikel usw. weniger gut gehört werden, kann es zu entsprechenden Auffälligkeiten bei deren Sprachproduktion kommen. Eine schnellstmögliche HNO-ärztliche Behandlung und Hörgeräteversorgung ist angebracht, um derartige Erscheinungen zu verhindern oder wieder abzubauen.

Die Artikulation der Personen mit Schalleitungsschwerhörigkeit ist nicht sonderlich betroffen. Mitunter werden die Sprachakzente verändert, besonders die Melodie und Dynamik. Da die Schalleitungsschwerhörigkeit heute weitgehend durch otologische Behandlung operativ therapiert und – falls dies nicht möglich ist – durch Hörgeräte relativ gut ausgeglichen werden kann, hat sie – sofern sie nicht als Komponente einer Mehrfachbehinderung auftritt – keine sonderpädagogische Relevanz mehr.

Eine sensorineurale Schwerhörigkeit bewirkt neben der quantitativen Beeinträchtigung vor allem eine qualitative Veränderung der auditiven Wahrnehmung. Es kommt zu einem „verzerrten" Hören, das insbesondere das Verstehen von Sprache mehr oder minder stark erschwert, da die gehörten Laute stark deformiert sind. Es kann (bei Nichtverwenden von Hörgeräten) bis zum Nichtverstehen von Sprache führen.

Auswirkungen bei sensorineuraler Schwerhörigkeit

Bei dieser Hörstörung ist die Fähigkeit, hohe Töne zu hören, herabgesetzt, im Extremfall können sie nicht wahrgenommen werden. Betrifft die Hörstörung charakteristische Formanten der Sprachlaute, so werden diese nicht mehr sicher unterschieden. Von den Konsonanten sind insbesondere die Zischlaute betroffen, ihr scharfes Geräusch wird gedämpft. Unter den Vokalen leiden das i und e; auch die Umlaute ö und ü sowie die Unterscheidung von u und ü sind betroffen.

Dadurch, daß einzelne Gebiete des Schallspektrums nicht oder nur gemindert empfunden werden können, kommt es zu Klangverzerrungen und Klangentstellungen, die die Differenzierbarkeit der Sprechlaute herabsetzen. Die Merkmalsbreite der gehörten Sprache wird ärmer. Der Betroffene verliert die Fähigkeit, einzelne Laute, also auch Wörter, akustisch zu unterscheiden. Infolgedessen kann er auch den Sinn der Wörter und Sätze nicht verstehen. Er hört relativ gut die tieferen Töne, so daß er die Sprechstimme vernehmen, aber die einzelnen Teile des Gesprochenen nicht unterscheiden kann. Die Betroffenen beschreiben ihr Hören häufig so: „Ich höre, aber ich verstehe nicht." Das Hören wird in geräuschvoller Umgebung weiter erschwert, da hier zusätzliche Ansprüche an die Differenzierungsfähigkeit gestellt sind.

Demzufolge haben Personen mit sensorineuraler Schwerhörigkeit Probleme in der Sprachauffassung. Da die Höreinbußen, wie beschrieben, in den höheren Frequenzen im allgemeinen stärker werden (bis hin zum totalen Ausfall), kommt es zu qualitativen Veränderungen und Klangentstellungen der wahrgenommenen Sprache, weil sich nämlich die Laute gerade in den höherfrequenten Formanten charakteristisch voneinander unterscheiden. Vorhandene Hörreste im unteren Frequenzbereich (bei an Taubheit grenzenden Fällen) reichen dann nur noch aus, daß die Vokale irgendwie gehört, aber nicht mehr voneinander unterschieden werden können.

Zusammenfassend kann gesagt werden: Das Wesentliche ist die *Verzerrung* der Sprache, die einen Verlust an Merkmalen bewirkt, die für die Analyse und Synthese sprachlicher Zeichen notwendig sind. Das Ausmaß der Verzerrung hängt vom subjektiven Verlauf der Hörschwelle ab, d. h. davon, welche Frequenzgebiete des Sprachfeldes im und welche außerhalb des hörbaren Bereiches liegen.

Für frühkindlich sensorineural schwerhörige Kinder bedeutet das einen erschwerten und teilweise auch deutlich eingeschränkten Spracherwerb. Diese Kinder bedürfen einer (frühzeitig beginnenden, d. h. sofort nach dem Erkennen des Hörschadens einsetzenden) sonderpädagogischen Förderung. Insbesondere die hochgradige oder extreme sensorineurale Schwerhörigkeit kann ohne sonderpädagogische Förderung einen erheblichen Rückstand beim Erlernen und Aneignen der Lautsprache zur Folge haben. Im Extremfall kann die Sprachentwicklung sogar nahezu vollkommen ausbleiben. Bei optimaler Förderung lassen sich hingegen sprachliche Entwicklungsrückstände und Auffälligkeiten minimieren.

Auffälligkeiten in der Sprachentwicklung

Nachfolgend werden mögliche Auffälligkeiten in der sprachlichen Entwicklung beschrieben. Durch Kennzeichnung dieser wird ein tieferes Verständnis über die Auswirkungen derartiger Hörstörungen erhofft. Die Aussagen beruhen auf Becker/Sovák (1983), Heese (1962), Jussen (1974), Krüger (1982), Lindner (1992), Pöhle (1994) und Wirth (1990).

a) Sprechweise

Die sensorineurale Schwerhörigkeit wirkt sich auf die Artikulation bereits in stärkerem Maße aus. Die Folgen richten sich danach, wie groß der Formantenbereich ist, der von dem Hörverlust betroffen ist. Da das Gehör in seinen Kontrollfunktionen eingeschränkt ist, können einzelne Laute (z. B. die Zischlaute) falsch gebildet werden; betroffen können bei dieser Art von Schwerhörigkeit aber auch die Vokale sein. Es mangelt oft an der Prägnanz der Artikulation, so daß die Lautbildung verwaschen klingt. Beim Sprechen kann es zum Fehlen oder zur falschen Bildung von Sprachlauten und Lautverbindungen kommen, wobei vor allem (wie bereits erwähnt) die Zischlaute und die Verschlußlaute sowie mit ihnen in Zusammenhang stehende Lautverbindungen betroffen sind.

Die Sprechweise zeigt gehäuft eine fehlende oder falsche rhythmisch und dynamisch-melodische Akzentuierung. Es wird oft zu monoton, verlangsamt oder überhastet gesprochen.

Durch die beschriebenen Auffälligkeiten in der Sprechweise wird die Sprechverständlichkeit eingeschränkt. Es fehlen den lautsprachlichen Äußerungen häufig die für die sozial-kommunikativen Beziehungen wesentlichen prosodischen Merkmale. Die lautsprachlichen Äußerungen schwerhöriger Kinder sind oft wenig strukturiert. Damit schränkt sich aber auch ihre pragmatische Wirkung ein.

Insgesamt kommt es zu einer mangelhaften Beherrschung des phonologischen Systems der jeweiligen Sprache.

Der individuelle Wortschatz schwerhöriger Kinder kann (in Abhängigkeit von verschiedenen Faktoren, so beispielsweise vom Ausmaß der Hörschädigung, dem sozialen Umfeld und der Qualität der Frühförderung) gegenüber den gleichaltrigen hörenden Kindern in mehr oder weniger großem Umfang eingeschränkt sein, das betrifft sowohl den aktiven als auch den passiven Wortschatz. Dabei sind nicht alle Wortarten gleichermaßen betroffen. Zum sicheren Besitz gehören zum überwiegenden Anteil Substantive, die Gegenständliches bezeichnen, also Personen, Lebewesen, Dinge usw. Ebenso werden Verben mit inhaltlichem Bezug auf erlebte oder vorstellbare Vorgänge und Handlungen am ehesten erlernt. Mehr Schwierigkeiten bereitet das Aneignen von Wörtern, deren Bedeutung sich auf Abstraktes bezieht (sog. Abstrakta). Auch werden Wörter mit bildhafter oder übertragener Bedeutung schwerer in den individuellen und verfügbaren Sprachbesitz übernommen.

b) Entwicklung des Wortschatzes

Zu den Wortarten, die am häufigsten fehlen oder fehlerhaft angewendet werden, zählen Adverbien, Präpositionen und Konjunktionen. Sie sind Träger von Beziehungsbedeutungen, die sich nicht unmittelbar veranschaulichen lassen, sondern nur durch analytisches Betrachten und Vergleichen von Situationen, Vorgängen und Handlungen zum geistigen Besitz werden. Sie sind aber sowohl für das Sprachverständnis als auch für den sprachlichen Ausdruck bedeutsam, da sie die zwischen realen und ideellen Sachverhalten bestehenden Beziehungen sprachlich vermitteln.

Neben einem begrenzten Wortschatz ist auch eine falsche Wortwahl zu beobachten. Diese ist u. a. auf das unzureichende Erfassen der Wortbedeutung zurückzuführen. Auch Oberbegriffe und synonyme Bezeichnungen werden weniger eingesetzt.

Schwierigkeiten ergeben sich für schwerhörige Kinder auch beim Erlernen grammatischer Formen und syntaktischer Strukturen.

c) Entwicklung des Sprachformenschatzes

Aufgrund ihrer Höreinbußen können sie lautsprachliche Strukturen nur bruchstückhaft und unvollständig wahrnehmen. Ihnen gehen so vor allem die unbetonten Teile der Lautsprache verloren. Dies sind aber häufig die grammatischen Morpheme, die für das Erfassen von sachlichen Beziehungen und Sinnzusammenhängen bedeutsam sind. In der Lautsprache der schwerhörigen Kinder zeigen sich gewisse Unsicherheiten bei der Deklination von Substantiven und der Konjugation von Verben. Daneben werden syntaktische Strukturen oft vereinfacht oder sind in der gebotenen Form unvollständig. Zu diesen agrammatischen und dysgrammatischen Äußerungen kommt es durch die lückenhafte Verfügbarkeit der syntaktischen Regeln und flexivischen Formmittel, was wiederum auf den mangelhaften auditiven Input zurückzuführen ist.

Während das hörende Kind die verschiedenen Flexionsformen und die syntaktische Strukturierung unterschiedlicher Satzmuster mit typischen Wortstellungen und grammatikalischen Fügungen weitgehend imitativ und beiläufig in interaktional-kommunikativen Handlungen erlernt, muß dem schwerhörigen Kind diese bewußt vermittelt werden. Dazu bedarf es entsprechender Unterstützung durch Eltern, Pädagogen und anderer Bezugspersonen.

Eine weitere Ursache für die Auffälligkeiten im Sprachformenschatz kann auch in dem oft deutlich geringeren „Sprachumsatz" der schwerhörigen Kinder gesehen werden. Sie wenden ihren individuellen Wort- und Sprachformenschatz im Vergleich zu hörenden Kindern meist weniger aktiv an. Infolgedessen verinnerlichen sie die erlernten Sprachformen nicht oder nicht ausreichend, um diese jederzeit – automatisiert – für den Sprachgebrauch zur Verfügung zu haben.

d) Sinnentnahme aus Gesprochenem und aus Texten

Die beschriebenen Auffälligkeiten im Wortschatz und im Sprachformenschatz führen zwangsläufig zu Schwierigkeiten bei der Sinnentnahme aus Gesprochenem (lautsprachlichen Informationen) und aus Texten (schriftsprachlichen Informationen). Pöhle (1967, 13f) stellt als „Spezifik der Sinnerfassung bei schwerhörigen Kindern" heraus, daß selbst bei guter technischer Leseleistung und bekanntem Wortmaterial erhebliche Schwierigkeiten bei der Sinnentnahme aus Sätzen und größeren Sprachganzen bestehen, was sich vor allem durch das mangelhafte Erfassen von Beziehungsbedeutungen begründet. Die interindividuellen Schwankungen bei den Leistungen sind unvergleichlich größer als bei Hörenden.

Auswirkungen bei kombinierter Schwerhörigkeit

Bei gleichzeitigem Bestehen einer Schalleitungsstörung und einer Innenohrschwerhörigkeit auf demselben Ohr spricht man von kombinierter Schwerhörigkeit, auch von kombinierter Schalleitungs-Schallempfindungsschwerhörigkeit oder kombinierter Mittel- und Innenohrschwerhörigkeit. Der Betroffene hört leiser und verzerrt.

Die dominante Wirkung wird durch die Schallempfindungskomponente bestimmt, so daß die Auswirkungen ähnlich der sensorineuralen Schwerhörigkeit sind. Daher ist es nicht erforderlich, sie hier erneut zu beschreiben. (Siehe also Teilkapitel „Auswirkungen bei sensorineuraler Schwerhörigkeit".)

Anmerkung: Die Gruppe der Schwerhörigen ist äußerst heterogen, demzufolge ist sie ausgesprochen schwer zu beschreiben. Der Personenkreis reicht vom „fast normalhörenden" bis hin zum lt. Audiogramm gehörlosen Menschen, der über gute Lautsprachkompetenzen verfügt und sich auditiv orientieren kann. Selbst bei von Art und Ausmaß vergleichbaren Hörstörungen sind die individuellen Auswirkungen äußerst verschieden und nur begrenzt miteinander vergleichbar.

Die oben beschriebenen sprachlichen Auffälligkeiten schwerhöriger Kinder sind unter dem Aspekt der *Kennzeichnung des Förderbedarfs* zu verstehen. Letztendlich wird die Entwicklung von einer frühzeitigen und kontinuierlichen Frühförderung, deren Qualität und vom sozialen Umfeld des Kindes beeinflußt. Genannte Faktoren wirken auf die Sprachentwicklung des schwerhörigen Kindes nachhaltig. Sofern nicht eine Mehrfachbehinderung vorhanden ist, z. B. eine Lernbehinderung, eine Sehbehinderung oder eine Verhaltensstörung, und soweit die sozialen Bedingungen ausgewogen und insgesamt der Entwicklung förderlich sind, können sich die kognitiven und mnestischen Funktionen sowie das soziale Verhalten schwerhöriger Kinder bei vorhandener sprachlicher und kommunikativer Kompetenz gut entwickeln.

Bei Schwerhörigen, deren Hörschaden prä-, peri- oder postnatal (aber prälingual) aufgetreten ist, kommt es zu mehr oder weniger umfänglichen Auffälligkeiten in der sprachlichen Entwicklung. Für Schwerhörige, deren Hörschaden erst im späteren Jugend- oder Erwachsenenalter oder gar erst im höheren Lebensalter eintritt, besteht das Hauptproblem im Bewältigen der nicht selten plötzlich veränderten sozial-kommunikativen Situation. Hier gilt es, vorhandene Kommunikationskompetenzen zu erhalten (s. Kap. 11.2).

4.2 Gehörlose

Als gehörlos bezeichnet man Menschen, bei denen im frühen Kindesalter (prä-, peri- oder postnatal) vor Abschluß des Lautspracherwerbs (also prälingual) eine so schwere Schädigung des Gehörs vorliegt, daß seine Funktionstüchtigkeit hochgradig bis total beeinträchtigt ist. Infolgedessen kann sich die Lautsprache nicht natürlich auf auditiv-imitativem Weg entwickeln. Dennoch sind auch Gehörlose in der Lage, Lautsprache zu erwerben und lautsprachlich (unter Ausnützung des Absehens) zu kommunizieren. Die dominierende Rolle bei der Sprachauffassung Gehörloser hat der visuelle Analysator, der durch den auditiven Analysator unterstützt wird. (Eine gewisse Ausnahme bilden hier auditiv-verbal erzogene Kinder – s. S. 159–162). Um das Sprechen zu erlernen, bedürfen sie fachpädagogischer Anleitung und Hilfe. Ohne spezifische pädagogische Förderung würde die Lautsprachentwicklung von diesen Kindern gänzlich ausbleiben, daher rührt auch der inzwischen veraltete Begriff „taubstumm". Die Sprechweise Gehörloser bleibt auch bei guter Förderung auffällig, da ihnen die Möglichkeiten auditiver Eigenkontrolle weitge-

Gehörlos

hend verschlossen sind. Sie haben mehr oder weniger große Schwierigkeiten im Beherrschen der rhythmisch-dynamischen Akzentuierung und können die Sprechmelodie kaum erlernen. Einer Vielzahl von Gehörlosen gelingt es dennoch, eine gute Sprechverständlichkeit zu erreichen. Auch die Aneignung und ständige Erweiterung des Wortschatzes und der grammatisch-syntaktischen Sprachformen ist Aufgabe der speziellen Förderung. Das Niveau der Lautsprachkompetenz, das der einzelne Gehörlose erreicht (sowohl der Grad seiner Sprechverständlichkeit und seiner Lautsprachperzeption, als auch der Umfang seines Wort- und Sprachformenschatzes und dessen Beherrschung zum aktiven und passiven Gebrauch) hängt neben den eingangs erwähnten Faktoren (s. S. 69ff) auch von endogenen Faktoren (z. B. Sprachgefühl) ab. Um gehörlose Kinder zum Erlernen der Lautsprache zu motivieren, sind kommunikative Erfolgserlebnisse besonders wichtig. Sie vermitteln ihnen die Erfahrung, daß ihnen die in besonderen Fördersituationen und im Unterricht erlernte Lautsprache hilft, sich mit hörenden Menschen zu verständigen und mit ihnen in Kontakt zu treten.

Die in der Literatur wiederholt (z. B. Becker/Sovák 1983 und Wirth 1990) beschriebenen Auffälligkeiten in der Artikulation Gehörloser (z. B. Artikulation mit übertriebener Kraft und Anspannung, übertriebener Lippenkontraktion, falsche Artikulationsmuster der Zunge, übermäßiges Öffnen des Mundes beim Sprechen) sind prinzipiell anzutreffen. Sie sind aber letztendlich in hohem Maß auf zu spätes Einsetzen der Förderung der Sprechfertigkeiten und auf klassische Vorgehensweisen beim Vermitteln dieser im Artikulationsunterricht zurückzuführen. Es gelingt heute besser – allerdings nur bei frühzeitig einsetzenden Fördermaßnahmen – zu natürlichen Sprechbewegungsabläufen zu gelangen bzw. diese zu erhalten. Voraussetzung dafür ist eine frühzeitige Hörgeräteversorgung, die sicherstellt, daß das hochgradig hörgeschädigte Kind nicht erst „verstummt", sondern sein angeborenes, instinktives Lallen fortführen und ausbauen kann.

Pädagogisch nicht mehr haltbar und aufgrund aktueller Entwicklungen auch nicht mehr vertretbar scheint die Definition von „gehörlos" zu sein, nach der der Hörverlust im Frequenzbereich zwischen 500 bis 4.000 Hz mehr als 90 dB beträgt. Mit dieser Definition werden zwei Aspekte nicht berücksichtigt (s. auch Kap. 2.1):

– das Emanzipationsstreben der Gehörlosen und
– grundlegende Erkenntnisse aus der neurophysiologischen Forschung.

Diese wiederum bieten die Basis für die zwei gegenwärtig am meisten diskutierten Förderkonzepte, nämlich das der bilingualen Erziehung und das der auditiv-verbalen Erziehung.

Bilinguale versus auditiv-verbale Erziehung

Obwohl beide Ansätze gegenwärtig zu den meist diskutierten gehören – im weitesten Sinne kann man es als eine Fortsetzung des „Methodenstreits" sowie der Auseinandersetzung um die „reine Lautsprachmethode" und die „Gebärdenbewegung" ansehen (s. Kap. 13) – bleiben genannte methodische Ansätze im sonderpädagogischen Alltag weitgehend unberücksichtigt. So gibt es nach wie vor nur zwei Schulklassen (im Rahmen eines Schulversuchs in Hamburg), die bilingual unterrichtet werden (Günther 1999). Andererseits geben zahlreiche Schulen für Gehörlose an, hörgerichtet zu arbeiten. Deren Vorgehensweisen sind jedoch keineswegs mit den von AVI (Auditory-Verbal-International) festgelegten Grundprinzipien und den methodischen Grundsätzen eines auditiv-verbalen Arbeitens identisch (Goldberg 1993; Estabrooks 1998). In den meisten Schulen wird gegenwärtig lautsprachlich, unter Einbezug hörerziehlicher Maßnahmen, unterrichtet. Beide Konzeptionen, also die bilinguale Erziehung ebenso wie die auditiv-verbale Erziehung, orientieren sich besser und intensiver als bisher an den Entwicklungsmöglichkeiten und an den Kommunikationsbedürfnissen der Kinder.

Kennzeichnung aus der Sicht der Gehörlosenbewegung
Aus dem Emanzipationsstreben der (erwachsenen) Gehörlosen heraus kann sich ein Hörgeschädigter, unabhängig vom Ausmaß der Hörschädigung, selbst als gehörlos definieren, wenn er sich dieser Gruppe zugehörig fühlt (s. Kap. 2.1). Der Erstspracherwerb im Rahmen einer bilingualen Erziehung richtet sich auf die Gebärdensprache, mit deren Hilfe später die Schrift- und eine gewisse Lautsprachkompetenz aufgebaut werden soll. Im Rahmen der Pädagogik kommt der Identitätsfindung eine besondere Rolle zu. Die Gebärdensprache soll zu dieser beitragen und zu einer Teilhabe in einer eigenen Sprach- und Kulturgemeinschaft verhelfen. Die Gebärdensprache eröffnet vielen Gehörlosen die Möglichkeit, entspannt und ungehindert (miteinander) zu kommunizieren. Für Versammlungen, Konferenzen und größere Ansammlungen von Menschen ist die Gebärdensprache für den Gehörlosen ein unerläßliches Verständigungsmittel.

Die Gebärdensprache wird heute als eine eigenständige, vollwertige Sprache gesehen, die allen sprachfunktionalen Anforderungen genügt. Sie verfügt über eine eigenständige lexikalische und grammatische Strukturierung, die nicht mit der der Lautsprache identisch ist.

Das systematische Lehren der Gebärdensprache und ihre Verwendung als Unterrichtsmittel bzw. ihr Einsatz bereits schon in der Frühförderung, ist derzeit Gegenstand fachlicher, schulpolitischer und politischer Diskussionen.

Kennzeichnung aus der Sicht einer möglichen
auditiven Orientiertheit Betroffener
Die auditiv-verbale Frühförderung, durch die Gehörlose ein funktionelles Hören und eine gegenüber traditionellen Maßstäben kaum vorstellbare Lautsprachkompetenz zu erreichen vermögen, wird erst seit relativ wenigen Jahren in breiterem Rahmen realisiert. So gründete sich die Organisation Auditory-Verbal-International erst 1986. Die auditiv-verbale Therapie basiert auf der Ausnutzung der vorhandenen Hörkapazitäten (und seien diese auch noch so gering), um die Lautsprache auf der Grundlage des Hörens zu erwerben. Ihr oberstes Ziel ist die Integration des hörgeschädigten Menschen in die Gesellschaft. Eine Befragung von Goldberg und Flexer (1993) von in der Kindheit und/oder Jugend mindestens drei Jahre auditiv-verbal geförderten Erwachsenen ergab, daß zwei Drittel sich vollständig in die hörende Welt integriert fühlten, ein Drittel sich sowohl unter hörenden als auch unter (gebärdenden) hörgeschädigten Mitmenschen gleichermaßen gut orientierte. Eine Person gab an, sich als zugehörig zur „Deaf Community" zu sehen.

Hörgeschädigte verfügen über voll funktionsfähige Sprechorgane und die potentielle Fähigkeit zum Sprechen. Auf diesem Wissen und dem Wissen, daß die Mehrzahl der hörgeschädigten Kinder über verwertbare Hörreste resp. über vorhandene Hörkapazitäten verfügt, baut die auditive Sprachanbahnung auf. Ihr Ziel ist es, dem hörgeschädigten Kind die Möglichkeit zu eröffnen, Sprache auf natürlichem, also imitativem Weg über das Gehör aufzunehmen.

Anzumerken ist, daß eine Beschreibung von auf diesen beiden genannten Wegen geförderten Gehörlosen für Deutschland kaum möglich ist, da gegenwärtig keine (umfänglich nennenswerten) Erfahrungen vorliegen, wie sich derart geförderte Kinder dann als Erwachsene erleben und ob sie ein für sich befriedigendes Lebensmuster gefunden haben. Bekanntgewordene Einzelfälle lassen sich nicht verallgemeinern.

Als einer der kritischsten Punkte muß gesehen werden, daß mit dem gewählten Weg in der Frühförderung Weichen für das Leben des Betroffenen gestellt werden. Das ist jedoch ein Zeitpunkt, zu dem in keiner Weise abzuschätzen ist, welche Lebenswege der Betroffene einschlagen wird und welche Perspektiven sich ihm eröffnen werden.

4.3 Postlingual schwerhörig gewordene Erwachsene

Nach dem Spracherwerb schwerhörig gewordene Personen unterscheiden sich von den Ertaubten (Kap. 4.4) dadurch, daß sie in der lautsprachlichen Kommunikation (z. B. im Gespräch) das verbliebene Hörvermögen unterstützend einsetzen können, um zu verstehen. Sie haben die Sprache auf natürlichem, imitativem Weg erlernt und können sie entsprechend benutzen. Neu erlernt werden muß die Deutung der auditiven Wahrnehmung, da sich die Eindrücke nicht nur hinsichtlich der Lautstärke, sondern auch der Klangwahrnehmung, also qualitativ, verändern. Hörhilfen bilden beim Verstehen von Sprache eine entsprechende Unterstützung.

Postlingual schwerhörig

Claußen (1989, 90) verweist darauf, daß eine genaue Abgrenzung der nach dem Spracherwerb schwerhörig gewordenen Personen gegen die von Geburt an oder zumindest prälingual schwerhörigen nicht möglich ist. Das liegt u. a. auch an der ungenauen Festlegung des die Definition tragenden Begriffes „Spracherwerb". Spracherwerb ist letztendlich ein Prozeß, der während des gesamten Lebens anhält und nicht völlig abgeschlossen wird (es sei denn durch Krankheit oder Altersdemenz, bei denen Retardationen bzw. der Zerfall bestehender Sprachkompetenzen eintreten können).

Schwerhörig gewordene Jugendliche haben oft erhebliche Schwierigkeiten, ihre Höreinbuße zu akzeptieren. Sie lehnen ein Hörgerät häufig über lange Zeit ab, ihr Anderssein im Vergleich zu ihren Klassenkameraden und Freunden erleben sie schmerzlich, was zumeist durch gängige Pubertätsprobleme weiter verstärkt wird. Eine Umschulung in eine Schwerhörigenschule wird von ihnen häufig kategorisch abgelehnt. Im Umgang mit diesen Jugendlichen muß man Geduld und Einfühlungsvermögen aufbringen, es ist nach individuell zugeschnittenen sinnvollen Lösungswegen zu suchen.

Ebenfalls schwierig ist die Abgrenzung zur Altersschwerhörigkeit, die als natürliche Folge des Alterns anzusehen ist (s. Kap. 12.3). Auch dieser Personenkreis hat oft erhebliche Probleme in der Sprachperzeption, die im Extremfall bis zur Vereinsamung und Isolation führen kann.

4.4 Ertaubte

Ertaubte sind Kinder, Jugendliche und Erwachsene, bei denen eine totale oder praktische Taubheit nach Abschluß des natürlichen Spracherwerbs (also postlingual) eingetreten ist. Sie können Sprache und andere Schallereignisse nicht mehr auditiv

Ertaubt

wahrnehmen. Im Unterschied zum prälingual Gehörlosen (Kap. 4.2) haben sie aber die Lautsprache auf natürlichem Weg imitativ-auditiv erlernt.

Für Ertaubte stellt heute das Cochlea-Implantat eine sehr wesentliche Hilfe dar (s. Kap. 8). Man kann davon ausgehen, daß Personen nach ihrer Ertaubung (möglichst rasch) mit einem CI versorgt werden, wenn nicht medizinische Indikationen dagegen sprechen. Der Ertaubte kann so den „Anschluß" an die hörende Welt (zumindest teilweise) wieder erreichen.

Die untere Altersgrenze für die Charakterisierung eines Kindes als „im Sprachbesitz ertaubt" ist in der Regel das 3./4. Lebensjahr. Die Lautsprachentwicklung hat zu diesem Zeitpunkt einen relativen Abschluß gefunden, so daß die Umstellung auf die visuelle Perzeption der Lautsprache, die Erhaltung des bis dahin erreichten Sprachstatus und der weitere Ausbau der Sprachkompetenz möglich ist. Die sonderpädagogische Förderung durch spracherhaltende Fördermaßnahmen und Unterweisung im Absehen müssen möglichst unmittelbar nach der Ertaubung einsetzen, d. h. sobald der gesundheitliche Zustand des Ertaubten wieder eine Belastung gestattet.

Eine Ertaubung, d. h. die völlige Funktionsuntüchtigkeit des auditiven Analysators, tritt meistens plötzlich als Folge von Erkrankungen oder Unfällen ein. Sie kann aber auch am Ende einer progredienten (also sich ständig verschlechternden) Schwerhörigkeit stehen. Sie bedingt in beiden Fällen das völlige Unvermögen, Sprache auditiv zu perzipieren, und damit die Notwendigkeit, sich auf die visuelle Lautsprachperzeption (Absehen) umzustellen. Der Ertaubte ist außerdem nicht mehr in der Lage, seine eigene Sprechweise auditiv zu kontrollieren und zu regulieren. Durch schnellstmögliche pädagogische Einflußnahme läßt sich der Bruch in der Entwicklung, den die Ertaubung für ein Kind mit sich bringt, mildern. Jüngere Kinder finden sich erfahrungsgemäß leichter in die neue Situation als Schulkinder hinein. Das ertaubte Kind oder der Jugendliche muß schnellstmöglich auf die Bewältigung der psychischen Belastung vorbereitet werden. Insbesondere soll sein Selbstvertrauen und seine Kommunikationsbereitschaft *erhalten* bleiben.

Je später eine Ertaubung eintritt, desto besser beherrscht der Betroffene die Sprache. Die Sprachentwicklung wurde zumindest bei den Spätertaubten – dazu gehören Personen, die nach dem 18./19. Lebensjahr ihr Gehör verlieren – nicht durch die Hörschädigung behindert. Ebenso stand bei ihnen die Sozialisation im Elternhaus, in der Schule und im sozialen Umfeld nicht unter dem Einfluß der Hörschädigung und dadurch hervorgerufener kommunikativer Schwierigkeiten. Ertaubte verfügen über ein umfangreiches Maß an aktualisierbaren akustischen Vorstellungen, wobei vor allem Spracherinnerungsvorstellungen für das Umstellen auf veränderte Perzeptionsbedingungen bedeutsam sind. Das Hauptproblem besteht bei ihnen in der (Laut-)Sprachauffassung. Ihnen stand bisher der auditive Perzeptionsweg offen. Sie sind nun – oft völlig unvermittelt – auf den vergleichsweise unsicheren visuellen Auffassungsweg angewiesen. In dem Maße, wie es dem Ertaubten gelingt, das Absehen der gesprochenen Sprache zu erlernen, kann sich seine kommunikative Situation verbessern. Auch die Sprechmotorik ist bereits weiter ausgebildet und gefestigt. Damit sind günstigere Voraussetzungen gegeben, sie zu erhalten, an der Verlagerung auf kinästhetisch-sprechmotorische Kontrollmechanismen zu arbeiten und um Erhalten der Sprechweise bemüht zu sein. Nach längerer Zeit der Ertaubung wird die Artikulation oft unschärfer, pflegt aber verständlich zu bleiben. Die Sprechmelodie und das Sprechtempo bleiben meistens einigermaßen natürlich erhalten. Gehäuft ist ein zu lautes oder zu leises Sprechen zu beobachten, da dem Ertaubten die auditive Kontrolle fehlt.

Der vorhandene Sprachbesitz ist zweifelsohne eine wichtige Voraussetzung für die Rehabilitation der Ertaubten. Gravierend ist ihre psychische Situation. Ertaubungen treten zumeist schlagartig als Folge von Infektionskrankheiten, Meningitiden, Hörsturz oder Unfalltraumen auf (s. Kap. 3.3). Die meisten Ertaubten sehen sich unvermittelt einer völlig veränderten Wahrnehmungs- und Kommunikationssituation gegenüber. Hinzu kommt eine tiefe Verunsicherung bezüglich der eigenen Identität und daraus erwachsend eine Gefährdung der Selbstsicherheit. Sie stehen vor der Aufgabe, die veränderten Anforderungen des Lebens unter erschwerten Bedingungen und mit neu zu erarbeitenden Verhaltensformen zu bewältigen.

Die Anzahl im Sprachbesitz ertaubter Kinder ist sehr, sehr gering. Für ihre Bildung und Erziehung ergibt sich aber gerade daraus ein Problem. Eigene Bildungseinrichtungen für Ertaubte sind wegen der geringen Anzahl betroffener Kinder nicht realisierbar. Derartige Schulen waren zu Beginn der 50er Jahre angedacht, wurden dann aber nicht gegründet, da die Anzahl ertaubter schulpflichtiger Kinder aufgrund medizinischer Fortschritte stark rückläufig war. Als am ehesten geeignet haben sich in Anbetracht der lautsprachlichen Kompetenz Ertaubter die Schwerhörigenschulen erwiesen, obwohl auch sie nicht die ideale Lösung darstellen: Audiologisch betrachtet sind Ertaubte gehörlos. Sie haben jedoch bis zum Zeitpunkt der Ertaubung eine uneingeschränkte Sprachentwicklung durchlaufen können. Demzufolge verfügen sie über eine mehr oder weniger umfangreiche Sprachkompetenz. Für die in den Schwerhörigenschulen lernenden ertaubten Schüler ergab sich mit den Fortschritten in der Entwicklung elektronischer Hörhilfen zunehmend das Problem, daß der Unterricht der Schwerhörigenschule vorwiegend auditiv ablief, sie selber aber nur über völlig unzureichende oder keine Hörreste verfügten und immer auch der visuellen Sprachperzeption bedurften. Mit den neuen Möglichkeiten der Cochlea-Implantat-Versorgung hat sich die Situation ertaubter Schüler vehement verändert.

4.5 Cochlea-Implantat-Träger

Der Vollständigkeit halber sei auf die Gruppe der cochlea-implantierten Kinder und Erwachsenen hingewiesen. Die Gruppe selbst (vertreten durch die Deutsche Cochlear Implant Gesellschaft e.V.) versucht für ihre Population die Begriffe CI-Träger und CI-Kinder durchzusetzen, da sie sich nicht als cochlea-implantierte Erwachsene bzw. Kinder oder als CI-Patienten sehen. Durch Verwendung der Begriffe CI-Kinder und CI-Träger könne man zugleich erkennen, ob es sich um ein Kind oder um einen Erwachsenen handelt.

Cochlea-Implantationen werden seit Beginn der achtziger Jahre durchgeführt. Zunächst wurden nur im Sprachbesitz ertaubte Erwachsene operiert. Seit Ende der achtziger Jahre ging man dazu über, auch prä-, peri- oder postnatal (und damit prälingual) gehörlose Kinder zu implantieren. Die Zahl der mit einem CI versorgten Personen wächst z. Z. sehr schnell an. Damit vergrößert sich ständig der in Betracht zu ziehende Personenkreis.

Bei der Beschreibung der Population ist zunächst zwischen den beiden Gruppen „Ertaubte mit CI" und „Gehörlose mit CI" zu unterscheiden.

Ertaubte mit CI

Personen, die ertaubten und dann mit einem Cochlea-Implantat versorgt wurden, sind im Besitz der Sprache und haben ein akustisches Erinnerungsvermögen. Da sich derartige Implantationen mehr und mehr etablieren, kann man davon ausgehen, daß sich die Dauer der Taubheit bei in Frage kommenden Personen zunehmend verkürzt. War die Taubheit nur von kurzer Dauer, läßt sich annehmen, daß der Betroffene günstiger auf frühere Hörerfahrungen zurückgreifen kann. Das gilt besonders für das Verstehen von Lautsprache. Dabei ist es von Bedeutung, ob derjenige die neuen Höreindrücke, die nicht mit den vormals gehabten identisch sind, auf ihm bekannte Lautgestalten zu beziehen vermag und ob ihm sein eigenes Sprechen auditiv innerlich ist, so daß er das Steuern seines Sprechens auf diese Erfahrungen stützen kann. Nach der CI-Versorgung dauert es eine gewisse Zeit, bis der CI-Träger seine (neuen) Höreindrücke differenziert wahrnehmen und verwerten kann. Dabei wird er versuchen, seine Hörwahrnehmungen mit früher erworbenen, gespeicherten Sprach- und Geräuschwahrnehmungen in Deckung zu bringen. Mit der Zeit gelingt es dem einzelnen CI-Träger in individuell unterschiedlichem Ausmaß, Sprache wieder auditiv zu erkennen und Geräusche zu identifizieren. Auch nach Spracherwerb ertaubte Kinder bringen für das Hörenlernen mit einem Implantat und für die auf das Hören gestützte Vervollkommnung der Sprache gute Voraussetzungen mit.

Trotz der wiedererlangten Hörfähigkeit bleiben die mit einem Cochlea-Implantat versorgten Menschen Hörgeschädigte.

Bei der Gruppe der „Gehörlosen mit CI" ist zwischen den frühzeitig versorgten Kindern und den erst im Schulalter versorgten Kindern und Jugendlichen zu unterscheiden.

Gehörlose mit CI

Als frühzeitig implantierte Kinder gelten gegenwärtig solche, die zwischen dem 2. (oder kurz vorher) und 4. Lebensjahr ein Cochlea-Implantat erhalten haben. Alle bisher gemachten Erfahrungen deuten darauf hin, daß eine frühzeitige Implantation für prälingual gehörlose Kinder die besten Chancen bietet, zu lernen, Lautsprache auditiv zu perzipieren und eine angemessene Lautsprache zu entwickeln. Ein Großteil dieser frühzeitig mit einem Cochlea-Implantat versorgten und entsprechend geförderten Kinder besuchen einen allgemeinen Kindergarten, einen Integrationskindergarten oder eine schulvorbereitende Einrichtung für Schwerhörige, obwohl sie keine schwerhörigen Kinder im Sinne herkömmlicher Definition sind (Claußen et al. 1993, 303). Diese Kinder können sich zumeist auditiv gut orientieren. Sie nehmen zur Lautsprachperzeption mehr oder weniger umfänglich das Absehen hinzu und zeigen oft eine vergleichsweise gute Lautsprachproduktion.

Nicht alle frühzeitig mit Cochlea-Implantat versorgten Kinder durchlaufen jedoch derartige Entwicklungen. Die individuellen Möglichkeiten und Dispositionen sind sehr verschieden; ebenso gelingt es nicht allen Kindern, das Hören in ihre Persönlichkeit zu integrieren. Dennoch bleibt anzumerken, daß für einen Großteil der frühzeitig implantierten Kinder das CI eine wesentliche Entlastung ist. Ihnen ist eine auditive Sprachwahrnehmung sowohl suprasegmentaler als auch segmentaler Anteile lautsprachlicher Informationen möglich. Durch ein sich entwickelndes auditives Feedback ist eine günstige Einflußnahme auf die Artikulation zu erwarten. Die Kinder sind in der Lage, durch eine wirksame Eigenkontrolle und Eigenkorrektur nachhaltig auf Höhe, Intensität und Dauer ihrer stimmlichen Äußerungen einzuwirken (Bertram 1998b, 114).

Anders verhält es sich mit gehörlosen Kindern und Jugendlichen, die erst im Schulalter ein Cochlea-Implantat erhalten. Diese Kinder und Jugendlichen müssen lernen, mit dem CI Hörstrategien und -muster zu entwickeln. Sie haben zudem über mehrere Jahre eine Sozialisation in der Gruppe der Gehörlosen erfahren. Ältere Kinder sind dringend in die Entscheidungsfindung für oder gegen ein CI einzubeziehen, falls eine derartige Operation anstehen könnte. Erfahrungen zeigen, daß bei älteren Kindern oder Jugendlichen eine Implantation nur (noch) sinnvoll ist, wenn sie bereits vorher eine „Hörgerichtetheit" hatten und sich bereits verstärkt auditiv orientierten. Für diese (Teil-)Gruppe kann eine Implantation u. U. sinnvoll sein. (Weiterführende Informationen s. Ilchmann 1997; Salz et al. 1997).

Die CI-Versorgung prälingual gehörloser Jugendlicher (und Erwachsener) ist umstritten. Es lassen sich Fallbeispiele anführen, bei denen eine späte Implantation dem Jugendlichen Hilfe, psychische Entlastung und persönlicher Gewinn war (Pietsch, F. 1998; Senn 1995). Daneben sind aber auch solche zu verzeichnen, die ihr CI ablehnten und bei denen Störungen in der Persönlichkeit zu beobachten waren (Gotthardt 1995).

Aufgrund der vergleichsweise kurzen Zeit, in der CI-Operationen durchgeführt werden, können noch keine Langzeitstudien vorliegen. Es ist jedoch davon auszugehen, daß in wenigen Jahren eine detailliertere Beschreibung der Population „CI-Träger" und „CI-Kind" möglich sein wird.

4.6 Übungsaufgaben zu Kapitel 4

Aufgabe 20 Welche Faktoren beeinflussen die psychosozialen Folgen eines Hörschadens?

Aufgabe 21 Beschreiben Sie die Auswirkungen einer Schalleitungsschwerhörigkeit!

Aufgabe 22 Beschreiben Sie die Auswirkungen einer sensorineuralen Schwerhörigkeit!

Aufgabe 23 Beschreiben Sie die Auswirkungen einer kombinierten Schwerhörigkeit!

Wann bezeichnet man einen Menschen als „gehörlos"?	**Aufgabe 24**
Wie heißen die gegenwärtig am meisten diskutierten Förderkonzepte im Rahmen der Hörgeschädigtenpädagogik?	**Aufgabe 25**
Was ist ein Ertaubter?	**Aufgabe 26**
Wodurch unterscheiden sich schwerhörig gewordene Erwachsene vom Ertaubten?	**Aufgabe 27**
Wo liegt nach gegenwärtigem Erkenntnisstand etwa die untere Altersgrenze, um ein Kind als „im Sprachbesitz ertaubt" oder als „gehörlos" zu charakterisieren?	**Aufgabe 28**
Was ist ein Spätertaubter?	**Aufgabe 29**
Wer gehört zur Gruppe der CI-Träger?	**Aufgabe 30**

5 Audiometrische Diagnostik

Um eine adäquate Bildung, Erziehung und Förderung des hörgeschädigten Kindes oder eine adäquate Rehabilitation z. B. des Späthörgeschädigten einleiten zu können, ist eine möglichst umfassende Diagnostik wichtig. Sie ermöglicht genaue Informationen und gibt Hinweise auf einzuleitende pädagogische Maßnahmen und Erfordernisse.

Statuserhebung und Verlaufsdiagnostik

Die Aufgabenbereiche der Diagnostik erstrecken sich sowohl auf die sog. Statuserhebung (Wie ist die Situation aktuell?) als auch auf die Verlaufsdiagnostik. Letztere umfaßt sowohl punktuelle Untersuchungen und Tests, die in bestimmten Zeitabständen zu wiederholen sind, als auch kontinuierliche Dauerbeobachtungen. Nur aus der Kenntnis des Entwicklungsverlaufs heraus lassen sich der psychosoziale Entwicklungsstand des hörgeschädigten Kindes oder die Situation des hörgeschädigten Erwachsenen zum gegebenen Zeitpunkt richtig verstehen und interpretieren.

Wie den Kapiteln 4 und 11 zu entnehmen ist, ist eine der wichtigsten intervenierenden Variablen der Zeitpunkt des Eintretens des Hörschadens. Demzufolge ist das frühestmögliche Erkennen des Hörschadens, deren pädagogische Erfassung und ihre genaue audiometrische und pädagogische Diagnose von wesentlichem Wert.

In der hörgeschädigtenpädagogischen Praxis hatte man seit langem die Erfahrung gemacht, daß sich hörgeschädigte Kinder um so besser entwickeln, je früher eine pädagogische Förderung einsetzt. Die wissenschaftliche Begründung und Bestätigung lieferten im letzten Jahrzehnt Forschungsergebnisse aus der Neurologie und Hörphysiologie (s. Kap. 11). Die Studien belegen, daß es unter Einwirkung von Reizen zum Aufbau von Synapsen kommt.

Wisotzki (1994) verweist darauf, daß es bei fehlenden Reizen aber auch zum Abbau von Synapsen kommt, so z. B. bei im Erwachsenenalter hörgeschädigt gewordenen Menschen. Demzufolge muß auch hier eine rasche rehabilitative Intervention erfolgen, um eine akustische Verarmung mit der Folge eines Synapsenabbaus zu verhindern.

Aus pädagogischer Sicht muß daher bei Kindern schnellstmöglich mit hörerziehlichen Maßnahmen begonnen werden. Bei Erwachsenen ist umgehend ein Hörtraining einzuleiten (s. auch Kap. 10.1).

Im Rahmen der Diagnostik, die sich auch mit pädagogischen, psychologischen und aus weiteren Teilbereichen der Medizin (z. B. Ophthalmologie, Pädiatrie, Neurologie, Orthopädie usw.) sich ergebenden Fragestellungen befaßt, bildet die audiometrische Diagnostik einen sehr wesentlichen Schwerpunkt. Die audiometrische Diagnostik wird sowohl von der Medizin als auch von der Pädagogik zur Beantwortung spezieller Fragen, die die Hörstörung betreffen, eingesetzt.

Durch die audiometrischen Methoden können Art und Ausmaß der Hörstörung festgestellt werden. Sie ermöglichen wichtige Basisinformationen über den Hörschaden. Die Kenntnis dieser können jedoch noch keine ausreichende Grundlage für das pädagogische Handeln sein.

Es gibt audiometrische Methoden, die aufgrund der notwendigen Vorkenntnisse nur im medizinischen Bereich oder nur im pädagogischen Bereich durchgeführt werden, und solche, die in beiden Bereichen Anwendung finden.

5.1 Medizinische Audiometrie

Die medizinische Audiometrie bedient sich objektiver und subjektiver Verfahren. Die objektiven Verfahren sind von der Mitwirkung des zu Prüfenden unabhängig, während die subjektiven Verfahren deren unmittelbarer Mitwirkung bedürfen.

Die subjektiven Verfahren Tonaudiometrie, Sprachaudiometrie und Kinderaudiometrie werden auch von der Pädagogik verwandt und sind daher im nachfolgenden Abschnitt 5.2 „Pädagogische Audiometrie" nachzulesen. Im hier vorliegenden Abschnitt 5.1 wird von den subjektiven Verfahren nur die Neugeborenenaudiometrie beschrieben. Diese werden auf der Neugeborenenstation von Säuglingsschwestern durchgeführt.

Des weiteren sollen einige objektive Verfahren kurz vorgestellt werden, da ihre Kenntnis für die Pädagogen wichtig ist, um die Meßergebnisse richtig interpretieren zu können.

Es ist heute technisch möglich, schon von Geburt an schwerwiegende Hörstörungen zu erkennen und in ihrem Ausmaß ungefähr zu bestimmen. Auch sind bei Neugeborenen reflektorische Reaktionen auf (sehr) laute Schallreize zu beobachten.

Neugeborenenaudiometrie

Neugeborenen-Screenings müssen einfach in der Durchführung und im Resultat signifikant sein. Ein solches Verfahren wurde von Matschke und Plath (1985) entwickelt. Durchgeführt wird dieses, wie erwähnt, von Säuglingsschwestern auf der Neugeborenenstation. Auf diese Weise können angeborene, schwerwiegende Hörstörungen sehr früh erkannt werden. Nicht erfaßt werden dadurch jedoch Hörstörungen, die erst nach der Geburt entstehen.

Giebel (1998) hat sich mit der praktischen Durchführbarkeit der Früherkennung im frühen Säuglingsalter kritisch auseinandergesetzt. Er betont, daß die Methoden für ein effektives Screening, eine sichere Diagnostik und eine wirksame Therapie bereits zur Verfügung stehen. Die vordringliche Aufgabe sieht er in einer *verbindlichen* Durchführung derartiger Screening-Verfahren.

Impedanz-Audiometrie

Bei der Impedanz-Audiometrie werden die Schallreflexionen am Trommelfell gemessen. Die Größe des reflektierenden Schallpegels gibt Auskunft über die Schwingungsfähigkeit des Mittelohrapparates. Darüber hinaus kann man durch laute Töne die Funktionsfähigkeit des Innenohres überprüfen, indem man die Reflexe der kleinen Mittelohrmuskeln registriert. Eine exakte Hörschwellenbestimmung ist jedoch nicht möglich.

Evoked Response Audiometry

Evoked Response Audiometry (ERA) ist die englische Bezeichnung für Elektrische Reaktions-Audiometrie (ERA). Mit der ERA werden akustisch ausgelöste Potentiale im Hörnerv, im Hirnstamm und in der Hirnrinde mit Hilfe von Mittelwertsrechnern registriert. Sie geben Auskunft über die Hörfunktion der verschiedenen Abschnitte der Hörbahn.

Sonderformen der ERA sind die *Elektrocochleographie (ECoG)* und die *Brainstem-Evoked-Response-Audiometry (BERA;* Brainstem = Hirnstamm, also Hirnstamm-ERA). Die Elektrocochleographie erlaubt Aussagen über die Funktion des ersten Neurons der Hörbahn. Mit der BERA (Messung der elektrischen Aktivität des Hirnstamms) können Aussagen über das Hörvermögen (nur) in höheren Frequenzen (2.000–4.000 Hz) getroffen werden. Bei diesem Verfahren erfolgt vom Stammhirn die Ableitung der durch akustische Reizangebote evozierten Hirnstrompotentiale. Die Reaktionen werden durch einen Computer aufgezeichnet.

Die ERA ist hinsichtlich des Verfahrens als objektive Audiometrie einzustufen, ihre Interpretation ist jedoch sehr subjektiv (Wisotzki 1994, 71).

Empfohlene Literatur zur medizinischen Audiometrie: Giebel (1998): Praktische Aspekte der Früherkennung von Hörstörungen im frühen Säuglingsalter. – Lehnhardt (1996): Praxis der Audiometrie. – Plath (1992): Das Hörorgan und seine Funktion.

5.2 Pädagogische Audiometrie

Verfahren der subjektiven Audiometrie ermöglichen durch das Ermitteln der Hörschwelle (Punkt, bei dem ein Schall vom Unhörbaren zum Hörbaren wird) und der Unbehaglichkeitsschwelle (Töne werden unangenehm laut empfunden) eine genauere Bestimmung des Hörfeldes. Das Hörfeld umfaßt all jene Töne, die der Mensch wahrnimmt. Die subjektive Audiometrie bedarf der Mitarbeit des zu Prüfenden.

Hörschwelle

Unbehaglichkeitsschwelle

Bei der Tonaudiometrie wird mit Hilfe von Tönen oder Geräuschen, die von einem Tonfrequenzgenerator erzeugt werden, die Funktionsweise des Hörorgans gemessen. Zur Messung wird ein Ton oder Geräusch über Kopfhörer zur Messung der Luftleitung oder über einen Vibrator (Knochenleitungshörer) zur Messung der Knochenleitung gegeben. Auf diesem Weg wird der Grenzwert zwischen unhörbarem und hörbarem Bereich ermittelt, indem der zu Prüfende angibt, wenn der Ton für ihn eben gerade wahrnehmbar wird.
  Die Meßwerte über alle Frequenzen ergeben die Hörschwelle, die in einem Audiogramm graphisch festgehalten wird (Beispiele dafür s. Abb. 15–17, S. 48ff).
  Der Vorgang wird wiederholt, bei der der Ton oder das Geräusch solange verstärkt wird, bis der zu Prüfende angibt, daß die Lautstärke unangenehm wird. Die Meßwerte über alle Frequenzen ergeben die Unbehaglichkeitsschwelle.
  Für Kinder sind besondere Testverfahren entwickelt worden, die als Kinderaudiometrie bezeichnet werden.
  Zur Tonaudiometrie im weiteren Sinne gehören auch überschwellige Tests, mit denen das Recruitment und die pathologische Verdeckung (s. Kap. 3.2) festgestellt werden können.

Tonaudiometrie

Die Sprachaudiometrie überprüft das Sprachgehör und das Sprachverständnis (oder das Sprachverstehen) eines Schwerhörigen. Der bekannteste und am häufigsten verwendete Sprachtest im deutschen Sprachbereich ist der Freiburger Sprachtest, der aus zwei Teilen, dem Zahlentest (enthält 10 Gruppen zu je 10 mehrstelligen Zahlen) und dem Einsilbertest (enthält 20 Gruppen zu je 20 Einsilben) besteht.

Sprachaudiometrie

Die Messung erfolgt, indem zuerst geprüft wird, um wieviel Dezibel lauter die Zahlen im Vergleich zum Normalhörenden angeboten werden müssen, damit sie verstanden werden. Danach wird mit einsilbigen Wörtern geprüft, ob bei einer bestimmten Verstärkung alle angebotenen Testwörter verstanden werden. Werden alle Wörter verstanden, kann man auf ein 100%iges Sprachverstehen schließen. Ist das nicht der Fall, wird ermittelt, wieviel Prozent der angebotenen Testwörter bei optimaler Lautstärke verstanden werden. Dieser Wert wird als „Diskriminationsverlust für Sprache" bezeichnet.

Die Sprachaudiometrie ist eine der wichtigsten Grundlagen für die Anpassung und Bewertung der Effektivität von Hörgeräten.

Kinderaudiometrie

Bei Kindern kann etwa ab dem 3./4. Lebensjahr eine Tonaudiometrie in der beschriebenen Form durchgeführt werden. Die Sprachaudiometrie ist etwa ab dem 8. Lebensjahr möglich, falls das Kind über ein ausreichendes Sprachverständnis verfügt. Angemerkt werden muß, daß inzwischen auch Kindersprachtests zur Verfügung stehen, beispielhaft sei auf den Mainzer Kindersprachtest und den Göttinger Kindersprachtest verwiesen, die etwa im Alter von 2 bis 6 Jahren einsetzbar sind.

Bei Kindern ab dem 2. Lebensjahr läßt sich mit der Spielaudiometrie bereits ein Tonaudiogramm erstellen. Die Kinder müssen durch ein gewisses Training vorbereitet werden, und es sind gewöhnlich auch mehrere Kontrollen erforderlich.

Sind die Kinder – aus welchen Gründen auch immer – nicht in der Lage mitzuspielen, sollten die Reaktionen verschiedener Art (z.B. mit Hilfe des Ewing-Tests) beobachtet werden. Möglichkeiten der subjektiven Prüfung des Hörvermögens sind hier Hinwendereaktionen, Lidreflex und andere Reaktionen von Säuglingen und Kleinkindern (eine ausführliche Darlegung kann Löwe 1989 entnommen werden).

Aussonderungsaudiometrie

Zur pädagogischen Audiometrie gehören auch noch Verfahren der *Aussonderungsaudiometrie* und der *Bestimmungsaudiometrie*. Aussonderungsuntersuchungen haben das Ziel, eine bestimmte Gruppe an Kindern „auszusondern", nämlich die, bei denen eine Schädigung des Gehörs vermutet wird. Solche Gruppen können z.B. Risikokinder sein. Zeigen die untersuchten Kinder bei der Hörprüfung bestimmte Auffälligkeiten, so werden sie als hörauffällig bezeichnet und einer Bestimmungsuntersuchung zugeführt.

Bestimmungsaudiometrie

Die Bestimmungsuntersuchungen sollen Art und Ausmaß der Hörschädigung ermitteln. Hierzu kann die Säuglingsaudiometrie (ab dem 3. Lebensmonat) – das Kind reagiert mit einem Orientierungsverhalten zur Schallquelle hin bei einer Intensität von ca. 50 dB – und die Kleinkindaudiometrie (vom 12. Lebensmonat bis zum 3. Lebensjahr) gezählt werden (beide beschrieben in Biesalski/Frank 1994). Ab dem 3. Lebensjahr kann als Bestimmungsuntersuchung die Spielaudiometrie (s. dort) eingesetzt werden.

Literatur zur Vertiefung: Lindner (1992): Pädagogische Audiologie. – Löwe (1989): Hörprüfungen in der kinderärztlichen Praxis.

5.3 Übungsaufgaben zu Kapitel 5

Was ist Aufgabe der Audiometrie? **Aufgabe 31**

Wozu dient die Tonaudiometrie? **Aufgabe 32**

Wozu dient die Sprachaudiometrie? **Aufgabe 33**

Wodurch unterscheiden sich objektive Verfahren von den subjektiven Verfahren der Audiometrie? **Aufgabe 34**

6 Institutionen und Maßnahmen für die Bildung und Erziehung hörgeschädigter Kinder und Jugendlicher

Die tradierten Bildungseinrichtungen für Hörgeschädigte (s. Kap. 13) sind die Gehörlosen- und die Schwerhörigenschule. Beide Schultypen können Pädoaudiologische Beratungsstellen mit Zuständigkeit für die Früherziehung, Schulvorbereitende Einrichtungen (in Abhängigkeit vom Bundesland auch Sonderkindergarten, Sonderschulkindergarten, schulvorbereitende Klasse, Vorklasse, Vorschulteil genannt), Grundschulteil, Hauptschulteil, Realschulteil und mitunter auch Klassen für mehrfachbehinderte Kinder mit einer Hörschädigung umfassen. Mitunter gehören zu den Schulen auch Berufsschulklassen oder Berufsfachschulklassen. Insbesondere die hochgradig hörgeschädigten und gehörlosen Jugendlichen erhalten ihre Berufsausbildung zumeist in Berufsbildungswerken für Hörgeschädigte. An einigen Schulen (z. B. die Margarethe-von-Witzleben-Schule/Schule für Schwerhörige Berlin und die Staatliche Schule für Gehörlose und Schwerhörige Stegen) gibt es einen gymnasialen Schulzweig, an denen befähigte Hörgeschädigte die Hochschulreife erwerben können.

Zahlreichen Gehörlosen- und Schwerhörigenschulen sind Internate angeschlossen, insbesondere dann, wenn der Einzugsbereich größere Regionen eines Bundeslandes umfaßt. Gegenwärtig werden mehr und mehr Fahrdienste eingerichtet, so daß ein Trend vom Internat zum Externat zu beobachten ist. Dennoch wird aufgrund territorialer Gegebenheiten in bestimmten Regionen ein Internat unumgänglich bleiben.

Inzwischen verfügen die meisten Schulen über ein Angebot zur Betreuung und Förderung hörgeschädigter Schüler, die in einer Allgemeinen Schule lernen. Auch hierfür sind die Bezeichnungen in den einzelnen Bundesländern unterschiedlich, z. B. in Bayern Mobile Hörgeschädigtenhilfe oder in Hessen ambulante Förderung.

In einigen Bundesländern wurden Landesbildungs- und Beratungszentren für Hörgeschädigte geschaffen. Sie umfassen sowohl eine Schule (Abteilung) für Gehörlose als auch eine für Schwerhörige einschließlich der bereits genannten Teileinrichtungen.

In Gehörlosenschulen wird der Unterricht nach speziellen Lehrplänen erteilt, die sich an die Lehrpläne der Allgemeinen Schule anlehnen. Die Beachtung der hörgeschädigtenspezifischen Notwendigkeiten erfordert eine Auswahl der Lernziele und damit eine gesonderte Anordnung des Lernstoffes. Außerdem sind spezielle Unterrichtsfächer (z. B. Rhythmisch-musikalische Erziehung) und Fördermaßnahmen (z. B. Hörerziehung, Einsatz manueller Kommunikationsmittel) vorgesehen. Die Schulpflichtzeit ist gegenüber der Allgemeinen Schule um ein Jahr verlängert.

Für den Unterricht in den Schwerhörigenschulen sind die Lehrpläne der Allgemeinen Schule verbindlich. Das Unterrichtsfach Deutsch wird in der Grundschulzeit häufig nach einem gesonderten Lehrplan unterrichtet. Ebenso wird die Grundschulzeit – z. B. in Bayern – um ein Schuljahr verlängert, so daß der gleiche Lehrplan, aber in einem um ein Jahr verlängerten Zeitraum, bearbeitet wird. Der Sonderschullehrer hat aufgrund seines speziellen Wissens eine entsprechende Auswahl der Lernziele zu treffen. Dabei hat er darauf zu achten, daß die schwerhörigen Schüler nicht überfordert werden, da das Erwerben einer kommunikativen Kompetenz (einschließlich der Sprech- und Sprachkompetenz sowie des Absehens) mehr Zeit erfordert. Gegebenenfalls sind auch für die Schwerhörigenschulen spezielle Unterrichtsfächer und Fördermaßnahmen vorgesehen.

Das gegenwärtige Bildungswesen für Hörgeschädigte läßt sich nach Abschnitten des Lebenslaufs ordnen:
- Frühbereich (0–3 Jahre)
- Elementarbereich (3–6 Jahre)
- Schulbereich (6–15 bzw. 18 Jahre)
- Berufs- und erwachsenenbildender Bereich (ab 15 bzw. 18 Jahre).

6.1 Pädoaudiologische Beratungsstelle

Bisher wird in der Literatur die Bezeichnung Pädaudiologische Beratungsstelle und Pädoaudiologische Beratungsstelle (noch) weitgehend synonym verwendet. Mit der Entwicklung der „Phoniatrie und Pädaudiologie" als eigenständiges ärztliches Fachgebiet (zuvor gehörte es zum Fachgebiet der Hals-Nasen-Ohren-Heilkunde) hat sich 1992 das Berufsbild der Phoniater und Pädaudiologen herausgebildet. Seither scheint es sinnvoll, eine klare Abgrenzung zwischen der klinischen (pädaudiologischen) und der pädagogischen (pädoaudiologischen) Richtung vorzunehmen.

Pädaudiologie/
Pädoaudiologie

Die *Pädaudiologischen Beratungsstellen* arbeiten als selbständige Einrichtungen oder in HNO-Kliniken in den Abteilungen für Phoniatrie und Pädaudiologie. In einigen dieser (klinischen) Einrichtungen arbeiten auch Hörgeschädigtenpädagogen. Die Pädoaudiologischen Beratungsstellen sind zumeist Abteilungen der Schwerhörigen- und/oder Gehörlosenschulen und ihnen damit auch unterstellt.

Die erste derartige Beratungsstelle für Eltern hörgeschädigter Kleinkinder wurde 1959 (damals als selbständige Einrichtung) von Löwe nach dem Vorbild des Arbeitens des niederländischen Gehörlosenpädagogen und Priesters Antonius van Uden (Institut vor Doven, Sint Michielsgestel) und der britischen Gehörlosenpädagogen Irene und Alexander Ewing (Universität Manchester) in Heidelberg gegründet. In der Folgezeit entstanden zahlreiche weitere Beratungsstellen, so daß man gegenwärtig von einem flächendeckenden Netz ausgehen kann.

Die *Pädoaudiologischen Beratungsstellen* führen pädagogische, medizinische, psychologische und audiologische Untersuchungen bei Kindern mit vermutetem oder vorhandenem Hörschaden durch. Um dem gerecht zu werden, ist eine enge Zusammenarbeit mit Pädaudiologen und HNO-Ärzten an Krankenhäusern und Kliniken, mit zuständigen Vertretern der Gesundheitsämter, mit Psychologen und Pädagogen der Sonderschulen notwendig. Gegebenenfalls müssen weitere Fachleute (z. B. Augenärzte, Pädiater, Pädagogen mit anderen sonderpädagogischen Qualifikationen, Ergotherapeuten) einbezogen werden.

Aufgaben der Pädoaudiologischen Beratungsstelle

Die Aufgaben der Pädoaudiologischen Beratungsstellen können wie folgt umrissen werden:

1. Erfassung der hörgeschädigten Kinder zum frühestmöglichen Zeitpunkt
2. Pädagogische Abklärung der Hörschädigung und evtl. vorhandener weiterer Behinderungen
3. Mithilfe bei der Hörgeräteanpassung und -feineinstellung
4. Fortlaufende Entwicklungs- und Förderdiagnostik
5. Elternberatung
6. Anleitung der Eltern zur Übernahme der häuslichen Förderung
7. Einzelförderung/Einzeltherapie des hörgeschädigten Kindes
8. Hörgeschädigtenpädagogische Begleitung aller in allgemeinen Kindergärten, Integrationskindergärten, Allgemeinen Schulen und Integrationsschulen gemeinsam mit hörenden Kindern geförderten bzw. beschulten hörgeschädigten Kinder und Jugendlichen
9. Zusammenarbeit mit verschiedenen Institutionen (z. B. Gesundheitsämtern, Kliniken, Krankenhäusern, insbesondere Neugeborenenstationen, Kindergärten, Sonderschulen, eigenständigen CI-Zentren, Allgemeinen Schulen)
10. Wirksame Öffentlichkeitsarbeit zum Zweck der Information des bestehenden Angebots (Löwe 1992 b, 147; auch Bayer 1979, 47ff)

Neben der Erfassung und pädagogischen Betreuung gehört auch die regelmäßige *Nachuntersuchung* von hörgeschädigten Schülern zum Aufgabengebiet der Pädoaudiologischen Beratungsstelle. Sie dient dem Ziel, angepaßte Hörgeräte auf ihre Funktions- und Leistungsfähigkeit zu überprüfen und zugleich entsprechende pädagogische Unterstützung und Beratung zu geben.

Die Pädoaudiologischen Beratungsstellen haben die Aufgabe, so früh wie möglich eine pädagogische, fachärztliche und psychologische Untersuchung vorzunehmen bzw. zu veranlassen. Sie sorgen für die Anpassung, Erprobung und Verordnung geeigneter technischer Hörhilfen sowie für die Sicherstellung der Durchführung erforderlicher pädagogischer und therapeutischer Maßnahmen. Es findet eine Einzelförderung des Kindes durch den Hörgeschädigtenpädagogen bei gleichzeitiger Anleitung und Beratung der Eltern statt. Hörgeschädigtenspezifische Methoden sollen kindgemäß und spielerisch angewendet werden. Das Ziel dieser Maßnahmen ist es, eine infolge der Hörschädigung möglicherweise entstehende Behinderung gar nicht erst eintreten zu lassen oder so früh wie möglich und so gut wie möglich die eingetretene Behinderung zu überwinden oder die Behinderung in ihren negativen Auswirkungen so gering wie möglich zu halten.	Zusammenfassung

6.2 Hausfrüherziehung

Die Hausfrüherziehung ist die ganzheitliche Förderung und Erziehung des hörgeschädigten Kleinstkindes im Elternhaus. In älterer Literatur wurde dafür zumeist der Begriff Hausspracherziehung verwendet. Obwohl es zweifelsohne in erster Linie um eine kommunikative Befähigung des hörgeschädigten Kindes geht, ist man heute zum Begriff der Hausfrüherziehung übergegangen, um die allseitige Persönlichkeitsentwicklung des Kindes und die ganzheitliche Sichtweise der Früherziehung zu betonen.

Die Hausfrüherziehung sollte unmittelbar nach Erkennen des Hörschadens durch die Pädoaudiologische Beratungsstelle eingeleitet werden. Löwe (1992 b, 147) verweist darauf, daß mit ihrem Beginn nicht gewartet werden kann, bis alle Aspekte der Hörschädigung sowie evtl. noch vorliegender Zusatzbehinderungen vollständig abgeklärt sind. Im Gegenteil kann eine frühzeitig beginnende Hausfrüherziehung, die Abklärung der Hörschädigung sowie weiterer Auffälligkeiten und weiterer möglicher Behinderungen unterstützt und beschleunigt werden durch die während der Förderung stattfindende Verlaufsdiagnostik.	
Der Hörgeschädigtenpädagoge, der zur Hausfrüherziehung in das Elternhaus des hörgeschädigten Kindes kommt, leitet die Eltern zur Förderung, insbesondere zur sensomotorischen und	Aufgaben des Hörgeschädigtenpädagogen

kommunikativ-sprachlichen Förderung, des hörgeschädigten Kindes an. Dabei ist es wichtig, daß das Vorgehen in gegenseitiger Abstimmung und Übereinkunft von Eltern und Hörgeschädigtenpädagogen erfolgt.

In die Förderung des Kindes und damit in das allgemeine Geschehen werden auch die Geschwisterkinder und gegebenenfalls weitere enge Bezugspersonen des hörgeschädigten Kindes einbezogen.

Die Hausfrüherziehung hat des weiteren die Aufgabe, drohende Beziehungsstörungen zwischen Eltern und hörgeschädigtem Kind zu vermeiden, die in Unkenntnis der besonderen Erziehungsbedingungen durch edukatives Fehlverhalten ausgelöst werden könnten. Zugleich „sind Maßnahmen durchzuführen, um bei möglichst ganztägiger Verwendung binauraler Hörgeräte die natürlich gegebene Wahrnehmungsgerichtetheit des Kindes als wichtigster Voraussetzung für seine altersgemäße Entwicklung zu erhalten" (Jussen 1982, 100).

Eine Information und Beratung der Eltern bzgl. verschiedener aktueller methodischer Förderansätze sollte selbstverständlich sein.

Die Anzahl der Hausbesuche ist sehr unterschiedlich und hängt von den Möglichkeiten der betreuenden Pädoaudiologischen Beratungsstelle ab. Angestrebt werden sollte, daß der Hörgeschädigtenpädagoge zweimal im Monat die Familie aufsucht, berät und anleitet. Die Handhabung der Häufigkeit der Visitationen ist jedoch recht unterschiedlich. Mitunter finden sie auch nur in sehr viel größeren Zeitabständen statt.

Der Wert der Hausfrüherziehung wird von vielen Eltern darin gesehen, daß sie Rat und Hilfe bekommen und mit der für sie zumeist unerwarteten Situation, ein hörgeschädigtes Kind zu haben, nicht allein gelassen werden (Ganster 1979, 59).

Zusammenfassung

Bei der Hausfrüherziehung erfolgt die Förderung durch den Hörgeschädigtenpädagogen im Elternhaus des Kindes. Von Vorteil ist dabei, daß sich das Kind in seiner vertrauten Umgebung befindet. Gleichzeitig lernt der Pädagoge die Lebensumstände des Kindes unmittelbar kennen und kann sie sowohl bei der Gestaltung der Frühförderung als auch bei der Anleitung der Eltern bzw. der Familie berücksichtigen.

6.3 Wechselgruppen

Neben der Förderung im Rahmen der Hausfrüherziehung ist die Erweiterung der mit- bzw. zwischenmenschlichen Kontakte eine wichtige Voraussetzung für eine gesunde Entwicklung des hörgeschädigten Kleinkindes. Mit Hilfe der Wechselgruppe soll das hörgeschädigte Kind schon frühzeitig mit in etwa gleichaltrigen Kindern Kontakt aufbauen können. (Der Begriff „Wechselgruppe" wurde aus dem Niederländischen übernommen – „Wisselklas", Wiechmann 1971.)

Die Wechselgruppe kann ambulant und stationär durchgeführt werden. *Ambulante* Wechselgruppe bedeutet das Zusammentreffen einer kleinen Gruppe von Eltern hörgeschädigter Kinder und ihrer Kinder unter Anleitung eines Hörgeschädigtenpädagogen in bestimmten Abständen zu bestimmten Zeiten, z. B. ein- oder zweimal im Monat. Bei der *stationären* Wechselgruppe treffen sich Eltern mit ihren Kindern und einem oder mehreren Hörgeschädigtenpädagogen im Regelfall für eine Woche (evtl. mehrmals im Jahr) in einer Einrichtung (z. B. Internat der für die Pädoaudiologischen Beratungsstelle zuständigen Gehörlosen- oder Schwerhörigenschule, in einer Jugendherberge oder in einer Begegnungs- und Tagungsstätte). Die stationären Wechselgruppen bedeuten einen größeren organisatorischen Aufwand, sind aber zumeist von größerer diagnostischer und pädagogischer Effizienz. — Arten

Das inhaltliche Angebot der Wechselgruppen ergänzt und erweitert die Hausfrüherziehung. Das Zusammensein bzw. Zusammenleben in der Gruppe eröffnet zwei grundlegende Aspekte: zum einen die bereits genannten Kontakte der hörgeschädigten Kinder zu anderen Kindern; zum anderen bietet der Kontakt der Eltern untereinander diesen wichtige Erkenntnisse und Erfahrungen. Die an der Wechselgruppe teilnehmenden Eltern sind in vergleichbaren Situationen und können sich so wertvolle Unterstützung und Hilfe sein. Die gemeinsam erörterten Erfahrungsberichte bieten den Eltern Hinweise und Anregungen für die Bewältigung eigener Sorgen und Probleme. Die Kinder üben sich im sozialen Kontakt, lernen voneinander und müssen sich in einer für sie fremden Umgebung zurechtfinden. Dadurch bereitet die Wechselgruppe zugleich auf den späteren Besuch eines Kindergartens vor.

Während der Wechselgruppe finden gezielte pädagogische und therapeutische Maßnahmen statt, die z. B. bei der stationären Wechselgruppe aufgrund der gemeinsamen Unterbringung, dem Hörgeschädigtenpädagogen ermöglichen, das Kind über einen längeren Zeitraum zu beobachten. Zugleich ist eine eingehendere Beratung, Information und Unterweisung der Eltern möglich. Die Eltern sind dabei gleichberechtigte Partner, die von der Fachkompetenz des Hörgeschädigtenpädagogen profitieren sollen.

Institutionen und Maßnahmen für die Bildung und Erziehung

Ziele

Die Wechselgruppen verfolgen drei Ziele:
1. Vorbereitung des Überganges von der Hausfrüherziehung zum Kindergarten,
2. Vervollständigung der diagnostischen Abklärung durch weniger Zeitdruck bzw. längerfristigen Beobachtungsmöglichkeiten,
3. Gezielte Einzel- und Gruppenförderung.

Das Programm einer Wechselgruppe kann z. B. folgende Teilbereiche umfassen (Löwe 1992b, 149):

- Weitere Untersuchung und Beobachtung der Kinder,
- Förderung ihrer Sozialentwicklung,
- Intensive Hörschulung,
- Einleitung des ersten bewußten Sprechens,
- Förderung der Körpermotorik und der Rhythmik,
- Vertrautmachen mit neuen Materialien und neuen technischen Hilfen.

Für das Kind selbst bieten diese Spielgruppen die Möglichkeit, im Hinblick auf den Sozialisierungsprozeß in freien und gelenkten Situationen Erfahrungen zu sammeln, die für die gesamte Entwicklung aber auch speziell als Vorbereitung für den Kindergarten wirksam werden (Hartmann 1969, 53f).

Zusammenfassung

Bei dieser Betreuungsform werden mehrere Eltern oder Elternteile gemeinsam mit ihren Kindern in regelmäßigen Abständen für mehrere Stunden (ambulante Wechselgruppe) oder für eine ganze Woche (stationäre Wechselgruppe) angeleitet und betreut. Die Eltern haben so die Möglichkeit, gegenseitig voneinander zu lernen und ihre Erfahrungen auszutauschen. Eine Hilfe sind die Wechselgruppen für Eltern oft auch dadurch, daß sie erleben, wie andere Eltern gleiche oder ähnliche Situationen meistern. Das hörgeschädigte Kind übt sich in sozialen Kontakten, es muß sich in der fremden Umgebung orientieren und zurechtfinden.

Pädoaudiologische Beratungsstelle, Hausfrüherziehung und Wechselgruppe gehören zur Früherziehung. Die Förderung in den einzelnen Organisationsformen bauen inhaltlich und qualitativ aufeinander auf. Sie laufen aber nicht zwangsläufig zeitlich nacheinander – in Abhängigkeit vom Lebensalter des Kindes – ab. Einzelne Maßnahmen können unter bestimmten Bedingungen parallel ablaufen.

6.4 Vorschulerziehung

Die Vorschulerziehung umfaßt den sog. Elementarbereich von 3–6 Jahren. Die Bezeichnung der für die vorschulische Erziehung zuständigen Einrichtung ist in den einzelnen Bundesländern, wie eingangs erwähnt, unterschiedlich. Allen gemeinsam sind folgende Aufgaben:

- eine umfassende Erziehung des hörgeschädigten Kindes in der größeren Gruppe,
- eine konsequente Förderung der kommunikativen Kompetenz sowie
- die unmittelbare Vorbereitung auf die Schule.

Aufgaben

Die vorschulischen Einrichtungen führen somit den mit der Früherziehung begonnenen Prozeß fort und bauen auf den dort erzielten Ergebnissen auf.

Die schulvorbereitende Einrichtung, der Sonderkindergarten, die Vorklasse usw. gehören organisatorisch zu den Schulen für Gehörlose, den Schulen für Schwerhörige, den Landesbildungs- und Beratungszentren sowie zu den Schulen für mehrfachbehinderte Hörgeschädigte. Sie werden dort als Einrichtung mit Internat (zahlenmäßig eher rückläufig) oder als Tagesstätte geführt. Ersteres, also die Unterbringung in Internaten, wird für betrachtete Altersgruppe heute eher als problematisch angesehen. Forschungsergebnisse belegen die umfassende Bedeutung der familiären Einbettung und Notwendigkeit des Einbezugs des Kindes in das soziale Geschehen der Familie. Nur durch ein entsprechendes Umfeld kann das hörgeschädigte Kind eine entsprechende kommunikative Kompetenz erwerben. Jussen führt dazu aus:

Formen

„Eine Unterbringung in Heimsonderkindergärten sollte ... nur dann angestrebt werden, wenn dies nicht nur aus räumlichen Gründen, sondern auch wegen der erwiesenen Unfähigkeit der Eltern, eine spezielle Erziehung bei ihrem Kind durchzuführen, gefordert ist. Der Gedanke, daß in ihrer sprachlichen Entwicklung beeinträchtigte Kinder natürliche Verhaltensmuster letztlich nur im Umgang mit Nichtbehinderten erlernen können, hat im Gegenteil die Überlegung verstärkt, nach Möglichkeit hörbehinderte Kinder in öffentlichen Kindergärten aufzunehmen" (1982, 101).

Einen öffentlichen Kindergarten besuchen gegenwärtig verstärkt schwerhörige Kinder und Kinder, die frühzeitig mit einem CI versorgt wurden, in Ausnahmefällen auch gehörlose Kinder. Claußen stellt fest, daß die gemeinsame Erziehung einer kleinen Gruppe schwerhöriger Kinder mit guthörenden die soziale Entwicklung der schwerhörigen eher günstig beeinflussen, wenn die behinderungsbezogene Hör-, Abseh-, Sprech- und Spracherziehung nicht vernachlässigt wird (1995, 30).

Es hat sich noch eine weitere Form der vorschulischen Erziehung herausgebildet: Bei dieser Form werden hörende Kinder in die sonderpädagogische Einrichtung aufgenommen. Für die Integration von hörenden Kindern in Einrichtungen für Hörgeschädigte wurde von Breiner (1992) der Begriff der „präventiven Integration" geprägt.

Kennzeichnend für die Gestaltung des Zusammenseins in den schulvorbereitenden Einrichtungen ist der Wechsel von Spielen und speziellen Fördermaßnahmen, der Wechsel von Anspannung und Erholung sowie die Berücksichtigung der besonderen Bewegungsaktivität des Vorschulkindes. Besondere Beachtung findet gemeinsames und selbständiges Tätigsein und Handeln, um einen Erfahrungsmangel zu verhüten oder zu vermindern und um eine entsprechende Sozialkompetenz aufzubauen.

Während bisherige Vorgehensweisen auf die Vermittlung der Lautsprache orientierten, werden gegenwärtig auch solche unter Einbezug der Gebärdensprache (z. B. Hamburg) oder der Lautsprachbegleitenden Gebärden (z. B. Berlin und Zürich) erprobt.

Ebenso sind adäquate Fördermöglichkeiten für die frühzeitig mit einem Cochlea-Implantat versorgten Kinder noch aufzubauen.

Aus den Erkenntnissen aus dem Elementarbereich wird schließlich im Rahmen eines Verfahrens zur Feststellung des sonderpädagogischen Förderbedarfs die Entscheidung getroffen, ob das hörgeschädigte Kind eine Gehörlosenschule, eine Schwerhörigenschule oder eine Allgemeine Schule besuchen wird.

Eine gesetzliche Verpflichtung zum Besuch eines speziellen Vorschulteils besteht nicht. Das gewöhnliche Aufnahmealter in den Kindergarten liegt zumeist im dritten Lebensjahr.

Für den Elementarbereich besteht gegenwärtig kein ausgearbeitetes und institutionalisiertes Konzept. Das Vorgehen wird von örtlichen Gegebenheiten und Rahmenbedingungen beeinflußt.

Zusammenfassung

Die Vorschulerziehung setzt den in der Früherziehung begonnenen Prozeß fort und baut auf die dort erreichten Ergebnisse auf. Erstmals sind die Kinder über einen längeren (jedoch zeitlich begrenzten) Zeitraum in Situationen, in denen ihre Bezugsperson (z. B. Mutter) nicht unmittelbar „dabei" ist.

Das hörgeschädigte Kind soll lernen, sich in der größeren Gruppe zu orientieren und am Gruppengeschehen zu beteiligen. Die vorschulische Erziehung dient der unmittelbaren Vorbereitung auf die Schule. Das Hauptaugenmerk wird auf die weitere Entwicklung und Vervollkommnung einer kommunikativen Kompetenz gelegt, die dem Kind vielfältige Interaktionen sowie eine ungestörte emotionale Entwicklung ermöglichen soll.

Eine wichtige Aufgabe der Vorschuleinrichtungen ist die weitere Diagnostizierung innerhalb des pädagogischen Prozesses.

6.5 Schulen für Gehörlose und Schwerhörige

Nach den Schul- und Sonderschulgesetzen der Bundesländer sollen behinderte und damit auch schwerhörige und gehörlose Kinder und Jugendliche möglichst so gefördert werden, daß sie die Bildungsziele der Allgemeinen Schulen erreichen können. Soweit die schwerhörigen und gehörlosen Kinder und Jugendlichen aufgrund der Auswirkungen ihrer Hörschädigung in Allgemeinen Schulen nicht hinreichend gefördert werden können, sind sie in Schwerhörigen- und Gehörlosenschulen zu den schulischen Zielen zu führen.

Aufgrund dieser Entwicklung (s. auch 6.6), die international schon länger als in Deutschland zu beobachten war, sind die Schulen für Gehörlose und Schwerhörige zu Angebotsschulen geworden. Zugleich ist eine größere Durchlässigkeit zwischen den verschiedenen Schularten zu beobachten. Damit konnten sich pädagogische Leitvorstellungen und Orientierungen durchsetzen, die vom Denken in Behinderungsarten zur personenbezogenen, bedarfsorientierten Sichtweise überging.

Die gehörlosen und schwerhörigen Kinder und Jugendlichen, die eine Sonderschule (also eine Schule für Gehörlose oder eine Schule für Schwerhörige) besuchen, haben auch dort die Möglichkeit, einen allgemeinen Schulabschluß zu erreichen. In den deutschen Schulen für Gehörlose und Schwerhörige befanden sich im Schuljahr 1996/97 insgesamt 10.367 Schüler, davon waren 42,3 % weiblich (Bundesministerium 1998, 44).

Die beiden Sonderschultypen (Schule für Gehörlose und Schule für Schwerhörige) gewinnen ihre schulrechtliche Begründung in den einzelnen Bundesländern aufgrund unterschiedlicher rechtlicher Zuweisungsverfahren. Übergreifend läßt sich bei Beachtung gegenwärtiger Verfahrensweisen formulieren:

Die Schule für Gehörlose nimmt Kinder und Jugendliche auf, die aufgrund ihrer erheblichen Hörschädigung (sehr geringe oder keine verwertbaren Hörkapazitäten) Lautsprache auch mit Unterstützung durch technische Hörhilfen nicht auf natürlichem Weg erlernen konnten und diese nur visuell-auditiv perzipieren können. Zum weiteren Erlernen von Sprache und zur Erweiterung der kommunikativen Kompetenz bedürfen sie (ständiger) sonderpädagogischer Unterstützung und Förderung.

Schule für Gehörlose

Da die Lautsprache trotz Hörhilfen nur bruchstückhaft auditiv wahrgenommen werden kann, kommt bei der Sprachauffassung dem visuellen Analysator eine bedeutende Rolle zu. Manuelle Kommunikationsmittel werden in Abhängigkeit vom Vorgehen der einzelnen Gehörlosenschule in mehr oder weniger breitem Umfang zur Unterrichtung herangezogen. Mit einem verstärkten Einbezug der Deutschen Gebärdensprache (DGS) ist zu rechnen, sei es in Form von Arbeitsgemeinschaften, der Unterrichtung ausgewählter Unterrichtsfächer in DGS oder als (freiwilliges) zusätzliches Unterrichtsfach, welches zugleich auch Kenntnisse über die Kultur der Gehörlosen vermitteln könnte.

Schule für Schwerhörige

Die Schule für Schwerhörige nimmt Kinder und Jugendliche auf, die aufgrund ihrer Hörschädigung dem Unterricht der Allgemeinen Schule nicht ausreichend folgen können, d. h., daß sie im Unterricht dort nicht ihren Fähigkeiten gemäß gefördert werden können, sondern besonderer sozial-kommunikativer, sprachpädagogischer Verfahren und erzieherischer Maßnahmen zur Überwindung oder Minderung ihrer Behinderung bedürfen. Mit Unterstützung technischer Hörhilfen konnten sie bei Beachtung bestimmter Rahmenbedingungen und sonderpädagogischer Unterstützung Lautsprache auf normalem Weg erlernen und können diese auditiv-visuell perzipieren. Die Schule für Schwerhörige besuchen ebenfalls Kinder und Jugendliche, die nach dem Spracherwerb einen Hörverlust erlitten haben, z. B. durch Ertaubung oder durch eine so gravierende Hörminderung, daß sie dem Unterricht der Allgemeinen Schule nicht (mehr) ohne Überforderung folgen können.

Aufnahme finden zunehmend auch auditiv wahrnehmungsgestörte (auch zentral fehlhörig genannte) Kinder, bei denen bei normaler tonaudiometrischer Hörschwelle eine Störung der auditiven Informationsverarbeitung im Bereich der Hörbahn im Gehirn und in den primären auditiven Wahrnehmungszentren vorliegt. Vom medizinischen Standpunkt läßt sich diese Gruppe von „Hörgestörten" noch nicht genau einordnen. Nach gegenwärtigem Erkenntnisstand ist bei Kindern (bei denen ein starker Ausprägungsgrad zu beobachten ist) eine Beschulung in der Schwerhörigenschule angezeigt.

Die Schulen für Gehörlose und die Schule für Schwerhörige müssen in ihrer Organisation und in ihrer Struktur den spezifischen Entwicklungsverlauf der gehörlosen und schwerhörigen Schüler beachten und die durch die Hörschädigung bedingten Auffälligkeiten der geistig-sprachlichen Entwicklung berücksichtigen. Daher müssen die inhaltlichen Anforderungen, die Organisation und die didaktisch-methodische Gestaltung des Unterrichts den speziellen Anforderungen genügen. (Weiterführende Informationen zur Didaktik des Unterrichts bei Gehörlosen und Schwerhörigen sind Leonhardt 1996a zu entnehmen.)

Zusätzliche Maßnahmen

Im Vergleich zur Allgemeinen Schule werden in den Schulen für Gehörlose und den Schulen für Schwerhörige zusätzliche organisatorische Maßnahmen umgesetzt. Beispielsweise gehören dazu:

1. Die gegenüber der Allgemeinen Schule kleinere Schülerzahl je Klasse (in der Gehörlosenschule 6–8 Schüler, in der Schwerhörigenschule ca. 12 Schüler).
2. Die Ausstattung der Unterrichtsräume mit zusätzlichen Hörhilfen (z. B. Hör-Sprech-Anlage, Mikroport, MikroLink) sowie weiterer unterstützender Medien.

3. Die halbkreisförmige Sitzordnung, um zu gewährleisten, daß jeder Schüler sowohl vom Lehrer als auch von den Mitschülern absehen kann.
4. Die optimale Ausleuchtung des Klassenzimmers, um das Absehen zu ermöglichen bzw. zu erleichtern.
5. Die Beachtung einer guten Raumakustik, um optimale Hörbedingungen zu gewährleisten.

Die Schulen für Gehörlose und Schwerhörige sind sehr unterschiedlich aufgebaut. So gibt es beispielsweise

Schulvarianten

- eigenständige Schulen für Gehörlose bzw. Schwerhörige, z. B. in Hamburg, Ludwigslust, Bielefeld
- kombinierte Schule für Gehörlose und Schwerhörige, z. B. in Lebach, Bremen, Neuwied
- Landesbildungs- und Beratungszentren für Hörgeschädigte mit eigenständigen Abteilungen für Gehörlose und Schwerhörige, aber auch mit teilweiser gemeinsamer Unterrichtung der Schüler bei weitgehender Durchlässigkeit zwischen den Klassen, z. B. in Hildesheim, Halberstadt, Oldenburg
- Schulen, die sowohl schwerhörige oder gehörlose Schüler als auch andersartig behinderte Schüler aufnehmen, z. B. Schule für Sprachbehinderte und Schwerhörige Lingen, Staatliche Schule für Gehörlose und Sprachbehinderte Heilbronn, Hör-Sprachbehinderten-Schule Ravensburg mit ihren verschiedenen Abteilungen
- Schulen für Hörgeschädigte, z. B. Schleswig, Friedberg, Frankfurt/M.
- Schulen für mehrfachbehinderte Hörgeschädigte, z. B. Schule für Taubblinde Hannover, Sonderpädagogisches Zentrum für mehrfachbehinderte Hörgeschädigte Schleiz und Schule für mehrfachbehinderte Gehörlose Ursberg.

Lernbehinderte gehörlose oder schwerhörige Schüler werden zumeist in besonderen Klassen der Schulen für Gehörlose und/oder Schwerhörige unterrichtet.

Die Schulen für Gehörlose und die Schulen für Schwerhörige nehmen Kinder und Jugendliche auf, die aufgrund ihrer Hörschädigung dem Unterricht in der Allgemeinen Schule nicht ausreichend bzw. nicht ohne Überforderung folgen können. Die Schulen verfügen über eine Primar-/Grundschulstufe, eine Sekundarstufe I/Hauptschulstufe und mitunter auch über eine Realschulstufe. Einige dieser Schulen führen Klassen für lernbehinderte Gehörlose bzw. lernbehinderte Schwerhörige. Für mehrfachbehinderte gehörlose und schwerhörige Kinder und Jugendliche gibt es Sondereinrichtungen, die entweder selbständige Institutionen oder Gehörlosen- bzw. Schwerhörigenschulen angeschlossen sind.

Zusammenfassung

In offiziellen Unterlagen der Bundesregierung wird zunehmend von Sonderschulen für Hörgeschädigte (z. B. Bundesministerium 1998, 44) oder von hörgeschädigten Schülern (z. B. Empfehlungen ... 1996) gesprochen. Der Trend zur „Schule für Hörgeschädigte" wird bestärkt durch die in den letzten Jahren sich häufende Zusammenlegung von vormals getrennten Schulen für Gehörlose und Schulen für Schwerhörige zu einer gemeinsamen Einrichtung.

6.6 Gemeinsames Lernen von hörgeschädigten und hörenden Schülern

Zunehmend wird – inzwischen auch auf bildungspolitischer Ebene – angestrebt, möglichst viele behinderte (und damit auch schwerhörige und gehörlose) Kinder und Jugendliche in Allgemeinen Schulen zu fördern und dort, falls erforderlich, zusätzliche sonderpädagogische Hilfen und sonstige angemessene Betreuung zur Verfügung zu stellen.

Die gemeinsame Unterrichtung von hörgeschädigten und hörenden Kindern und Jugendlichen verläuft in den einzelnen Bundesländern unterschiedlich. Sie sind z. B. abhängig von

- der gesetzlichen Verankerung,
- den schülerbezogenen Zugangskriterien,
- der finanziellen Ausstattung,
- den beteiligten Schulstufen und Schulformen,
- der quantitativen Verbreitung und
- dem Einfluß der Erziehungsberechtigten.

Vor allem landesspezifische und regionale Bedingungen bestimmen, was für Kinder mit besonderem pädagogischen Förderbedarf ausschließlich oder alternativ möglich ist:

- der Besuch einer traditionellen Schule für Gehörlose oder Schule für Schwerhörige (s. Kap. 6.5),
- der Besuch einer Schule für Gehörlose oder einer Schule für Schwerhörige mit engen Kooperationsbeziehungen zu einer Allgemeinen Schule,
- die Unterrichtung in einer ausgelagerten Klasse von hörgeschädigten Schülern im Gebäude der Allgemeinen Schule,
- der Besuch einer wohnbezirksübergreifenden Integrationsschule, die Schüler mit unterschiedlichsten Behinderungen aufnehmen oder
- der Schulbesuch in der wohnortnahen Schule, zumeist in Form von Einzelintegration.

In einigen Bundesländern (z. B. Berlin, Hessen und Schleswig-Holstein) wurde das Recht auf Schulbesuch für Kinder mit Behinderung mittlerweile um ein Wahlrecht zwischen gemeinsamem Unterricht und Sonderbeschulung ergänzt.

Einzelfallintegration

Die in Deutschland bei hörgeschädigten Kindern und Jugendlichen am häufigsten zu beobachtende Integrationsform ist die sog. Einzelfallintegration (auch individuelle Integration genannt). Bei dieser wird im Regelfall ein einzelnes hörgeschädigtes Kind in einer Klasse der Allgemeinen Schule unterrichtet. Eine Vielzahl dieser Kinder erfährt dabei keine sonderpädagogische oder hörgeschädigtenspezifische Unterstützung. Der Auf- und Ausbau eines entsprechenden Begleitsystems (Ambulanzlehrersystem, Mobile Hörgeschädigtenhilfe, Ambulante Förderung,

Mobile Sonderpädagogische Dienste u. a. – die Bezeichnung ist in den einzelnen Bundesländern unterschiedlich) erfolgt schrittweise, jedoch noch zu langsam und erfährt insbesondere durch äußere Rahmenbedingungen (Finanzierungsmöglichkeit, Lehrerstellen für derartige Begleitdienste, Stundenzuweisungen usw.) noch zu viele Einschränkungen.

Gegenwärtig werden vorzugsweise schwerhörige Kinder und Jugendliche sowie Kinder, die frühzeitig mit einem Cochlea-Implantat versorgt wurden, in dieser Integrationsform beschult. Vereinzelt wird jedoch auch für gehörlose Schüler dieser Weg der Beschulung gewählt.

Erfahrungsberichte Betroffener können z. B. bei Kellermann (1998 a und b), Krauskopf (1993), Pietsch, F. (1998), Pietsch, M. (1998) und Schmidt (1996) nachgelesen werden.

Eine weitere Form der Integration ist die sog. Gruppenintegration, bei der eine Gruppe von hörgeschädigten Schülern gemeinsam mit hörenden entweder in allen Fächern *(= integrative Klassen)* oder nur in ausgewählten Unterrichtsfächern *(= kooperative Klassen)* unterrichtet werden. Integrative und kooperative Klassen werden vorwiegend in Allgemeinen Schulen geführt. In diesen Klassen arbeiten meistens zwei Lehrer im sog. Teamteaching: Ein Sonderschullehrer mit der Fachrichtung Schwerhörigenpädagogik oder Gehörlosenpädagogik und ein Lehrer für die Grund-, Haupt- oder Realschule oder für das Gymnasium. In ihrer Funktion wechseln sich die beiden Lehrer je nach Unterrichtslage und Bedarf der Schüler ab.

— Gruppenintegration

Eine gewisse Sonderform des gemeinsamen Lernens von hörgeschädigten und hörenden Schülern ist die sog. Präventive Integration (auch umgekehrte Integration genannt), bei der hörende Kinder und Jugendliche in die Einrichtung für Hörgeschädigte aufgenommen werden. Solche Vorgehensweisen sind am Pfalzinstitut für Hörsprachbehinderte Frankenthal, der Samuel-Heinicke-Realschule für Schwerhörige München und in verschiedenen Vorschulteilen von Schulen für Gehörlose und Schulen für Schwerhörige zu beobachten. Ein Vorteil dieser Form ist, daß die Lernbedingungen in diesen Einrichtungen für die Hörgeschädigten optimal aufbereitet sind und gleichzeitig soziales Interagieren und gemeinsames Lernen mit Hörenden erfolgt.

— Präventive Integration

Einen weiteren Schritt zur Weiterentwicklung der integrativen Förderung stellen die Sonderpädagogischen Förderzentren ohne eigene Schülerschaft dar, für die in einigen Bundesländern zur Zeit Konzepte entwickelt und erprobt werden. Es handelt sich um zentrale Einrichtungen, von denen aus Sonderschullehrer ver-

— Sonderpädagogisches Förderzentrum

schiedener Fachrichtungen behinderte Kinder an Allgemeinen Schulen in einem bestimmten Gebiet betreuen. Diese Sonderschullehrer unterrichten zusammen mit Lehrern der Allgemeinen Schule während mehrerer Wochenstunden und widmen sich dabei den behinderten Schülern.

Unabhängig davon, welche Form der Integration gewählt wird, sind durch organisatorische und didaktische Maßnahmen die Hör- und Absehbedingungen für die hörgeschädigten Schüler zu verbessern. Damit erleichtert man den hörgeschädigten Schülern die Teilhabe am Unterricht und verhindert seine physische und psychische Überforderung.

Weiterführende Hinweise sind Arbeitsgruppe Integration Schleswig 1992, v. Hauff/Kern 1991, Leonhardt 1996a, 146–163, Leonhardt 1996b, Jacobs et al. 1996 zu entnehmen.

Das Gelingen einer gemeinsamen Unterrichtung hängt zugleich von zahlreichen Faktoren ab, so z. B. von der psychischen und emotionalen Stabilität des hörgeschädigten Schülers, seiner kommunikativen Kompetenz, der Einsatzbereitschaft der beteiligten Lehrer, der Eltern des hörgeschädigten Kindes, aber auch der Akzeptanz durch die Eltern der hörenden Mitschüler, die Qualität des integrationsbegleitenden Dienstes und den individuellen Lernvoraussetzungen des jeweiligen Schülers. Die beispielhaft genannten Faktoren sind miteinander vernetzt und beeinflussen sich folglich gegenseitig.

Im „Vierten Bericht der Bundesregierung über die Lage der Behinderten" (Bundesministerium 1998) wird das Prinzip „soviel Integration wie möglich, so viele Sondereinrichtungen wie nötig" als ein gangbarer Weg im Interesse der betreuten Kinder und Jugendlichen gesehen.

Zusammenfassung

Gemeinsames Lernen von hörgeschädigten und hörenden Kindern und Jugendlichen setzt sich mehr und mehr als gleichberechtigte, alternative Form zur Beschulung in Schulen für Gehörlose und Schulen für Schwerhörige durch. Dabei gibt es unterschiedliche Formen, wobei die Einzelintegration im Vergleich zur Gruppenintegration in Deutschland häufiger zu beobachten ist. Ein Sonderfall des gemeinsamen Lernens von hörgeschädigten und hörenden Schülern stellt die präventive Integration dar.

Gegenwärtig etablieren sich zudem Sonderpädagogische Förderzentren, von denen aus Sonderschullehrer behinderte und damit auch hörgeschädigte Kinder und Jugendliche in Allgemeinen Schulen betreuen.

Ob ein hörgeschädigtes Kind besser in einer Sonderschule oder in einer Allgemeinen Schule gefördert wird, hängt von den jeweiligen Gegebenheiten ab, insbesondere den spezifischen Bedingungen des einzelnen Kindes, den

Wünschen und Zielvorstellungen seiner Eltern sowie den schulischen und therapeutischen Angeboten in Wohnnähe. Kriterium für die Aufnahme eines hörgeschädigten Kindes in die Allgemeine Schule muß sein, inwieweit personelle und sachliche Rahmenbedingungen geschaffen werden können, die dem hörgeschädigten Kind in der Gemeinschaft der hörenden Schüler eine sinnvolle Entwicklung ermöglichen, ohne diese in ihrer Persönlichkeitsentfaltung zu benachteiligen (Bundesministerium für Arbeit und Sozialordnung 1998, 45).

6.7 Berufliche Bildung

Forderung an die Schule für Gehörlose, die Schule für Schwerhörige und an die Allgemeine Schule ist gleichermaßen, den hörgeschädigten Absolventen die Qualifikationen zu vermitteln, die für den Besuch weiterführender Bildungsgänge Voraussetzung sind. Die vielfältigen Anforderungen, die der Beruf zu Beginn des 21. Jahrhunderts an den Menschen stellt, setzt eine optimale Vorbereitung darauf voraus. Hier wird insbesondere an die Sonderschulen der Anspruch gestellt, die Lerninhalte in der Endphase stärker auf die Anforderungen des Arbeitslebens auszurichten und eine Orientierung auf ein größtmögliches Berufsspektrum zu geben. Bereits in der Schule muß damit begonnen werden, hörgeschädigte junge Menschen auf das Ziel der *Eingliederung in das spätere Arbeitsleben* vorzubereiten. Praktika stellen – neben berufskundlichem und berufsvorbereitendem Unterricht – ein erstes, für hörgeschädigte junge Menschen besonders wichtiges Bindeglied zur Arbeitswelt dar. Es besteht der allgemeine Wunsch, Anzahl und Dauer der Praktika während der letzten Schuljahre im Interesse der hörgeschädigten Jugendlichen zu intensivieren. Nach Abschluß der Schule schließt sich dann an:

– eine betriebliche Ausbildung,
– ein Schulwechsel auf eine weiterführende Schule mit angestrebtem höheren Schulabschluß oder
– eine vollzeitschulische Maßnahme, die der Berufsvorbereitung oder beruflichen Grundbildung dient.

Besonders die Berufsvorbereitung und die berufliche Grundbildung ist für diejenigen hörgeschädigten Jugendlichen gedacht, die entweder noch nicht berufsreif sind oder generell durch die Berufsschulen Hilfen für einen Start in einen Beruf benötigen. In diesen Maßnahmen können praktische Arbeiten aus mehreren Berufszweigen kennengelernt werden oder es werden bereits praktische und theoretische Grundfertigkeiten aus bestimmten Berufsfeldern vermittelt.

Die *berufsbezogene Ausbildung* gehörloser und schwerhöriger Jugendlicher erfolgt auf mehreren Wegen:

a) Hörgeschädigte Jugendliche, die in der Lage sind, dem Unterricht der allgemeinen Berufsschule angemessen zu folgen, werden dort unterrichtet, teilweise (jedoch eher selten) mit ergänzendem Unterricht. Der Vorteil dieser Ausbildungsform wird in der unmittelbaren Vorbereitung auf den Arbeitsalltag, einschließlich des Umgangs mit den (nahezu immer) hörenden Arbeitskollegen, gesehen. Dieser Weg wird zumeist von hörgeschädigten Absolventen der Allgemeinen Schulen gewählt, seltener von denen der Sondereinrichtungen.

b) An einigen Schulen für Hörgeschädigte sind Berufsschulklassen eingerichtet, in denen die Schüler unterschiedlicher Berufe gemeinsam (in sog. Vielberufsschulklassen) oder nach Berufen getrennt (in sog. Fachklassen) theoretisch unterrichtet werden. Die berufsbezogen-praktische Ausbildung findet ergänzend in ausgewählten Handwerksbetrieben oder in betrieblichen Lehrwerkstätten statt.

c) Daneben existieren zentrale Berufsschulen und Berufsbildungswerke (BBW) für Hörgeschädigte. Sie sind dadurch gekennzeichnet, daß sie sowohl für die theoretische als auch für die praktische Ausbildung verantwortlich zeichnen.

Der theoretische Unterricht erfolgt als wöchentlicher Teilzeitunterricht oder in Form eines lehrgangsmäßigen Blockunterrichts von unterschiedlicher Dauer und Häufigkeit. Die praktische Ausbildung erfolgt zumeist in zur Einrichtung gehörenden Lehrwerkstätten, seltener in ausgewählten Handwerksbetrieben. In den diesen Schulen angegliederten Berufsfachschulen werden Hörgeschädigte in ein- oder mehrjähriger Vollzeitausbildung auf einen bestimmten Ausbildungsberuf vorbereitet.

Trotz der immer wieder geübten Kritik an der vergleichsweise „isolierten" Ausbildung Hörgeschädigter in den Berufsbildungswerken ist es für eine Vielzahl der hörgeschädigten Jugendlichen der einzige Weg, zu einer beruflichen Ausbildung zu gelangen. Einem großen Teil ihrer Absolventen gelingt es (z.T. mit Unterstützung des Arbeitsamtes, der Sozialdienste für Hörgeschädigte usw. und nicht zuletzt aufgrund der Qualität der Ausbildung), nach erfolgreichem Abschluß einen Arbeitsplatz auf dem freien Arbeitsmarkt zu finden.

Duales und monales System

Die Ausbildungsform, in der die theoretische Ausbildung in einer zentralen Berufsschule (für Hörgeschädigte), in einer Vielberufsschulklasse oder Fachklasse stattfindet und die praktische Ausbildung in der klassischen Meisterlehre erfolgt, wird als duales System bezeichnet. Die Berufsbildungswerke entsprechen einem monalen System, da hier theoretische und praktische Ausbildung innerhalb dieser Einrichtung erfolgt.

Während man früher gehörlose und schwerhörige Jugendliche auf bestimmte Berufe orientierte und sie in diesen ausbildete, stellt sich heute mehr und mehr die Forderung nach freier und uneingeschränkter Wahl des Berufes. Weit seltener wird von „typischen Berufen für Hörgeschädigte" gesprochen. **Berufswahl**

Die Berufsbildungswerke bieten derzeit einen Kanon von rund 40 Berufen an, einige davon sind gemäß ihrem Auftrag durch den Gesetzgeber auf der Helfer- und Werkerebene (Schulte, E. 1991; Wisotzki 1994). Das Rheinisch-Westfälische Berufskolleg für Hörgeschädigte in Essen, als größte derartige Einrichtung in der Bundesrepublik und zugleich mit bundesweitem Einzugsgebiet, erteilt gegenwärtig Berufsschulunterricht in mehr als 140 anerkannten Ausbildungsberufen (Schulte, E. 1998, 465).

Mit den beschriebenen Möglichkeiten werden den Hörgeschädigten weitreichende Möglichkeiten einer breit gefächerten Berufsausbildung geboten. In den letzten Jahren haben es zudem die hörgeschädigten Arbeitnehmer mit deutlich steigender Tendenz geschafft, in ihren erlernten Berufen nicht nur zu arbeiten, sondern auch aufzusteigen. Somit gilt es, dem Hörgeschädigten nicht nur qualifizierte Ausbildungsmöglichkeiten zu bieten, sondern es müssen auch entsprechende Weiterbildungs- und Qualifizierungsmöglichkeiten geschaffen und angeboten werden. Zugleich muß nach Wegen gesucht werden, die es den Hörgeschädigten ermöglicht, an vorhandenen Weiterbildungsangeboten (für Hörende) angemessen zu partizipieren.

Mehr und mehr Hörgeschädigte wählen auch den Weg einer **Studium**
akademischen Bildung. Sie studieren an regulären Bildungseinrichtungen unter allgemeinen Studienbedingungen. Als eingeschriebenen Studenten stehen ihnen staatliche Hilfen zu, so z. B. die Finanzierung eines Mitschreibdienstes oder eines Gebärdensprachdolmetschers. Die Organisation dieser Dienste obliegt ebenso wie das Beantragen der Mittel für die Bezahlung dieser Hilfeleistungen dem einzelnen Studenten. Hier erweisen sich insbesondere für Studienanfänger Selbsthilfeorganisationen als hilfreich. (Siehe dazu auch BHSA Studienführer 1996.)

Neben einer Berufsausbildung gemeinsam mit hörenden Schulabsolventen stehen dem Hörgeschädigten spezielle Angebote zur Verfügung. Dazu gehören Berufsschulklassen für Hörgeschädigte, bei denen die theoretische Ausbildung im gesonderten Unterricht und die berufsbezogen-praktische Ausbildung in Handwerksbetrieben oder betrieblichen Lehrwerkstätten erfolgt. Weitere Möglichkeiten, einen Beruf zu erlernen, bieten die Berufsbildungswerke, die sowohl die theoretische als auch die praktische Ausbildung durchführen. Diese Ausbildung wird durch Praktika in der freien Wirtschaft ergänzt. **Zusammenfassung**

Immer häufiger wählen Hörgeschädigte auch den Weg einer Hochschulbildung. Sie studieren gemeinsam mit den anderen Studierenden an allgemeinen Bildungseinrichtungen (Fachhochschulen, Hochschulen und Universitäten).

Die Forderung nach „lebenslangem Lernen" als globales bildungspolitisches und pädagogisches Konzept steht heute für die Hörgeschädigten in gleichem Maße wie für die Hörenden.

6.8 Übungsaufgaben zu Kapitel 6

Aufgabe 35 — Warum verfügen zahlreiche Schulen für Gehörlose und Schwerhörige über ein Internat?

Aufgabe 36 — Was sind die Aufgaben der Pädoaudiologischen Beratungsstelle?

Aufgabe 37 — Was versteht man unter Hausfrüherziehung?

Aufgabe 38 — Welche Arten der Wechselgruppe gibt es?

Aufgabe 39 — Worin besteht die qualitativ neue Anforderung der Wechselgruppe im Vergleich zur Hausfrüherziehung für das Kind?

Aufgabe 40 — Was sind Ziele der Wechselgruppe?

Aufgabe 41 — Welche Organisationsformen gehören zur Früherziehung?

Aufgabe 42 — Was sind Aufgaben der Vorschulerziehung?

Aufgabe 43 — Welche Schulabschlüsse sind dem gehörlosen und schwerhörigen Schüler möglich?

Aufgabe 44 — Nennen Sie organisatorische Maßnahmen der Schulen für Hörgeschädigte, die die Lernbedingungen für die hörgeschädigten Schüler verbessern sollen!

Aufgabe 45 — Was ist der Unterschied zwischen Einzelfall- und Gruppenintegration?

Aufgabe 46 — Kennzeichnen Sie die Besonderheit der beruflichen Ausbildung im Berufsbildungswerk!

7 Hilfsmittel für Hörgeschädigte

7.1 Manuelle Hilfen

In Deutschland werden vor allem zwei Handzeichensysteme verwendet: das Fingeralphabet, auch als Graphembestimmtes Manualsystem (GMS) bezeichnet, und das Phonembestimmte Manualsystem (PMS). Historisch gesehen wäre noch das Mund-Hand-System (MHS) zu nennen, was gegenwärtig (zumindest in Deutschland) keine Anwendung findet.

Das derzeit gebräuchliche sog. „Internationale Fingeralphabet" („international" vermutlich daher, weil es auf der in der ehemaligen UdSSR eingesetzten Daktylologie und auf dem in der USA benutzten Fingerspelling beruht) hat für jeden Buchstaben, also für jedes Graphem, ein Zeichen (Abb. 22). Die Fingerzeichen werden mit einer Hand in Kopfhöhe (zumeist an der Seite des Kopfes auf Mundhöhe) ausgeführt. Das Fingeralphabet orientiert sich an der geschriebenen Sprache, d. h. es wird entsprechend der Rechtschreibung des Wortes (und nicht entsprechend der gesprochenen Sprache) gefingert. Es stimmt also nicht mit den Lauten der Sprache überein. Die einzelnen Zeichen sind relativ leicht zu erlernen, insbesondere dann, wenn man durch entsprechende Phantasie versucht, in der Fingerstellung den geschriebenen Buchstaben zu erkennen (vgl. insbesondere C, L, M, N, O, T, U, V, W).

Fingeralphabet

Wenn das Fingeralphabet beherrscht wird, können Wörter weitgehend flüssig im Rhythmus der Lautsprache gefingert werden. Das Fingeralphabet wird eingesetzt, um schwer verständliche, unbekannte Wörter oder Eigennamen sowie Fremdwörter, die schlecht abzusehen sind, zu übermitteln.

Das Fingeralphabet ist eine weltweit verbreitete Kommunikationshilfe Hörgeschädigter. Beispielhaft werden die Fingeralphabete aus Äthiopien, Japan sowie das beidhändige englische Fingeralphabet vorgestellt (Abb. 23 a–c).

Das Phonembestimmte oder auch lautsprachbezogene Manualsystem ist von Klaus Schulte (Heidelberg) entwickelt worden (Abb. 24). Eine ausführliche Darlegung von Forschungsergebnissen ist seiner Publikation „Phonembestimmtes Manualsystem" (1974) zu entnehmen.

Phonembestimmtes Manualsystem

114 Hilfsmittel für Hörgeschädigte

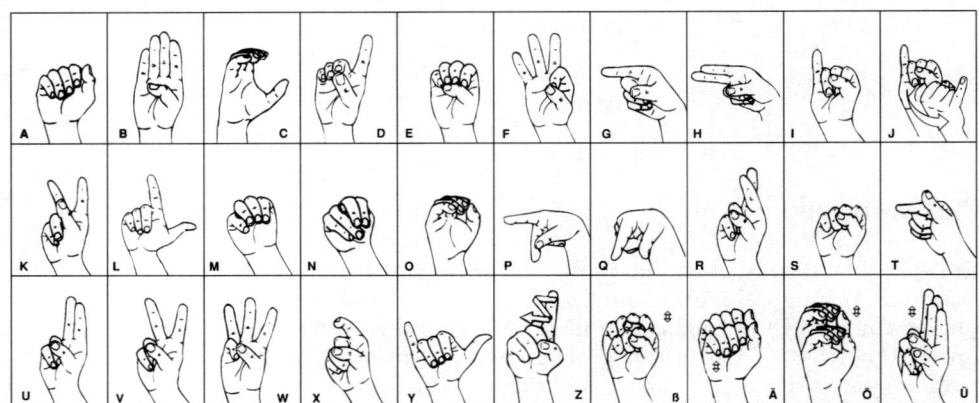

Abb. 22:
Das Fingeralphabet
(aus: Prillwitz 1991, 197)

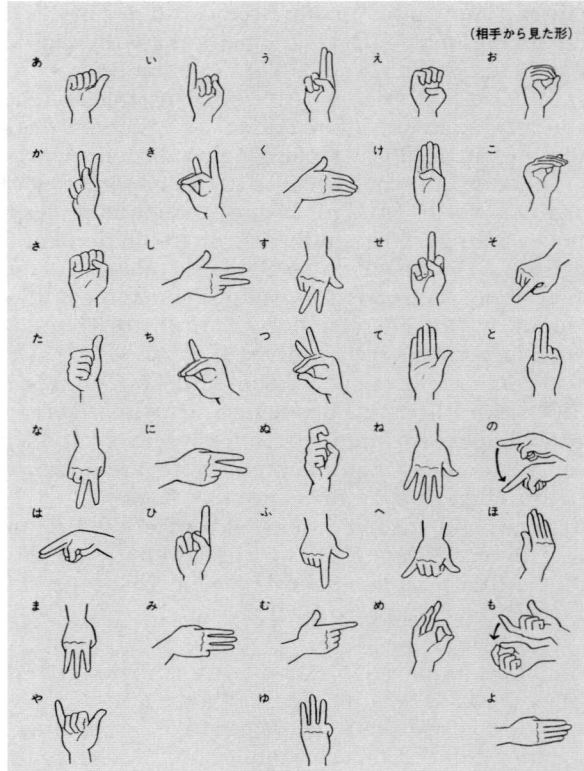

Abb. 23 a:
Japanisches Fingeralphabet

Manuelle Hilfen 115

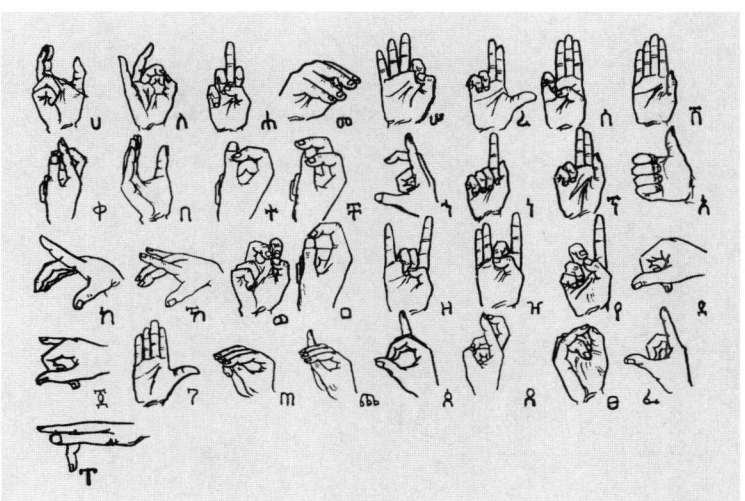

Abb. 23 b:
Äthiopisches Fingeralphabet

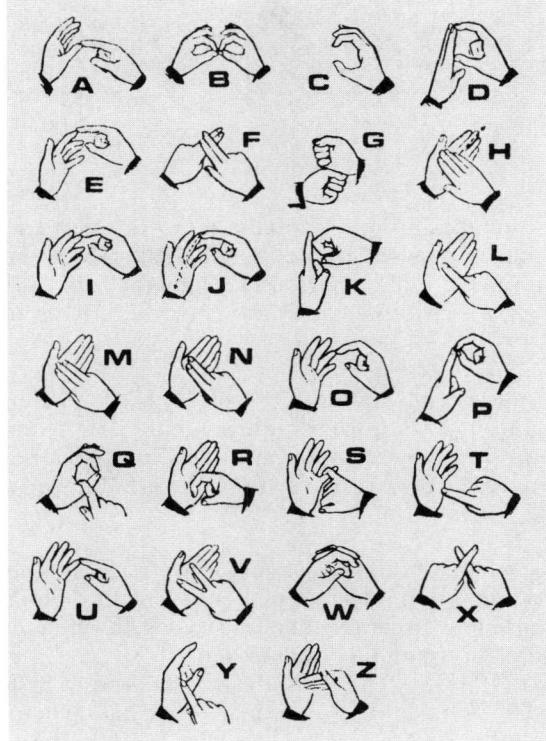

Abb. 23 c:
Beidhändiges englisches Standard-Manual-Alphabet
(aus: Schulte 1974, 18)

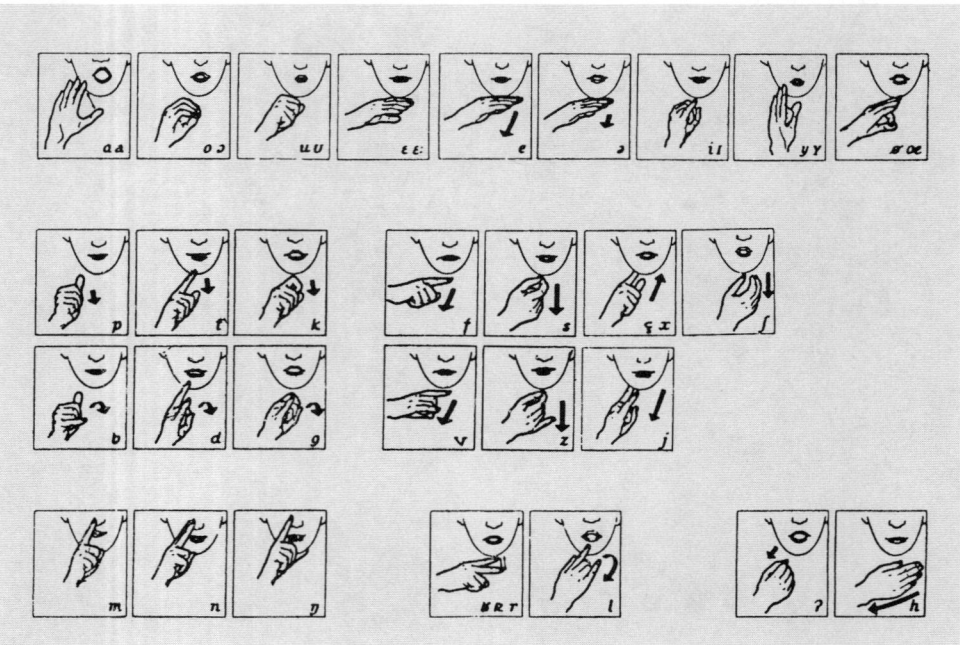

Abb. 24:
Phonembestimmtes Manualsystem
(aus: Schulte 1974, 78)

Das Phonembestimmte Manualsystem orientiert sich an der Lautsprache. Für jeden gesprochenen Laut gibt es ein Handzeichen, eine sog. Lautgebärde. Die Lautgebärden sollen Auskunft geben, wie einzelne Laute und Lautverbindungen gebildet werden.

Absehergänzendes Manualsystem

Zu Beginn unseres Jahrhunderts hatte Georg Forchhammer (1861 – 1938, dänischer Gehörlosenlehrer) ein System entwickelt, das er Mund-Hand-System genannt hat. Das System besteht aus 15 Zeichen. 1923 wurde es deutschen Lautverhältnissen angepaßt (Abb. 25).

Die Handzeichen werden unter dem Kinn, etwa in Krawattenhöhe, ausgeführt. Sie sollen im wesentlichen die nicht sichtbaren Artikulationsanteile sichtbar machen und so das Absehen nicht sichtbarer Artikulationsanteile ermöglichen.

Wisotzki (1996, 200) verweist darauf, daß dieses System auch heute noch in den skandinavischen Ländern häufig benutzt wird. Zu einer ähnlichen Aussage kommt Wisch (1991, 195).

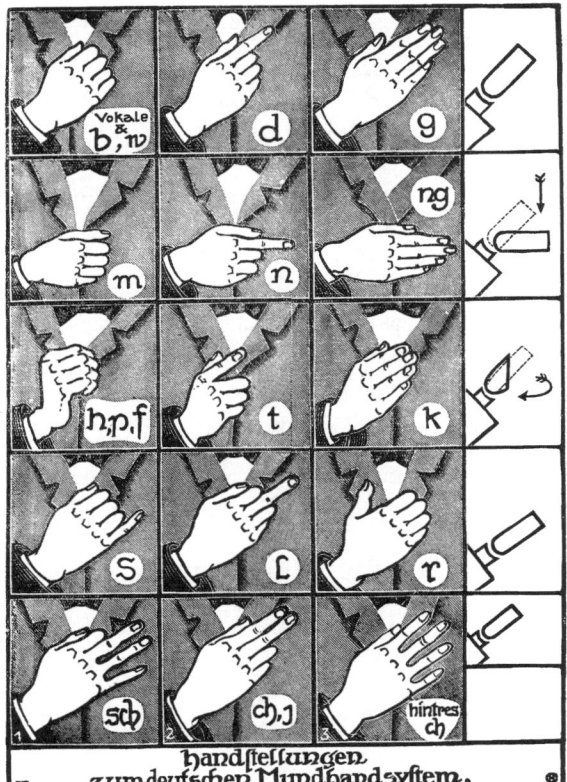

Abb. 25:
Mund-Hand-System
(aus: Schumann 1929, 166)

Georg
Forchhammer

7.2 Hörgeräte

Das Ziel von Hörhilfen war stets, den Schalleindruck besser wahrnehmbar, also im wesentlichen lauter zu machen. Als frühe Formen technischer Hörhilfen sind Hörrohr und Hörschlauch bekannt. Sie haben eine große Öffnung zur Schallquelle hin und eine kleine, die ins Ohr führt. Das Prinzip der Wirkungsweise besteht darin, die für die Schallaufnahme wirkungsvolle Fläche zu vergrößern und die Schallenergie auf einen kleineren Querschnitt zu konzentrieren. Dadurch wird der Schall lauter. Das ist der Vorteil des Hörrohrs. Nachteilig wirkt sich dagegen aus, daß der Klang des akustischen Signals (also des Gesprochenen) verformt wird und damit an Deutlichkeit verliert.

118 Hilfsmittel für Hörgeschädigte

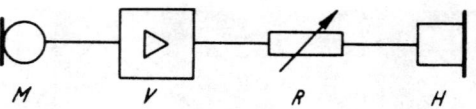

Abb. 26:
Prinzipschaltbild einer Verstärkeranlage.
M: Mikrophon,
V: Verstärker,
R: Regler,
H: Hörer
(aus: Lindner 1992, 248)

Heute verwendet man als technische Hörhilfen elektroakustische Geräte. Jede elektronische Hörhilfe besteht im Prinzip aus vier Funktionseinheiten: Mikrophon, Verstärker, Regler und Hörer:

- Das *Mikrophon* nimmt das akustische Signal auf und wandelt es in elektrische Schwingungen um.
- Der *Verstärker* verstärkt das Signal. Die dafür notwendige Energie stammt aus einer Stromquelle (z. B. elektrisches Netz, Batterie, Akku).
- Mit dem *Regler* kann die Stärke des elektrischen Signals geregelt werden.
- Der *Hörer* verwandelt die elektrischen Schwingungen wieder in Schallschwingungen zurück, so daß sie vom Ohr des Hörgeschädigten aufgenommen werden können.

Man unterscheidet bei den Hörgeräten zwischen individuellen Hörhilfen (als Hilfe für den einzelnen) und Höranlagen (als Hilfe für eine größere Anzahl von Zuhörern).

Individuelle Hörgeräte

Individuelle Hörhilfen sind entwickelt worden, damit sie ihrem Träger jederzeit und allerorts zur Verfügung stehen und die Verständigung mit der Umwelt aufrecht erhalten werden kann. Die Vorteile der tragbaren individuellen Hörhilfen bestehen zudem darin, daß sie klein und leicht sind.

HdO-Geräte

Hinter-dem-Ohr-Geräte (s. Abb. 27 und Abb. 28) sind derzeit die am häufigsten benutzten Hörhilfen. Hamann/Schwab sprechen von einem Anteil von 78,4 % aller Hörgeräte-Bauarten (1991, 118). Sie werden hinter der Ohrmuschel (daher auch die Bezeichnung HdO-Gerät) getragen und haben eine entsprechend gebogene Form. Die Größe der Geräte liegt zwischen 3 ½ bis 6 Zentimeter; sehr kleine HdO-Geräte nennt man Mini-HdO-Geräte. Das HdO-Gerät ist die Hörgeräte-Bauform mit den meisten Möglichkeiten für unterschiedliche Größe, Verstärkung, Klangauswahl, Anschluß an Zusatzgeräte und Ausstattung mit speziellen Schaltungen für bestimmte Hörfehler (Blankenhahn 1993, 65f).

Die Schallaufnahme erfolgt am Kopf und von vorne, so daß, wenn zwei derartige Geräte getragen werden, eine Schallokalisation möglich ist. Selbst wenn nur ein Gerät getragen wird, ist mit Hilfe einer Kopfdrehung eine gewisse Richtwirkung zu erzielen und kann zu einer Verbesserung der Raumorientierung beitragen.

Das HdO-Gerät ist über einen kurzen Plastikschlauch mit einem individuell gefertigten Ohrpaßstück (Otoplastik genannt) verbunden. Daneben gibt es noch die vorgefertigten Otoplastiken (als Olive oder als Pilz). Diese werden aber weit seltener genutzt, da sie durch ihre Konfektionierung weniger gut sitzen. Sie schließen mit dem Gehörgang oft nicht gut ab, so daß es zu Rückkopplungspfeifen kommt. Eine individuelle Otoplastik kann zudem die Akustik im Gehörgang verbessern.

Die HdO-Geräte verfügen heute über einen relativ guten Standard. Sie können so gestaltet werden, daß ein befriedigender Frequenzverlauf in den für die Lautsprachwahrnehmung wichtigen Frequenzen erreicht wird.

Des weiteren kann man in die HdO-Geräte bei Bedarf verschiedene Sondereinrichtungen einbauen, um die akustischen Signale trotz ungünstiger individueller Bedingungen auffaßbar zu machen. Die dafür benutzten Bezeichnungen stammen aus dem Englischen und werden meist abgekürzt.

Es ist zum einen möglich, den maximalen Ausgangsschalldruck zu begrenzen, d.h. es werden alle Intensitätsspitzen, die durch zu große Schallstärken (z.B. Schreien, Türschlagen) entstehen, abgeschnitten. Dies wird peak clipping (PC) genannt. Zum anderen können bei einer eingeschränkten Dynamikbreite des

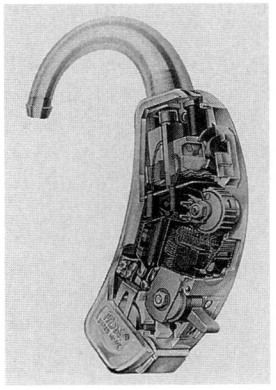
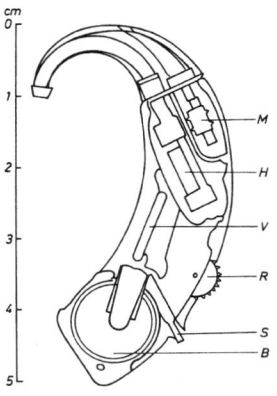

Abb. 27 (links): Hinter-dem-Ohr-Gerät (aus: Vonlanthen 1995, 14)

Abb. 28 (rechts): HdO-Gerät, schematisiert. M: Mikrophon, B: Batterie (Knopfzelle), R: Lautstärkeregler, S: Ein- und Ausschalter, V: transistorisierter Verstärker, H: elektroakustischer Wandler mit Höreransatz (aus: Lindner 1992, 257)

Ohres die Daten komprimiert werden. (Als Dynamikbreite wird der vom menschlichen Ohr verarbeitete Schallpegelbereich bezeichnet.)

Für den Einsatz im Schulunterricht stehen Audio-Anschlüsse zur Verfügung. Diese ermöglichen eine direkte Ankopplung an die Klassenhöranlage, so daß das Nutz-Störschallverhältnis durch eine Nahmikrophonbesprechung gegenüber einem Hören mit Hörgerät im freien Schallfeld verbessert werden kann.

IdO-Geräte

Die technische Entwicklung hat es möglich gemacht, daß die Bauteile für Hörgeräte immer kleiner geworden sind. Dadurch war es möglich, Im-Ohr-Geräte (IdO- oder IO-Geräte) zu bauen. Sie enthalten alle technischen Merkmale, die auch HdO-Geräte haben. Hauptbestandteil solcher Geräte ist das individuelle Ohrpaßstück, in das die gesamte Elektronik ein- oder an diese angebaut wird. Diese Geräte müssen völlig schalldicht im Gehörgang sitzen, da sonst eine akustische Rückkopplung wegen der unmittelbaren Nachbarschaft von Mikrophon und Hörer entstehen kann.

Man unterscheidet zwischen IdO-Geräten, die wie eine Otoplastik die Mulde der Ohrmuschel ausfüllen und in den Gehörgang reichen (sog. Concha-Gerät) und solchen, die nur im Gehörgang Platz finden (sog. Kanal-Gerät).

Bei allen Typen von IdO-Geräten muß beim Nutzer ein ausreichend manuelles Geschick zum Einsetzen und Herausnehmen des Gerätes aus dem Ohr sowie zum Batteriewechsel vorhanden sein. Die Bedienung ist trotz der geringen Größe der Geräte vergleichsweise noch gut möglich. Zugleich wurden Fernbedienungen entwickelt, die besonders für Personen mit eingeschränkter Fingermotorik (z.B. Altersschwerhörige) die Bedienung erleichtern. Bei Geräten ohne Fernbedienung müssen die kleinen Bedienungselemente jedoch blind ertastet und gehandhabt werden können.

Der Höreindruck ist bei IdO-Geräten im Vergleich zu HdO-Geräten natürlicher, da sich das Mikrophon direkt am Ort der natürlichen Schallaufnahme befindet. Dadurch wird das Richtungshören verbessert, so daß das Sprachverständnis besonders unter Störschallbedingungen ansteigt. Außerdem haben sie eine besonders gute Klangqualität.

Nachteilig wirkt sich aus, daß aufgrund der Nähe des Mikrophons im Ohr eine akustische Rückkopplungsgefahr besteht, die sich als unangenehmes Pfeifen (sog. Rückkopplungspfeifen) äußert. Außerdem ist die Verstärkung nicht so groß wie bei HdO-Geräten. Daher eignen sie sich nicht für den Einsatz bei größeren Hörverlusten.

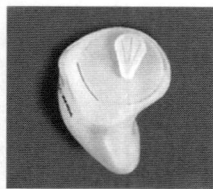

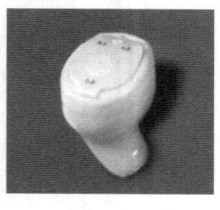

Abb. 29:
Im-Ohr-Hörgeräte
(aus: Broschüre der Firma earlab)

Das Taschenhörgerät (auch Kastenhörgerät genannt) ist die älteste Bauform des elektronischen Hörgerätes. Das Mikrophon und die Verstärkerschaltung (mit allen Bedienungselementen) sind in einem Gehäuse untergebracht, welches man normalerweise am Körper oder in einer Kleidertasche trägt.

Taschenhörgeräte

Die Taschenhörgeräte ermöglichen eine sehr hohe Verstärkungsleistung und sind daher bei einem großen Hörverlust gut einsetzbar. Ein weiterer Vorteil ist, daß sie große Bedienungselemente haben (einfache Handhabbarkeit; gut mit dem Auge zu kontrollieren). Zwischen dem Mikrophon und den im Ohr getragenen Hörern besteht die größte Distanz (im Vergleich zu anderen Hörgerätetypen), so daß es nicht zu Rückkopplungspfeifen kommt.

Durch die Verwendung einer Y-Schnur ist es möglich, das Taschengerät an beide Ohren anzupassen. Da sich das Mikrophon bei diesen Geräten nicht am Kopf, sondern in dem am Körper getragenen Gerät befindet, ist kein Richtungshören und kein stereophones Hören möglich.

Nachteilig wirkt sich aus, daß die Taschenhörgeräte vergleichsweise groß und schwer sind und über ein oder zwei Kabel mit dem Einsteckhörer verbunden sind.

Wird ein Taschenhörgerät mitgeführt, so verursachen die Bewegungen der Kleidungsstücke Reibegeräusche. Dieses läßt sich vermeiden, wenn das Gerät nicht am Körper getragen wird. So könnte man z. B. im Unterricht oder in einer Gesprächsrunde das Gerät auf einen kleinen Tischständer stellen.

Obwohl der Anteil der Taschenhörgeräte am gesamten Hörgerätemarkt immer kleiner wird – Hamann/Schwab verweisen auf 0,8 % aller Hörgerätearten (1991, 118) – gibt es gewisse Fälle, bei denen ein Taschenhörgerät Vorteile gegenüber den anderen Hörgeräte-Bauformen hat. So verweist beispielsweise Hildmann (1998, 63) auf die Versorgung mit Taschenhörgeräten bei jungen schwerstbehinderten Säuglingen mit sicherem, wenn auch nicht klar definiertem Hörverlust: „Sie erhalten Taschengeräte, weil die Pflege leichter ist und die Säuglinge ein Stück akustische Anregung zur Entwicklung von Eigenstimulation, Aufmerksamkeit und Erreichbarkeit erfahren. Sie werden bei folgenden Indikationen eingesetzt: statomotorische Behinderung, hyperkinetisches Syndrom, Hypotonie und schweres Anfallsleiden."

Das Taschenhörgerät kommt nach den Heil- und Hilfsmittel-Richtlinien nur als Sonderversorgung in Frage, beispielsweise bei eben ausgeführten Mehrfachbehinderungen, bei der Notwendigkeit einer außerordentlich hohen Verstärkung oder bei Problemen in der Handhabung (s. dazu auch Blankenhahn 1993, 83).

122 Hilfsmittel für Hörgeschädigte

Hörbrillen

Anfang der fünfziger Jahre wurden die ersten Hörbrillen, also eine Kombination von Brille und HdO-Gerät, hergestellt. Dabei gibt es verschiedene Möglichkeiten:

- In den beiden Brillenbügeln wird jeweils ein Hörgerät untergebracht. Die Mikrophonöffnung befindet sich beim Scharnier oder hinter dem Ohr. Je weiter vorne sich die Mikrophonöffnung befindet, desto geringer ist die Gefahr der Rückkopplung. Das Richtungshören verschlechtert sich dadurch jedoch.
- An jeden Brillenbügel wird ein HdO-Gerät angesteckt, d. h. ein fertiges HdO-Gerät wird mittels eines Brillenadapters an den Brillenbügel angebracht.

CROS

Eine Sonderform ist die sog. CROS-Hörbrille. CROS ist die Abkürzung für Contralateral Routing Of Signals und bedeutet soviel wie „Herüberleiten eines Schallsignals auf die gegenüberliegende Kopfseite". Diese Versorgung wird insbesondere dann angewendet, wenn ein Hörgeschädigter auf einem Ohr sehr viel schlechter als auf dem anderen hört. Bei der CROS-Versorgung wird der Schall vom Mikrophon der „schlechter" hörenden Seite aufgenommen und per Draht oder Funk zum besser hörenden Ohr übertragen. Dieses kann die Schallereignisse von der anderen Seite in gewisser Weise mit auswerten, was einen scheinbaren Raumeffekt erzeugt.

BiCROS

Von BiCROS-Versorgung spricht man, wenn sowohl ein Mikrophon auf dem sehr viel schlechter hörenden Ohr als auch auf der anderen Seite angebracht ist. Der Schall wird dann von zwei Mikrophonen aufgenommen und zum Hörgerät auf der Seite mit dem besser hörenden Ohr übertragen.

Der Nachteil der Hörbrille besteht darin, daß das Hörgerät an die Tragezeit der Brille gebunden ist. Wird beispielsweise eine Reparatur nötig, muß man auf Hörgerät *und* Brille verzichten. Aufgrund ihres kleinen Marktanteiles – Hamann/Schwab (1991, 118) sprechen von 1,3 % Hörbrillen (CROS) aller Hörgerätearten, wobei anzumerken ist, daß die Versorgung mit HdO-Gerät mit-

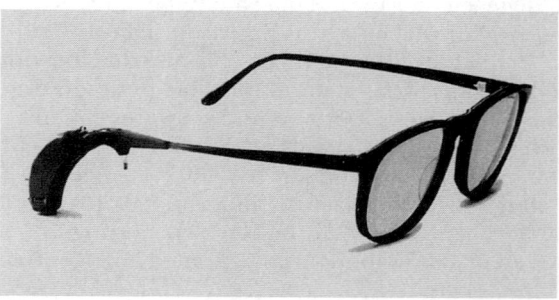

Abb. 30: Kombination Hörgerät – Brille (aus: Vonlanthen 1995, 13)

tels Brillenadapter statistisch zu den HdO-Geräten zählt – wird nur ein kleines Entwicklungspotential der Herstellerfirmen in die Hörbrille investiert. Dadurch verfügen die Hörbrillen nicht über die neuesten Technologien.

Höranlagen

Höranlagen, auch Hörsprechanlagen genannt, unterscheidet man danach, ob sie stationär eingebaut sind oder mobil verwendet werden können.

Bei der *stationären (drahtgebundenen)* Anlage existiert ein sog. Lehrerplatz, von dem aus der Lehrer in ein Mikrophon spricht, das direkt an die Verstärkeranlage angekoppelt ist. Der Arbeitstisch des Lehrers enthält eine Kompakt-Regieeinheit mit Bedienelementen, Aussteuerungsanzeige, Kontrollautsprecher, Anschlußbuchse für eine Lehrer-Kopfhörer-Kombination und Anschlußmöglichkeiten für externe Tonträger.

Die Schüler verfügen jeweils einzeln über ein stationäres Mikrophon und über einen Audioausgang. An diesen können sie entweder über den Audioeingang des Hinter-dem-Ohr-Gerätes oder über eine Kopfgarnitur direkt angekoppelt werden.

Die Schülerarbeitsplätze sind trapezförmige Tische, so daß sich durch Zusammenstellen dieser die in Hörgeschädigtenschulen übliche halbkreisförmige Sitzordnung ergibt. In die Tische eingebaut ist ein Stellereinschub, der die individuelle Anpassung für beide Ohren mit getrennter Verstärker- und Klangeinstellung ermöglicht.

Die Vorteile sind im guten Stör-Nutzschall-Verhältnis sowie im möglichen Mono- und Stereo-Betrieb zu sehen. Der Nachteil ist die Gebundenheit der Schüler an ihren Arbeitsplatz, so daß die Möglichkeiten der Unterrichtsgestaltung begrenzt sind.

Diese Anlagen sind audiotechnisch sehr hochwertig. Die Mikrophone, die Hörer und das gesamte Verstärkerteil können groß dimensioniert werden, da Eigenschaften wie Transportabilität und Leichtigkeit nicht beachtet werden müssen.

Mobil einsetzbare Anlagen sind die sog. frequenzmodulierten Anlagen (FM-Anlagen). Jeder Schüler hat ein Empfangs- und Sendeteil mit einem Mikrophon und einem Audioausgang. Die Schüleranlage ist so gestaltet, daß das Signal über die Lehreranlage läuft, so daß der Lehrer direkten Einfluß auf die Kommunikation im Unterricht nehmen kann.

Ein Nachteil dieser Anlage ist, daß es zu einer Interferenzbildung mit Metallteilen in den Baukörpern und zu Überlagerungen kommen kann, wenn Anlagen gleicher Frequenz in einem Schulgebäude mehrfach eingesetzt werden.

Nach Wisotzki (1994, 132) sind von der Deutschen Bundespost sechs Frequenzen für derartige Anlagen freigegeben.

Eine ebenfalls frequenzmodulierte Anlage ist die sog. *Mikroportanlage,* die jedoch nur eine one-way-Kommunikation vom Lehrer (bzw. Sprecher) zum Schüler (bzw. Hörer) zuläßt. Diese Anlagen finden insbesondere bei der Beschulung von hörgeschädigten Schülern in Allgemeinen Schulen Anwendung. Eine gewisse Weiterentwicklung stellt das *MikroLink-System* dar. Insbesondere wäre neben Qualitätsverbesserungen das geringe Gewicht des Systems zu nennen. Das Grundprinzip ist jedoch mit der Mikroportanlage identisch.

Ein Kompromiß zwischen stationärer und mobiler Anlage sind die sog. *Infrarotanlagen.* Bei diesen (drahtlosen) Anlagen befindet sich meistens ein Mono- oder ein Stereomikrophon in der Mitte des Klassenzimmers, das auf dem Fußboden stehend oder an der Decke hängend angebracht ist. Letzteres hat den Vorteil, daß die Störschallaufnahme durch Schrittschall, Stühlerücken usw. vermindert wird.

Der Informationsträger ist hier das Licht, dessen Frequenzen im nichtsichtbaren Bereich liegen. An den vier Seiten des Klassenraumes befinden sich Infrarotsender. Jeder Schüler verfügt über einen Infrarotempfänger, der einen Audioausgang hat. Am Empfangsgerät besteht die Möglichkeit zur getrennten Einstellung von Verstärkung und Klang.

Der Vorteil dieser Anlage ist, daß sich die Schüler im Unterricht frei im Klassenraum bewegen können. Nachteilig wirkt sich aus, daß es zu Übertragungsstörungen bei starker Sonneneinstrahlung kommt. Durch den relativ großen Abstand des jeweiligen Sprechers zum Raummikrophon kann der übertragene Störschall vergleichsweise hoch sein.

7.3 Weitere Hilfen

Den Hörgeschädigten stehen eine Vielzahl weiterer Hilfsmittel zur Verfügung, die nachfolgend kurz vorgestellt werden sollen. Eine ausführliche Beschreibung dieser würde die Ebene einer Einführung verlassen.

Die Hilfsmittel können nach unterschiedlichen Gesichtspunkten eingeteilt werden, z. B. in Hilfen zur Entwicklung von Sprechfertigkeiten (wie Artikulationsspiegel, Fonator, Hörhemd, Sprach-Farb-Transformationsgerät, IBM-Sprechspiegel), visuelle Kommunikationshilfen (gemalte Bilder, Dias, Fotos, Videos), mechano-kutane Hilfsmittel (Fonator, Hörhemd), Hilfsmittel im Alltag (Schreibtelefon, Bildtelefon, Faxgerät, Lichtwecker,

Türklingel- oder Telefonklingellichtsignal, Vibrationskissen als Wecker). Aufgrund der unterschiedlichen Einteilungssysteme kommt es zu Überschneidungen und zu mehrfachen Zuordnungen.

Nachfolgend sollen zur Abrundung des Kapitels „Hilfsmittel für Hörgeschädigte" in Anlehnung an Wisotzki (1994) visuelle technische Hilfsmittel, mechano-kutane technische Hilfsmittel und technische Hilfsmittel auf der Grundlage der Chip-Technologien vorgestellt werden.

Visuelle technische Hilfsmittel sind zunächst alle, die auch für Hörende in der Wahrnehmung hilfreich und unterstützend wirken können. Dazu gehören selbstangefertigte Bilder, Fotos oder der Einsatz von Overhead-Projektoren, Dia-Projektoren oder des Videorekorders in unterrichtlichen Situationen.

Visuelle technische Hilfsmittel

Da Hörgeschädigte Geräte, die durch Geräusche eine Signalfunktion haben, nicht oder nicht ausreichend hören können, wurden von der Industrie Geräte entwickelt, die akustische Signale in sichtbare Signale oder Vibrationen umwandeln. Dazu gehören der Licht- oder Vibrationswecker oder auch die Lichtklingel.

Weitere visuelle technische Hilfen sind der Bildschirmtext (BTX), das speziell für Hörgeschädigte entwickelte Schreibtelefon und die handelsüblichen Faxgeräte. Gerade aufgrund letztgenannter Geräte hat sich die Informationslage der Hörgeschädigten in den letzten Jahren deutlich verbessert.

Um dem Hörgeschädigten ergänzende Informationen zu liefern, hat man in der Hörgeschädigtenpädagogik seit jeher versucht, den Vibrationssinn (z. B. beim Abtasten und Abfühlen während des Artikulationsunterrichts) zu nutzen. Ebenso gab es immer wieder Versuche, die Wahrnehmungssituation der Hörgeschädigten durch das gezielte Ansprechen des Vibrationssinnes mit Hilfe von mechano-kutan wirkenden Wandlern zu verbessern. Hier wären beispielhaft die Fonatoren und das von Breiner entwickelte Hörhemd zu nennen. Besonders hochgradig hörgeschädigte Menschen können mit Hilfe dieser Geräte ihre Wahrnehmungssituation verbessern. Mit der steigenden Anzahl frühzeitig mit einem Cochlea-Implantat versorgter Kinder wird die Bedeutung genannter Geräte geringer werden.

Mechano-kutane technische Hilfsmittel

Für den Einsatz des Computers als Lernhilfe in der Hör-, Abseh- und Spracherziehung gibt es verschiedene Anlagen. Die bekanntesten sind das Sprach-Farb-Transformationsgerät (SFT) und der IBM-Sprechspiegel. Damit dient der Einsatz von Chip-Technologien der Verbesserung der Sprachanbildung und der Verhinderung bzw. Kompensation des bei Hörgeschädigten allgemein zu beobachtenden Erfahrungsrückstandes (Wisotzki 1994, 133).

Computergestützte Hilfsmittel

Hilfsmittel für Hörgeschädigte

Die meisten der aufgeführten Geräte sind speziell für Hörgeschädigte entwickelt worden, können aber zu einem Teil auch von Hörenden genutzt werden. Ziel aller Hilfsmittel ist es, die Wahrnehmungssituation der Hörgeschädigten zu verbessern.

Weitere Informationen können folgenden Publikationen entnommen werden: Blankenhahn (1993): Hörgeräte-Ratgeber. – Hamann/Schwab (1991): Schwerhörigkeit. – Kießling et al. (1997): Versorgung und Rehabilitation mit Hörgeräten. – Seidler (1996): Schwerhörigkeit.

7.4 Übungsaufgaben zu Kapitel 7

Aufgabe 47 Nennen Sie die Funktionseinheiten einer elektronischen Hörhilfe!

Aufgabe 48 Welche Arten von individuellen Hörgeräten gibt es?

Aufgabe 49 Welches der individuellen Hörgeräte wird am häufigsten benutzt?

Aufgabe 50 Vergleichen Sie Vor- und Nachteile von stationären und mobilen Höranlagen!

8 Das Cochlea-Implantat

Das Cochlea-Implantat ist eine technische Hörhilfe, eine Innenohrprothese, die seit den 70er Jahren ertaubten und gehörlosen Menschen operativ eingesetzt wird.

Cochlea-Implantat

Das Cochlea-Implantat eignet sich für Personen, deren Ertaubung oder Gehörlosigkeit Folge eines Funktionsausfalls des Innenohres ist. Der Hörnerv und das zentrale Hörsystem müssen jedoch regulär arbeiten. Die Ergebnisse (also der Gewinn für das „Hören" und damit für die betreffende Person) hängen von der Funktionstüchtigkeit des Hörnervs und seiner Fasern sowie von der vorhandenen Wahrnehmungsfähigkeit ab, d. h. der Fähigkeit des Gehirns, das Wahrgenommene zu empfangen und zu verarbeiten (Plath 1995, 125).

Die breite klinische Anwendung begann mit William F. House (damals Chairman of House Ear Institute) in Los Angeles (USA) mit einem einkanaligen und transkutan arbeitenden Implantat.

Entwicklung des CI

In Deutschland startete Banfai in Düren (etwa 1975) zunächst mit dem Houseschen einkanaligen Gerät. Später implantierte er dann ein mehrkanaliges extracochleäres Implantat der Fa. Hortmann. Von ihm wurden mehrere hundert Personen implantiert, überwiegend gehörlose Erwachsene und Jugendliche. Diese CI-Versorgungen zeigten zunächst nicht oder nur sehr begrenzt den erhofften und erwünschten Erfolg.

Seit Mitte der 80er Jahre begann Lehnhardt an der Medizinischen Hochschule Hannover ebenfalls mit der Cochlea-Implantat-Versorgung. Man verwendete hier das System der Fa. Nucleus (Sydney/Australien). Begleitende Untersuchungen zum Sprachverstehen zeigten, daß vor allem ertaubte Personen, deren Taubheit im Durchschnitt nur sieben Jahre andauerte, selbst ohne unterstützendes Absehen gute Ergebnisse in der auditiven Sprachperzeption zeigten. Personen, deren Ertaubung etwa 20 Jahre zurücklag, kamen auf ein ebenfalls noch gutes Sprachverstehen, allerdings unter Zuhilfenahme des Absehens (Lehnhardt/Aschendorff 1993 nach Lehnhardt 1998 b, 7).

Nachdem sich das System bei Erwachsenen als effektiv erwiesen hatte, das Implantat seine Funktionsfähigkeit über viele Jahre behielt und man Wege gefunden hatte, die das Heraus-

128 Das Cochlea-Implantat

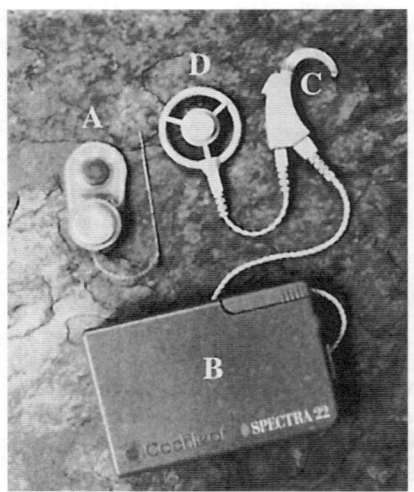
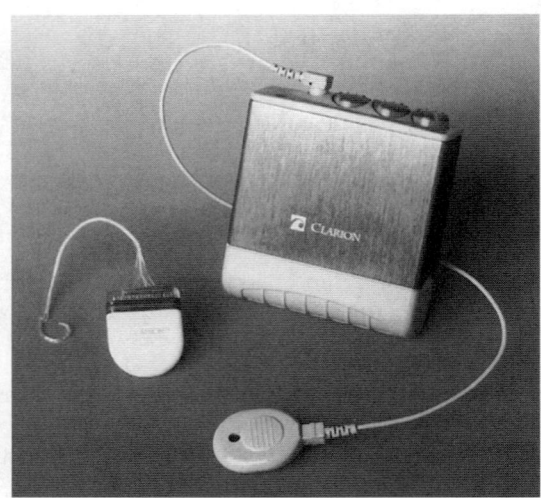

Abb. 31 (links): Das Cochlea-Implantat (aus: Leonhardt 1997, 13)

Abb. 32 (rechts): Clarion-Implantat der Firma Advanced Bionics (aus Firmenbroschüre)

schlüpfen des Elektrodenträgers aus der Schnecke während des Längenwachstums des Kopfes verhinderte, begann man Ende der 80er Jahre, auch Kleinkinder mit Cochlea-Implantaten zu versorgen. Damit gelang Lehnhardt der Durchbruch bei der Cochlea-Implantat-Versorgung bei Kleinkindern. Der Erfolg wurde maßgebend dadurch bestimmt, daß er nicht nur die operationstechnische Seite vom Standpunkt des Mediziners bzw. Operateurs betrachtete, sondern die Bedeutung der Nachsorge und die damit verbundene Rolle und *Aufgabe der Hörgeschädigtenpädagogik* von Anfang an erkannte. Mit Gründung des Cochlear Implant Centrums (CIC) 1990 in Hannover stand die erste spezielle Nachsorgeeinrichtung für Cochlea-implantierte Kinder zur Verfügung. Nach diesem Vorbild haben sich inzwischen zahlreiche weitere Cochlea-Implantat-Zentren sowohl in Anbindung an operierende Kliniken als auch an Schulen für Hörgeschädigte gegründet.

Bestandteile und Funktion eines CI

Unabhängig von den sich gegenwärtig auf dem Markt befindenden Modellen bestehen Cochlea-Implantate aus

- einem Mikrophon,
- dem Sprachprozessor,
- der Sendespule,
- der Empfängerspule,
- dem Empfänger-Stimulator und
- den Elektroden.

Mit Hilfe des Cochlea-Implantats Nucleus Mini System 22 (Abb. 31), dem bisher bei Kindern am häufigsten benutzten Implantat, soll der Aufbau des Gerätes beispielhaft erläutert werden. Weitere Systeme werden im Anschluß vorgestellt.

Teil A, das eigentliche Implantat mit Elektroden, Empfängerspule und Magnet, wird während einer Operation in das leicht ausgefräste Knochenbett hinter dem Ohr eingesetzt. Es enthält neben der Empfängerspule den Gegenmagneten sowie den gegen Feuchtigkeit geschützten Mikrochip (s. auch Abb. 36). Das Implantat hat etwa die Größe eines Zweimarkstückes und ist 6 mm dick.

Das äußere „Gegenstück" zum Implantat bildet die magnetgehaltene, hinter der Ohrmuschel getragene Induktionsspule (auch Sendespule genannt). Die Sendespule (D) überträgt die Signale durch die intakte Haut (also transkutan) in das Implantat.

Ein dünnes Kabel verbindet das Mikrophon (C) mit der Sendespule und dem Sprachprozessor (B). Das Mikrophon wird hinter der Ohrmuschel angeordnet und findet damit die gleiche Plazierung wie ein HdO-Gerät. Seine Aufgabe ist es, die Schallwellen aus der Umgebung aufzunehmen. Zwischen Mikrophon und Sprachprozessor ist eine automatische Verstärkerkontrolle geschaltet.

Der Sprachprozessor hat etwa die Größe einer Zigarettenschachtel (s. auch Abb. 31) und wird in der Hemd- oder Blusentasche, am Gürtel oder unter der Kleidung getragen. Er wählt und kodiert die für das Verstehen wichtigen Sprachanteile.

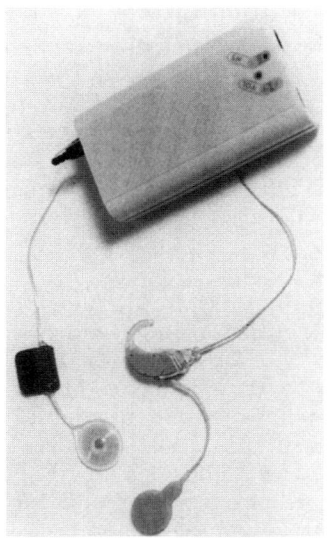

Abb. 33:
Laura-Implantat der Firma Antwerp Bionic Systems (aus: Lenarz 1998, 79)

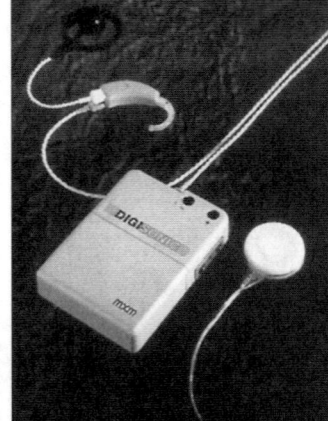 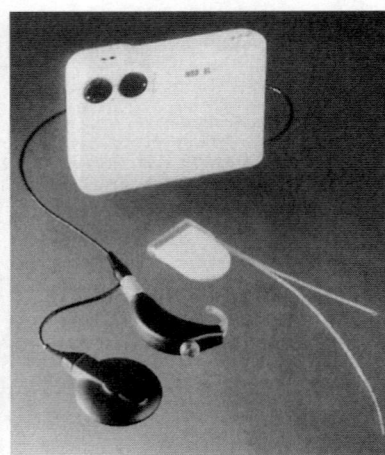

Abb. 34 (links): Digisonic-Implantat der Firma MXM (aus: Lenarz 1998, 80)

Abb. 35 (rechts): Combi 40+Implantat der Firma Med-El (aus Firmenbroschüre)

Alle Cochlea-Implantat-Systeme bestehen aus einem implantierbaren Empfänger/Stimulator mit unterschiedlicher Anzahl von Elektroden (= interner Teil), sowie einem Sprachprozessor mit Kopfhalterung für Mikrophon und Sendespule (= externer Teil). Im Sprachprozessor werden die über das Mikrophon aufgenommenen akustischen Parameter in elektrische Parameter umgewandelt und in ein Stimulationsmuster transformiert. Er bildet damit die Funktion des Innenohrs nach. Die Sendespule wird direkt über der Empfangsspule des Implantats plaziert. Es werden sowohl die Steuersignale als auch die gesamte Energie für das implantierte System drahtlos übertragen. Die Halterung der Spule wird einheitlich durch eine magnetische Kopplung erreicht.

Das Implantat

Das eigentliche Implantat enthält die elektronischen Bauteile und einen Magneten. Der Strom wird je nach Implantat von einer oder acht (kapazitiv entkoppelten) Stromquellen geliefert.

Funktionsweise des CI-Systems

Die *Schallwellen* (akustische Signale) werden vom Mikrophon im Überträger (= Sendespule) aufgenommen und in ein elektrisches Signal umgewandelt.

Dieses Signal wird über das dünne Kabel, das den Sprachprozessor mit der Sendespule verbindet, zum Sprachprozessor übertragen.

Der *Sprachprozessor* wandelt das elektrische Signal in einen Code um, der speziell für das Geräusch- und Sprachverständnis im Gehirn geeignet ist.

Das *codierte Signal* wird über dasselbe Kabel vom Sprachprozessor zur Sendespule zurückgeleitet und durch die Haut mittels Funkwellen zum Implantat übertragen.

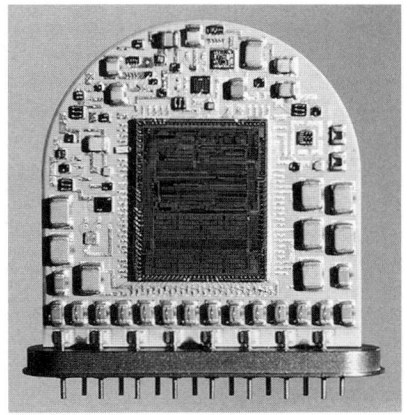

Abb. 36:
Elektronikmodul
(mit freundlicher
Genehmigung
der Fa. Advanced
Bionics)

Das *Implantat* decodiert die Signale und leitet sie an den in die Cochlea eingeführten Elektrodenträger weiter.

Die *Elektroden* stimulieren – unter Umgehung der geschädigten Haarzellen – die Nervenfasern in der Cochlea.

Die *Stimulation* der Nervenfasern bewirkt die Übertragung elektrischer Signale zum Gehirn, das diese als akustische Signale interpretiert.

Anpassung des Sprachprozessors

Nach der Operation – im Regelfall dauert die Operation reichlich zwei Stunden (nähere Ausführungen zum operationstechnischen Vorgehen können Begall 1995, Laszig 1997, Lehnhardt 1991 und Lenarz 1998 entnommen werden) – verbleibt der Patient noch 8–10 Tage im Krankenhaus zur Wundheilung und Beobachtung. Bereits zu dieser Zeit beginnt die Anpassung des Sprachprozessors. So wird bei Erwachsenen probiert, ob das Implantat funktioniert und ob ein Wahrnehmen von akustischen

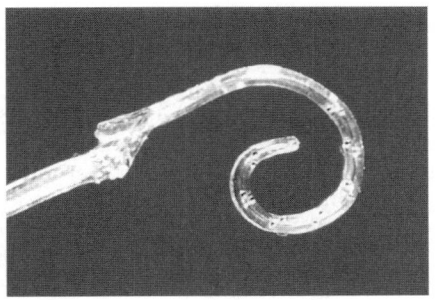

Abb. 37:
Elektrodenträger, hier in Spiralform des Implant-Systems Clarion. Er wird in das Innenohr, die Cochlea, eingeführt. (Mit freundlicher Genehmigung der Fa. Advanced Bionics)

132 Das Cochlea-Implantat

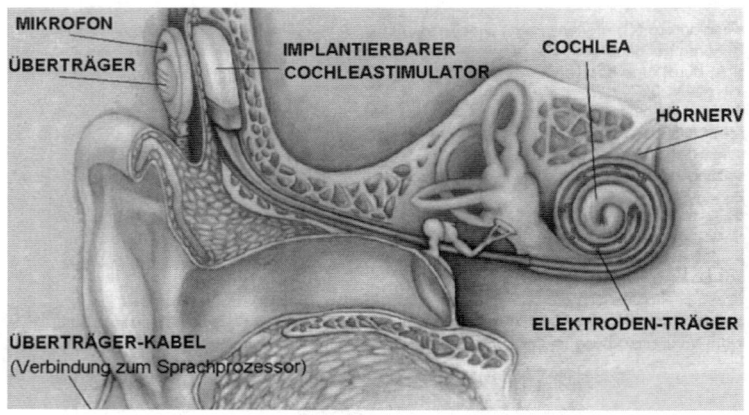

Abb. 38:
Schematische Darstellung der Situation bei Versorgung mit dem Implantat: Auf der Haut liegt der Sender, unter der Haut liegt der implantierte Empfänger mit der Verbindung zu den im Innenohr gelegenen Elektroden

Signalen möglich ist. Bei Kindern beginnt eine Art Vortraining. Dieses hat zum einen die Aufgabe, die Kinder in spielerischer Form mit der Handhabung des Sprachprozessors und der anderen äußeren Bestandteile des Implantats vertraut zu machen. Zum anderen erfolgt ein erstes Kennenlernen der Personen, die etwa vier bis sechs Wochen nach der Operation (also etwa drei bis fünf Wochen nach der Entlassung aus der Klinik) an der Anpassung des Sprachprozessors beteiligt sein werden. Zugleich lernt das Kind die Räumlichkeiten und Geräte kennen, die bei der Anpassung benötigt werden.

In die Erstanpassung des Sprachprozessors bei Kindern sind die Eltern prinzipiell mit einbezogen. Die Ergebnisse der Erstanpassung müssen während des nun einsetzenden Hörlernprozesses mehrfach „nachgebessert" werden. Ein voll funktionstüchtiges Sprachprozessorprogramm und genaue psychophysikalische Daten erhält man erst nach mehreren Sitzungen, die in der Anfangszeit in zeitlich vorgegebenen Intervallen stattfinden. Zugleich erfordert die zunehmende Hörerfahrung ein Nachregulieren des Sprachprozessors.

Nachsorge und Therapie bei Kindern

Mit der Anpassung des Sprachprozessors beginnt ein längere Zeit umfassender Hörlernprozeß, der individueller und zielgerichteter Zuwendung bedarf. Mit der gelungenen Implantation eines Cochlea-Implantats und der Anpassung des Sprachprozessors sind bei den Kindern die Voraussetzungen zu einem eingeschränkten physiologischen Hören gegeben. Durch eine entsprechende Hörerziehung müssen diese implantierten Kinder nun befähigt werden, die durch das Verwenden des Cochlea-Implantats gewonnene oder wiedergewonnene (bei ertaubten Kindern) Hörkapazität zu nutzen. Die dafür benötigte Zeit ist sehr unterschiedlich und hängt von zahlreichen Faktoren ab (z. B. soziales Umfeld, Qualität der pädagogischen Anleitung, individuelle Disposition des Kindes).

Im Mittelpunkt der fachpädagogisch-therapeutischen Arbeit steht die vollständig auf die individuellen Bedingungen der Kinder abgestimmte Therapie. Auf der Basis von Bertram (1998b, 113) läßt sich das Vorgehen wie folgt zusammenfassen: In der Anfangsphase stehen individuelle Hörerkundungen in der unmittelbaren Umwelt des Kindes (Selbsterfahrung) ebenso wie gezielte Hörübungen bei gleichzeitiger Förderung der handlungsbezogenen lautsprachlichen Interaktion im Mittelpunkt. Es bedarf einer angemessenen Zeit, bis die Kinder erkennen, was sie hören, wo sich die Geräuschquelle befindet und welchen Objekten oder Personen diese zuzuordnen sind.

Um Lautsprache mittels Cochlea-Implantat zu erlernen und zu verstehen, muß das Kind ausreichend Gelegenheit haben, Lautsprache zu hören und diese zu verbalisieren. Der Einsatz natürlicher Mimik und Gestik unterstützt diesen Prozeß, da sie das Sprachverstehen, besonders in der Anfangszeit, nachhaltig fördern.

Letztendliches Ziel ist es, den mit einem Cochlea-Implantat versorgten Kindern eine weitestgehend altersgemäße Entwicklung der Lautsprache zu ermöglichen.

Spätestens seit Beginn der Cochlea-Implantat-Versorgung von prälingual gehörlosen Vorschulkindern muß sich die Hörgeschädigtenpädagogik der Aufgabe stellen, wie die frühzeitig mit einem Implantat versorgten Kinder pädagogisch gefördert werden können und wo deren „Lernort" ist. Die Eingliederung in die vorhandenen Bildungseinrichtungen muß prinzipiell eine Einzelfallentscheidung sein, die gegebenenfalls einen Wechsel in eine andere Bildungseinrichtung flexibel und problemlos zuläßt.

Beschulung von CI-Kindern

Die Basisrehabilitation bildet bei Erwachsenen zumeist ein etwa zweiwöchiges grundlegendes Hörtraining. Dieses kann – in Anlehnung an Rost/Strauß-Schier 1998, 137ff – wie folgt aussehen:

Nachsorge und Therapie bei Erwachsenen

1. Geräuschwahrnehmung und -unterscheidung: Am Anfang stehen Hörübungen zur Erweckung der akustischen Aufmerksamkeit. Der mit dem Hörtraining beginnende CI-Träger wird auf Alltagsgeräusche im Haus und im Freien aufmerksam gemacht. Ziel der Übung ist die Selektion eines Geräusches aus der ihn umgebenden Geräuschkulisse. Es folgen Übungen zur Unterscheidung von Tonlänge, Tonanzahl, Tonstärke und Tonhöhe sowie zur Diskrimination verschiedener Musikinstrumente.

2. Übungen zur rhythmisch-prosodischen Sprachstruktur: Hier werden Übungen zum Erkennen der Silben- und Wortanzahl, der Silben-, Wort- und Satzlänge sowie das Erkennen von Betonung und Intonation durchgeführt.

3. Wortunterscheidung mit Vokalen: Bei diesen Übungen geht es um die Unterscheidung von Wortpaaren (die Unterscheidungsmerkmale werden zunehmend abgebaut).

4. Vokalunterscheidung: Parallel zu den Wortunterscheidungsübungen mit Vokalen (3.) werden die Vokale einzeln erarbeitet.

5. Wortunterscheidung mit Konsonanten: Analog zu Übung 3. geht es hier um die Unterscheidung von Wortpaaren (die Unterscheidungsmerkmale werden mit steigenden Fähigkeiten abgebaut).

6. Konsonantenunterscheidung: Analog zu 4. werden die Konsonanten einzeln erarbeitet.

7. Zahlenverstehen: Übung zum Verstehen von Zahlen (zunächst mehrsilbige, dann zweisilbige und abschließend einsilbige Zahlwörter). Dazu gehören auch Übungen, die unmittelbaren Bezug zum Alltag haben, z. B. Verstehen von Telefonnummern, Preisen, Geburtsdaten, Uhrzeiten.

8. Wortverstehen: Zunächst Übungen im sog. „closed set", d. h. aus einer Liste von bekannten Wörtern zu einem vorgegebenen Thema soll ein Wort herausgelöst werden. Nachfolgend werden unbekannte Wörter zu diesem Thema eingefügt. Abschließend folgen Wortverständnisübungen, bei denen nur das Thema bekannt ist.

9. Satzverstehen: Übungen analog 8., nur daß nunmehr Sätze geübt werden.

10. Speechtracking: Übungen zum Verstehen von Sprache in Phrasen, Sinnzusammenhängen oder Sätzen im Rahmen von Kurzgeschichten. Begonnen wird mit Hören und Absehen, bis ein ausreichendes Sprachverstehen nur mit Hören möglich ist.

11. Telefontraining: Den Abschluß bildet ein Telefontraining. Beginnend mit einer Ja/Nein-Taktik wird der Schwierigkeitsgrad allmählich angehoben bis hin zu „normalen" Telefongesprächen.

Ein initiales Hören unmittelbar nach einer CI-Versorgung soll es dem „neuen" CI-Träger ermöglichen, sich an die neuen akustischen Höreindrücke zu gewöhnen und Sprache in immer umfangreicherem Maße zu diskriminieren. Die mit einem Implantat Versorgten müssen an das neue Hören intensiv herangeführt werden. Sie bedürfen dabei ebenso einer hörgeschädigtenspezifischen Betreuung wie die Kinder.

Wem hilft das CI? Erfahrungen nach 20 Jahren CI-Versorgung bei Erwachsenen und 10 Jahren CI-Versorgung bei Kindern zeigen:

1. Weitestgehend erfolgreich ist eine Cochlea-Implantat-Versorgung bei prä-, peri- oder postnatal gehörlosen Kindern, wenn sie das Implantat bis zum 4. Lebensjahr erhielten.
2. Bei Vorschulkindern (5. und 6. Lebensjahr) erweist es sich dann als sinnvoll, wenn bereits durch intensive Förderung und adäquate Hörgeräteversorgung das auditorische System entsprechend mit Höreindrücken versorgt und eine Lautsprachkompetenz aufgebaut wurde.

3. Ältere Schulkinder zeigen nur dann noch Erfolge, wenn sie bereits eine erfolgreiche Hörerziehung und eine intensive Hör-Sprach- und Hör-Sprecherziehung durchlaufen haben.
4. Bei jugendlichen Personen, die von Geburt an gehörlos waren, aber eine sehr deutliche Hörgerichtetheit und eine gute Lautsprachkompetenz hatten, waren die Implantationen in Ausnahmefällen erfolgreich.
5. Bei von Geburt an gehörlosen Erwachsenen hat sich das Implantat als wenig sinnvoll erwiesen. Erhebliche psychische Schwierigkeiten haben diese Personen immer dann, wenn sie zur Implantation überredet worden waren.
6. Nach Ertaubung sollte möglichst rasch eine CI-Versorgung erfolgen. Damit kann die Phase auditorischer Deprivation und deren Folgen gering gehalten werden.

Die o.g. Erfahrungen beruhen (natürlich) auf dem gegenwärtigen Erkenntnisstand. Mit der Weiterentwicklung der Implantat-Systeme, umfangreicheren Erfahrungen in der pädagogischen Rehabilitation dieses Personenkreises und durch die zu erwartenden Ergebnisse aus Langzeituntersuchungen (die gegenwärtig noch nicht vorliegen können), werden sich die getroffenen Aussagen verändern können. Weiterführende Untersuchungen dürfen nicht bei den erreichten Hörfähigkeiten und der erreichten kommunikativen Kompetenz stehenbleiben. Sie müssen gleichermaßen die psychosoziale Situation der Implantierten und mögliche Lebens- und Zuordnungsmuster zu den einzelnen Gruppierungen von Hörgeschädigten (s. Kap. 4) berücksichtigen.

Nach Lenarz (1998, 27) wird die Indikation zur Cochlea-Implantat-Versorgung von folgenden Faktoren bestimmt:

– Lebensalter,
– Ertaubungsalter und -dauer,
– Ausmaß des Hörverlustes und der Hörrestigkeit,
– Nachweis einer sensorischen Gehörlosigkeit,
– Intaktheit des Hörnervs und der zentralen Hörbahnen,
– Anatomie des Innenohres,
– Ursache der Ertaubung,
– Vorliegen von weiteren Behinderungen,
– allgemeiner Entwicklungsstand des Kindes und
– Allgemeinzustand bei Erwachsenen.

Voraussetzung für eine Cochlea-Implantation ist, daß der Hörnerv und das zentrale Hörsystem regulär arbeitet. Für Personen, bei denen auch der Hörnerv nicht funktionsfähig ist, wurde das Hirnstammimplantat (auch „auditory brainstem implant" – ABI genannt) entwickelt. Wenn der Hörnerv nicht arbeitet, muß die Reizelektrode weiter zentral, direkt am Hirnstamms plaziert werden, um Höreindrücke auslösen zu können.

Hirnstammimplantat

136 Das Cochlea-Implantat

Abb. 39: Cochlea-Implantat und Hirnstammimplantat im Vergleich. Personen mit erhaltenem Hörnerv können durch ein CI mit Elektrodenlage in der Schnecke, Personen mit einem zerstörten Hörnerv dagegen nur mit einem Hirnstammimplantat mit Elektrodenlage am Nucleus cochlearis versorgt werden. Die einzelnen Grauflächen stehen für Verschaltungen im Gehirn (mit freundlicher Genehmigung von R. Laszig).

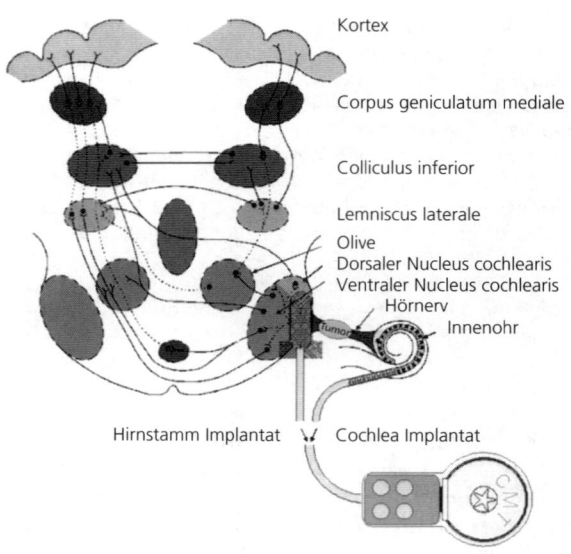

Weitere Entwicklungen

Ein Hirnstammimplantat kommt dann in Frage, wenn der Hörnerv beiderseits zerstört ist, das zentrale Hörsystem jedoch funktionsfähig ist. Die postoperative Betreuung und das Hörtraining bei ABI-versorgten Personen läuft ähnlich wie bei CI-Trägern ab, gestaltet sich jedoch wesentlich zeitaufwendiger und intensiver. In der Regel führt die auditive Information zu einer akustischen Umweltorientierung und mitunter zu einem begrenzten Sprachverstehen.

Das Hirnstammimplantat wurde bisher (1999) nur sehr vereinzelt eingesetzt – in Deutschland ca. bei 25 Personen – und kann daher noch nicht als gängige Therapiemethode betrachtet werden. Die Entwicklung steht noch am Anfang.

Aber auch das Cochlea-Implantat, als bereits gängiges rehabilitatives Verfahren, wird weiteren technischen Neuerungen unterliegen und damit für den Träger des Implantats angenehmer und leistungsfähiger werden. Durch die Nutzung der neuen technologischen Entwicklungen werden sich schnellere und komplexere Sprachverarbeitungsstrategien realisieren lassen. Zugleich kann man von einer weiteren Miniaturisierung sowohl der Implantate als auch der Sprachprozessoren ausgehen.

Bereits gelungen ist die Herstellung eines Sprachprozessors in HdO-Geräte-Form (s. Abb. 40), der eine wesentliche Verbesserung des Tragekomforts gegenüber herkömmlichen Prozessoren bedeutet. Das gegenwärtige Modell hat jedoch noch nicht die volle Leistungsfähigkeit wie die Taschengeräte.

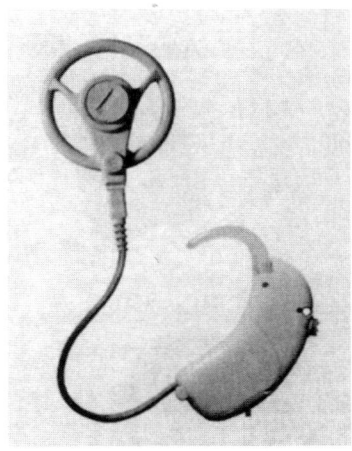

Abb. 40:
Hinter dem Ohr getragener Sprachprozessor (ESPritTM) (aus: Leonhardt 1997, 33)

Eine weitere Neuentwicklung betrifft die Verwendung magnetfreier Implantate. Hierzu ist ein spezielles Headset erforderlich, das eine sichere Positionierung der Übertragungsspule über dem unter der Haut gelegenen, jedoch ohne Magnet versehenen Implantat ermöglicht. (Weitere Informationen s. auch Weber et al. 1998.) Die weiteren Entwicklungsziele bei Cochlea-Implantationen lassen sich wie folgt zusammenfassen (Lenarz 1998, 49):

- zunehmende Miniaturisierung des Sprachprozessors,
- Einbau einer wiederaufladbaren Batterie in das Implantat,
- total implantierbares Cochlea-Implantat,
- zunehmende Flexibilität und Gewandtheit der Geräte,
- Entwicklung objektiver Einstellhilfen und
- Implementierung digitaler Hörgerätetechnologie zur Störschallunterdrükkung und verbesserten Signalverarbeitung

Es wird sich sowohl die Cochlea-Implantat-Versorgung als auch die Hörgeräteanpassung (s. Kap. 7) weiterentwickeln, so daß die Grenzen zwischen beiden fließend sind und gegebenenfalls sich verändern werden. Gegenwärtig sind folgende Entwicklungen zu beobachten:

Zusammenfassung

- Eine weitere Verbesserung der Cochlea-Implantate mit optimierter individueller Anpassung.
- Eine weitere Verbesserung der Hörgeräte sowie die Entwicklung implantierbarer Hörgeräte, die eine verbesserte Hörleistung und damit optimierte Ausnutzung des Restgehörs erwarten lassen.

Die Art der Versorgung sollte prinzipiell eine Einzelfallentscheidung, unter Abwägung möglicher Vor- und Nachteile für den Betroffenen, sein.

Informationen über Cochlea-Implantate sind zu finden in: Bertram (1998a): Cochlear Implant für Kinder. – Laszig (1993): Ausgeprägte Schwerhörigkeit und Gehörlosigkeit des Erwachsenen. – Laszig (1996): Die prothetische Versorgung bei Taubheit. – Laszig/Marangos (1998): Cochlear-Implant – heutiger Stand. – Leonhardt (1997): Das Cochlear Implant bei Kindern und Jugendlichen. – Stiftung zur Förderung körperbehinderter Hochbegabter. Vaduz (Hrsg.) (1995): Das Cochlear Implant, eine (neue) Möglichkeit der Begabungsentfaltung bei Hörgeschädigten? Hohenems

8.1 Übungsaufgaben zu Kapitel 8

Aufgabe 51 Nennen Sie die Bestandteile eines Cochlea-Implantats!

Aufgabe 52 Beschreiben Sie die Funktionsweise eines Cochlea-Implantats!

Aufgabe 53 Für welche Personen ist ein Cochlea-Implantat besonders geeignet?

9 Gebärdensprache und Gebärdensprachbewegung

In eine konträre Richtung zum Cochlea-Implantat weist die Gebärdensprachbewegung. Sie fand ihren Ausgang in den sechziger Jahren, als William Stokoe – ein Mediävist und Linguist, der Ende der 50er Jahre seine Arbeit am Gallaudet College[1] aufnahm – im Rahmen seiner linguistischen Untersuchungen der Gebärden amerikanischer Gehörloser feststellte, daß diese alle linguistischen Kriterien einer Sprache erfüllen. Es handele sich somit um eine vollwertige Sprache, die der Lautsprache in nichts nachstehe. Seine Untersuchungsergebnisse faßte er in der 1960 erschienenen Publikation „Sign Language Structure" zusammen. Stokoe war – im Vergleich zu früher durchgeführten Analysen der Gebärden – dazu übergegangen, die Gebärdenzeichen in ihren Einzelbestandteilen wie Handform, Bewegung und Ausführungsstelle (am Körper) zu beschreiben. Er stellte fest, daß die Gebärden sich in kleine Teile zerlegen lassen, die nach bestimmten Gesichtspunkten kombiniert werden, so daß eine Regelhaftigkeit besteht. Diese Publikation gilt nach Sacks (1990, 182)

---

[1] Heute: Gallaudet University. Sie geht zurück auf eine 1817 gegründete Lehranstalt in Hartfold, der ersten Gehörlosenschule in den USA überhaupt. 1857 wurde in Washington D.C. die „Columbia Institution for the Deaf and Dumb" errichtet. 1864 verabschiedete der Kongreß ein Gesetz, das es dieser Einrichtung erlaubte, in den Rang eines Nationalen College für Taubstumme aufzusteigen. Damit war die erste auf die Ausbildung von Gehörlosen spezialisierte Hochschule des Landes geschaffen. Ihr erster Rektor war Edward Gallaudet. Die Einrichtung hieß zunächst „National Deaf Mute College" und wurde 1893 zu Ehren von Thomas Gallaudet, Vater von Edward Gallaudet, in „Gallaudet College" umbenannt. (Auf die Initiative von Thomas Gallaudet geht die Gründung der ersten Gehörlosenschule in den USA zurück.) 1987 wurde das College in Gallaudet-Universität umbenannt.
Die Gallaudet-Universität ist die einzige geisteswissenschaftlich ausgerichtete Universität für gehörlose Studenten weltweit. Daneben sind jedoch inzwischen an Technischen Hochschulen verschiedene Studiengänge eingerichtet worden. Die berühmteste derartige Einrichtung ist das „National Technical Institute for the Deaf (NTID)" in Rochester.

als erste ernstzunehmende wissenschaftliche Auseinandersetzung mit dem „visuellen Kommunikationssystem der amerikanischen Gehörlosen".

Gehörlose als kulturelle Gruppe

Fünf Jahre später gab Stokoe unter Mitarbeit von zwei gehörlosen Kollegen ein „Lexikon der Amerikanischen Gebärdensprache" heraus, womit er seine Erkenntnisse weiter untermauerte. Im Anhang dieses Lexikons befand sich ein Beitrag mit dem Titel „The Linguistic Community", der die erste Beschreibung der sozialen und kulturellen Charakteristika der Gehörlosen lieferte, die sich der Amerikanischen Gebärdensprache bediente. Gehörlose als eine kulturelle Gruppe darzustellen, war zu diesem Zeitpunkt noch nie dagewesen.

Die unmittelbaren Reaktionen von seiten der Wissenschaft und auch der Gehörlosen selbst waren zunächst eher zurückhaltend, teilweise auch ablehnend: Stokoes Kollegen der Universität standen den Forschungsergebnissen eher distanziert gegenüber. Die zeitgenössische Sprachforschung nahm keine Notiz von seinen Büchern, und die Gehörlosen zeigten eine eher indifferente oder ablehnende Reaktion (Sacks 1990). Es dauerte noch ca. 20 Jahre, bis ein Umdenken erfolgte. Die Gebärdensprache fand aus linguistischer Sicht mehr und mehr Anerkennung. Dadurch mitbedingt kamen die Gehörlosen zu einem neuen Selbstverständnis und Selbstbewußtsein sowie einer veränderten Selbstachtung. In den siebziger Jahren wurden auch die Forderungen der Gehörlosen deutlicher, neue Wörter wie „Selbstbestimmung" und „Bevormundung" tauchten auf. Die Gehörlosen lehnten sich gegen das Stigma „behindert" und „abhängig" auf und begannen, sich als Mitglieder einer autonomen Gemeinschaft zu fühlen, deren Anliegen „der Erhalt ihrer Sprache, Entwicklung von angemessenen Methoden für den Gehörlosenunterricht, sowie die Aufrechterhaltung ihrer sozialen und politischen Organisationen" ist (Padden/Humphries 1991, 46).

Gehörlosenkultur in den USA

Mit dem Gedanken, im Besitz einer eigenen, vollwertigen Sprache zu sein, wuchs unter vielen Gehörlosen auch die Vorstellung von einer eigenen Kultur (Rutherford 1989, 19). Als kulturelle Merkmale der (amerikanischen) Gehörlosenkultur sollen beispielsweise angesehen werden:

– Die Amerikanische Gebärdensprache (American Sign Language, ASL) bildet den Kern der Gehörlosenkultur.
  Die Mitgliedschaft in der Gehörlosengemeinschaft stützt sich auf eine „gehörlose Einstellung". Eine „gehörlose Einstellung" bedeutet (so Baker/Padden 1978 nach Rutherford 1989, 21), daß sich eine Einzelperson aufgrund bestimmter Merkmale als Mitglied der Gemeinschaft zu erkennen gibt und von den anderen Mitgliedern akzeptiert wird. Das tatsächliche Ausmaß des Hörverlustes spielt eine untergeordnete Rolle.

Zur besseren Unterscheidung wurden etwa Ende der siebziger Jahre die Begriffe „deaf" und „Deaf" eingeführt, wobei „deaf" für den audiologischen Befund des Nicht-Hören-Könnens steht und „Deaf" für eine bestimmte Gruppe gehörloser Menschen, die eine gemeinsame Sprache und Kultur benutzt (sich also als Mitglieder einer kulturellen Gemeinschaft fühlen), verwendet wird. Ein Gehörloser, der nicht ASL verwendet, wird auch nicht als Mitglied der kulturellen Gruppe der Gehörlosen angesehen.
- Gehörlose heiraten zumeist untereinander (85–95 %).
- Innerhalb der Gehörlosenkultur existiert eine formale Sozialstruktur.
- Es gibt Kulturgegenstände, die speziell für die Gemeinschaft bestimmt sind, so z. B. Schreibtelefon, Blitzlicht-Signaleinrichtungen (als Türklingel oder Wecker) und sprachgesteuerte Signallichter, wie für einen Baby-Call.

Ebenfalls in den siebziger Jahren „schwappte" die Gebärdensprachbewegung nach Europa über. Im deutschsprachigen Raum sind damit Namen wie Prillwitz, Boyes-Braem (beide Linguisten) und Hase (als Vertreter des Deutschen Gehörlosenbundes) verbunden. Während in Deutschland das Thema „Gebärdensprache und Gehörlosenkultur" von den Betroffenen sowie den Gehörlosenlehrern, Linguisten, Psychologen und Medizinern erhitzt diskutiert wurde, blieben die Auswirkungen auf die Bildung und Erziehung in den Gehörlosenschulen, einschließlich Frühförderung und vorschulischer Erziehung, vergleichsweise gering. In den skandinavischen Ländern versuchte man ein bilinguales Vorgehen in den Gehörlosenschulen umzusetzen. Auch in den Niederlanden wurden neue Ansätze unter Einbezug der Gebärdensprache erprobt.

Gebärdensprachbewegung in Europa

Die Gehörlosen als Träger dieser Bewegung melden zunehmend ihre eigenen Vorstellungen für eine aus ihrer Sicht angemessenen Erziehung und Bildung gehörloser Kinder an. Sie sehen die Zukunft in einem bilingualen Förderkonzept, das auf der Gebärdensprache als Erstsprache beruht. Die gehörlosen Kinder sollen die Chance eines natürlichen Spracherwerbs erhalten – durch das Angebot einer Sprache, die ihren Wahrnehmungsbedingungen voll entspricht (Voit 1992, 171). Verbunden damit wird die Erwartung, daß angemessene frühkindliche und altersgemäße Entwicklungsverläufe im kognitiven und sozialen Bereich möglich sind. Durch die Gebärdensprache stehe ein differenziertes Sprachsystem zur Verfügung, durch das eine reichhaltige und ungehinderte Kommunikation möglich wird. Um ein entsprechend vielschichtiges und vielseitiges Sprachangebot zu gewährleisten, sollen bereits in die Früherziehung der gehörlosen Kinder der zumeist hörenden Eltern gehörlose Früherzieher eingesetzt werden. Auch für die vorschulische Erziehung und den Unterricht in der Gehörlosenschule werden zweisprachige hörende und gehörlose Lehrer gefordert. Im Gegensatz zu allgemeinen Inte-

Bilinguale Erziehung

grationsbemühungen durch ein gemeinsames Lernen von behinderten und nichtbehinderten Schülern verlangt das bilinguale Konzept nach einer Sonderschule für Gehörlose, da nur so ein entsprechend qualifiziertes Gebärdensprachangebot gesichert werden kann. Zugleich möchte man sich durch einen Unterricht mit und in Gebärdensprache und durch die Vermittlung der Gehörlosenkultur noch stärker als bisher vom Allgemeinen Schulsystem abheben (Padden/Humphries 1991, 105f; Voit 1992, 172). Die erstgenannten Autoren problematisieren des weiteren, daß der Wandel zum gemeinsamen Lernen zur Folge habe, „daß viele, gerade die jüngeren gehörlosen Kinder, auch wenn sie mit ein paar anderen gehörlosen Kindern zusammen unterrichtet werden, nie einen erwachsenen Gehörlosen kennengelernt und niemals ASL gesehen haben". Dies könnte „anstatt daß es den gehörlosen Kindern eine neue Welt eröffnet, leicht zu einer neuen Art von Isolation führen" (106).

Die Diskussion um die Gebärdensprachbewegung thematisieren: Padden/Humphries (1991). Gehörlose. Eine Kultur bringt sich zur Sprache. – Sacks (1990): Stumme Stimmen. – Voit (1992): Vor neuen Weichenstellungen in der Gehörlosenpädagogik?

9.1 Übungsaufgaben zu Kapitel 9

Aufgabe 54 Was war Ausgangspunkt der Gebärdensprachbewegung?

Aufgabe 55 Welche Vorstellungen sind mit einer Gehörlosenkultur verbunden?

10 Therapeutische Aspekte

Als Therapie sollen alle Maßnahmen verstanden werden, die den unmittelbaren Auswirkungen einer Hörschädigung entgegenwirken können. Die hörgeschädigtenspezifische Förderung konzentriert sich auf mehrere Aufgabenfelder, von denen nachfolgend die Hörerziehung, die Rhythmisch-musikalische Erziehung, das Ausbilden von Sprechfertigkeiten und die visuelle Lautsprachperzeption (also das Absehen) beispielhaft vorgestellt werden. Sie können (und sollen) sowohl prozeßimmanent, d. h. im Unterricht der Schule oder im Spiel in der Früh- und Elementarförderung, als auch in speziellen Fördersituationen (Therapiesitzungen) umgesetzt werden.

10.1 Hörerziehung

Unter Hörerziehung sollen all jene pädagogischen Maßnahmen verstanden werden, die das Ziel verfolgen, prälingual hörgeschädigte Kinder zum Ausnutzen ihrer vorhandenen Hörkapazitäten zu befähigen, damit sie zu einer umfassenden Lautsprachentwicklung und zu einer optimalen Orientierung in der akustischen Umwelt in der Lage sind. Dies geschieht unter Verwendung von technischen Hörhilfen und unter pädagogischer Anleitung.

Hörerziehung, Hörtraining

In Abgrenzung dazu wird bei postlingual ertaubten Kindern und Erwachsenen von Hörtraining gesprochen. Das Hörtraining baut auf vorhandene Hörerfahrungen und auf vorhandenen Sprachbesitz auf und verfolgt das Ziel, durch entsprechende Übungen den früher vorhanden gewesenen Besitz an akustischen Erfahrungen und an Lautsprache für den Kontakt mit der Umwelt wieder verfügbar zu machen. Der postlingual Hörgeschädigte erlebt die Höreindrücke, die ihm bei Verwendung von technischen Hörhilfen zugänglich sind, als ungewohnte Klangqualität. Sie sind gegenüber denen von früher deutlich verändert. Die Aufgabe der pädagogischen Arbeit ist es hier, den Hörgeschädigten zu befähigen, die neugewonnenen, aber veränderten Klangeindrücke als Zugang zu den bereits vorhandenen akustischen Erfahrungen zu verwenden, die er im Verlauf seines bisherigen Lebens erworben hat.

Löwe (1991, 38) unterscheidet Hörerziehung und Hörtraining auch wie folgt: Hörerziehung baut Sprache auf, Hörtraining baut dagegen auf vorhandene Sprache auf.

Ziele der Hörerziehung

Als Ziele der Hörerziehung können – in Anlehnung an Pöhle (1994) – genannt werden:

– das Wahrnehmen und Erlernen der Lautsprache durch Ausbilden der auditiven Differenzierung,
– das Ausbilden des auditiv-kinästhetisch-sprechmotorischen Kontrollkreises zum Regulieren der eigenen Sprech- und Ausdrucksweise,
– das Bedürfnis zur geistig-sprachlichen Auseinandersetzung mit allen wahrnehmbaren akustischen Ereignissen zum Aktivieren und Bereichern des Wissens- und Könnenserwerbs.

Die Hörerziehung basiert auf dem Grundgedanken, daß hörende Kinder die Fähigkeit zum bewußten Hören weitgehend durch indirektes Lernen erwerben, falls genügend entwicklungsfördernde akustische Reize auf sie einwirken. Beim hochgradig hörgeschädigten, aber auch beim schwerhörigen Kind muß zunächst die Aufmerksamkeit und das Interesse für akustische Erscheinungen (darin eingeschlossen ist die Lautsprache) wachgerufen werden. Das Kind muß lernen, diese wahrgenommenen akustischen Erscheinungen zu erkennen, sie zu differenzieren und sie wiederzuerkennen und bestimmten Vorgängen in der Umwelt zuzuordnen. Letztlich soll das Kind die akustischen Erscheinungen vergleichen und sie als Wortbedeutung begrifflich verallgemeinern. Um diesen Hör-Lern-Prozeß in Gang setzen zu können, bedarf es der Unterstützung, Anregung und Anleitung durch den Pädagogen und die Eltern.

Stufenmodelle zur Hörfähigkeit

In der Fachliteratur werden verschiedene Stufen der Entwicklung der Hörfähigkeit unterschieden. Beispielhaft sollen drei kurz vorgestellt werden:

Nach Braun erscheint es angebracht, „das Hörvermögen daraufhin zu beurteilen, welches kognitives Niveau oder welchen Grad an Bewußtheit akustische Reize ... haben können" (1969, 25). Er benennt in Anlehnung an Hilgard drei Stufen oder Schwellen des Bewußtwerdens akustischer Reize:

1. die Registrierschwelle (akustischer Reiz wird empfunden),
2. die Entdeckungsschwelle (es werden Einzelheiten des akustischen Reizes ausgemacht),
3. das Identifikationsniveau (gesprochene Sprache wird verstanden, d. h. akustische Signale werden registriert, entdeckt und sinnentsprechend gedeutet).

Erber (1982) spricht von vier Stufen des Hörens:

1. *Stufe des Entdeckens (Detection)*
   Auftreten eines akustischen Phänomens wird wahrgenommen, d. h. es wird lediglich unterschieden, ob ein Geräusch vorhanden ist oder nicht.
2. *Stufe der Unterscheidung (Discrimination)*
   Unterschiede zwischen verschiedenen Geräuschen und Lauten werden wahrgenommen.
3. *Stufe der Identifikation (Identification)*
   Fähigkeit, das Gehörte zu benennen, z. B. durch Wiederholen des Gehörten, durch Zeigen auf das Bezeichnete u. ä. Als ausreichend identifiziert kann etwas auch gelten, wenn ein Kind zunächst nur die Anzahl der Silben des Gehörten wiederholen kann, aber noch nicht in der Lage ist, das gesamte Wort wiederzugeben.
4. *Stufe des Verstehens (Comprehension)*
   Der Inhalt einer sprachlichen Mitteilung kann entnommen werden.

Diese Stufen bauen zwar grundsätzlich aufeinander auf, gleichzeitig überschneiden sie sich aber auch. In der natürlichen Kommunikation werden immer Hörfähigkeiten verschiedener Stufen benötigt.

Pollack (1985) beschrieb die verschiedenen Stadien der Entwicklung des Hörens und des Sprechens. Basierend auf dieser Grundlage entwickelte Estabrooks eine Übersicht über diese beiden Bereiche (Abb. 41).

Die drei vorgestellten Modelle des Hörenlernens können in der frühen Hörerziehung Orientierungshilfe sein. Diese Stufenmodelle sind theoretische Konzepte. In jedem Modell bauen die Stufen zwar grundsätzlich aufeinander auf, aber sie überlappen sich gleichzeitig auch. In der Praxis der Hörerziehung arbeitet man schon beim Säugling mit der Lautsprache, d. h., daß man die Modelle keineswegs dahingehend mißverstehen darf, daß erst alle anderen Stufen durchlaufen sein müssen, bevor ein Kind den Inhalt einer Äußerung versteht. „In practice, comprehension activities for very young children are a natural part of communication" (Edwards/Estabrooks 1994, 66).

Pöhle (1990) unterscheidet des weiteren zwischen zwei Formen der Hörerziehung: die planmäßig gezielte Hörerziehung und die sporadische Hörerziehung.

Die planmäßig gezielte Hörerziehung wird vom Hörgeschädigtenpädagogen bewußt organisiert und in der Therapiesitzung oder im Unterricht (hier prozeßimmanent, als Unterrichtsprinzip) realisiert.

Die sporadische Hörerziehung ist darauf gerichtet, alle sich (zumeist spontan) anbietenden Möglichkeiten zu nutzen, in denen das hörgeschädigte Kind seine durch die gezielte Hörerziehung erworbenen Fähigkeiten und Fertigkeiten der auditiven Perzeption anwenden, weiter ausbilden und neue Hörerfahrungen sammeln kann.

146 Therapeutische Aspekte

Hören	⇨	Sprechen
	Geburt	
auditive Wahrnehmung ⇩		Weinen ⇩
Aufmerksamkeit ⇩		Gurren ⇩
Lokalisation ⇩		Lächeln ⇩
Unterscheidung ⇩		Lachen ⇩
auditives Feedback ⇩		Vokalisieren ⇩
Unterscheiden versch. Stimmen ⇩		Babbeln und Lallen ⇩
Erkennen von Lautfolgen ⇩		Imitieren ⇩
auditive Verarbeitung ⇩		Kauderwelsch ⇩
Verstehen		erste Wörter ⇩
		Zwei-Wort-Äußerungen ⇩
⇩		Mehr-Wort-Äußerungen ⇩
		Sätze ⇩
		Gespräch ⇩
Verstehen auf höherem Niveau	▼	fast perfekte Grammatik
	6 Jahre	

Abb. 41:
Stadien des Hörens
und Sprechens
(aus: Estabrooks
1998, 131)

Zwischen beiden Formen besteht eine enge Wechselwirkung: Zum einen schafft die gezielte Hörerziehung die Voraussetzung für die sporadische. Diese wiederum kann auf das Kind stimulierend wirken, wenn nämlich das Kind Nutzen und Freude durch gemachte Hörerlebnisse erfährt.

In sehr enger Beziehung zur planmäßig gezielten Hörerziehung steht die Rhythmisch-musikalische Erziehung. In ihrer Anfangsphase ist sie unmittelbar Bestandteil der Hörerziehung, später treten eigene und spezifische Aufgaben hinzu.

Zum Thema „Hörerziehung" sei empfohlen: Erber (1982): Auditory Training. – Frerichs (1995): Die „Philosophie" der hörgerichteten Erziehung. – Lindner (1992): Pädagogische Audiologie. – Löwe (1991). Hörerziehung für hörgeschädigte Kinder.

10.2 Rhythmisch-musikalische Erziehung

Ziel der Rhythmisch-musikalischen Erziehung (RME) ist nicht Erziehung zur Musik, sondern durch Musik (Rohloff 1985, 66). Die Rhythmisch-musikalische Erziehung geht zurück auf Emile Jaques-Dalcroze (1865–1950), der den Gedanken entwickelte, rhythmische Bewegung in der Musik durch körperliche Wiedergabe auszudrücken. Er errichtete 1911 in Hellerau bei Dresden eine Schule für Tanz und rhythmische Körperbildung, die auf Charakterbildung durch Bewegungsschulung zielte. Dalcroze entwickelte seine Methode konsequent weiter und gab ihr schließlich die prägnante Bezeichnung „Rhythmisch-musikalische Erziehung". Diese wurde von seinen Schülerinnen ausgebaut. Für den Bereich der Gehörlosenpädagogik wäre hier insbesondere Mimi Scheiblauer (1891–1968) zu nennen. Sie veröffentlichte bereits Ende der zwanziger Jahre ihre ersten Vorstellungen zur Rhythmik im Taubstummenunterricht. Weitere Impulse gingen Ende der fünfziger Jahre von Antonius van Uden (geb. 1912) und Anfang der sechziger Jahre von Karl Hofmarksrichter (1900–1976) aus. Seither kann man die Rhythmisch-musikalische Erziehung als festen Bestandteil der Hörgeschädigtenpädagogik betrachten.

Entstehung der RME

Das zentrale Anliegen der Rhythmisch-musikalischen Erziehung ist es, Schallwahrnehmung (Musik, Sprache) und Bewegung zu einer Einheit werden zu lassen. Das hörende Kind erwirbt die Rhythmusfähigkeit vorwiegend auf akustischem Weg. Da dieser dem hörgeschädigten Kind kaum oder nur eingeschränkt zugänglich ist, bietet sich der Umweg über den Muskelsinn als sinnvolle Kompensation an. Damit soll die Aneignung des Rhythmischen und die Koordination der Motorik unterstützt werden.

Ziele der RME

Ziel der Rhythmisch-musikalischen Erziehung bei Hörgeschädigten ist das Aneignen des Gefühls für Rhythmus sowie die Koordination der Grob- und Feinmotorik. Sie erfolgt über ganz- und teilkörperliche Bewegungen und unter Verwendung von Klang- und Geräuschinstrumenten (nach Pöhle 1994, 73).

Klang- und Geräuschinstrumente haben einen hohen Aussageeffekt, was den Wahrnehmungsbedingungen hochgradig hörgeschädigter Kinder entgegenkommt. Zum Ausbilden und Koordinieren der Psychomotorik und dem Aneignen der Rhythmusfähigkeit sind ganz- und teilkörperliche Übungen geeignet, die sinnvoll durch begleitenden Einsatz genannter Instrumente ergänzt werden sollten. Ebenso förderlich ist es, rhythmisch-musikalische Übungen mit der Verwendung von Lautsprache zu verbinden.

148 Therapeutische Aspekte

RME in der Schule

Die Rhythmisch-musikalische Erziehung ist an der Schule für Gehörlose und an der Schule für Schwerhörige Prinzip jeglichen Unterrichts. An der Schule für Gehörlose und Schwerhörige gibt es (anstelle des Musikunterrichts an der Allgemeinen Schule) die Rhythmisch-musikalische Erziehung zusätzlich als Unterrichtsfach mit eigenem Lehrplan.

Auch der *Rhythmisch-musikalische Unterricht (RMU)* arbeitet mit den Mitteln Musik, Bewegung und Sprache. Seine Grundlage ist der Rhythmus, der in Musik und Sprache hörbar, in der Bewegung sichtbar, beim Einsatz von Körperinstrumenten sichtbar und hörbar wird (dazu zählen Fingerschnalzen, Händeklatschen, Oberschenkel- oder Gesäß-Patschen, Füße-Stampfen u. ä.) (Penteker-Wolfheimer 1998, 156).

RMU bei hörgerichteter Förderung

Penteker-Wolfheimer (1998) betrachtet den Rhythmisch-musikalischen Unterricht im Rahmen einer hörgerichteten Förderung. Sie sieht das Spezifische darin, daß der Pädagoge sich bewußt auf das „Hören" einläßt und so jede Handlung darauf einstellt. Grundbedingung dafür sind intakte Hörgeräte, Einsatz der Klassenhöranlage und genaues Beobachten des Hörverhaltens der Kinder. Die allgemeinen Ziele des Rhythmisch-musikalischen Unterrichts – sensomotorische Schulung, Persönlichkeitsbildung und Entwicklung der sozialen Kompetenz – bleiben bestehen. Das Hören wird jedoch schwerpunktmäßig hervorgehoben. Damit verbunden ist die Entwicklung der Sprache, die in weit höherem Maß als im Musik- und Rhythmikunterricht mit hörenden Kindern an Bedeutung gewinnt und gleichsam zum Ziel der Bemühungen wird.

Über die grobmotorischen Übungen ist die Feinmotorik (zu ihr ist auch die Sprechmotorik zu zählen) beeinflußbar. Rhythmisch-musikalische Übungen wirken sich nach Pöhle (1994, 45) positiv auf die Verständlichkeit des Sprechens aus, „denn sie fördern u. a. die für die Automatisierung von Sprechbewegungsabläufen erforderliche Feinmotorik und das Beherrschen der rhythmisch-dynamischen Akzentuierung. Gleichermaßen sind sie für das Anbilden des Sprachgefühls bedeutsam, das eine wesentliche Grundlage der Ausformung des Sprachverständnisses und des sprachlichen Ausdrucks ist".

Bereits Scheiblauer (1929, 266) hatte die Ansicht vertreten, daß man die unrhythmische und unmelodische Sprechweise der gehörlosen Schüler verbessern könne, indem man ihnen so viele rhythmisch-dynamische Impulse wie möglich vermittle und die Schüler diese empfinden und nachahmen lassen.

Die Rhythmisch-musikalische Erziehung verknüpft Bewegung, Wahrnehmung, räumliche und zeitliche Gestaltung sowie mitmenschliche Erfahrungen in elementarer Form mit den musikalischen Grundformen von Klang, Intervall und Rhythmus. Es geht in erster Linie um ein breites Angebot von Erfahrungsmöglichkeiten, wobei die Freude am rhythmischen Tun und Erleben in den Mittelpunkt gestellt werden soll.

Rhythmisch-musikalische Übungen erfolgen im Vorschul- und (insbesondere Grund-) Schulalter vorwiegend in Gruppen. Dabei lernen die Kinder, sich aufeinander einzustellen und aufeinander Bezug zu nehmen. Somit trägt die Rhythmisch-musikalische Erziehung im weiteren Sinne auch zur Entwicklung des Sozialverhaltens bei.

Wie bei der Hörerziehung genügt es bei der Rhythmisch-musikalischen Erziehung nicht, diese nur in gesonderten Unterrichts- oder Therapiestunden zu verwirklichen. Sie muß Prinzip jeglicher Förderung sein, um entsprechend wirksam und erfolgreich werden zu können.

RME als Prinzip

Vertiefende Literatur zur RME: Penteker-Wolfheimer (1998): Rhythmisch-musikalischer Unterricht. – Straumann (Hrsg.)(1985): Lernen der Bewegung – Lernen durch Bewegung.

10.3 Entwicklung von Sprechfertigkeiten

Für die lautsprachliche Kommunikation ist der Inhalt, die grammatisch-syntaktische Struktur und die Verständlichkeit des Gesprochenen von Bedeutung. Die Verständlichkeit des Gesprochenen hängt wiederum von der Sprechweise des Menschen ab. Diese wird durch eine Anzahl von Sprechfertigkeiten bestimmt:

- Respiration (Atmung)
- Phonation (Stimm- und Lautbildung)
- Artikulation (Lautbildung)
- Modulation (Abstufung des Sprechens nach Klangfarbe und Lautstärke)
- Sprechtempo
- Sprechlautstärke

Nach Zimbardo (1995, 379) spricht man dann von Fertigkeiten, wenn eine Person so weit ist, daß sie eine Aufgabe rasch, fehlerlos und mühelos erledigen kann. Fertigkeiten werden erlernt und laufen nach dem Erlernen und praktischen Üben automatisch ab, d. h. die Fertigkeit wird tatsächlich „gedankenlos" durchgeführt (so z. B. das Autofahren oder das Teilnehmen an einer Konversation). Ist diese Qualität erreicht, kann man sich auf die Eigenschaft der Aktivität konzentrieren, die auf einem höheren Niveau angesiedelt ist (wie Strategie, Stil und Interpretation).

Als Sprechfertigkeiten werden sensomotorisch relativ eng umgrenzte Teilhandlungen des gesamten Sprechvorganges bezeichnet. Bevor die Teilhandlungen automatisch ablaufen, also zu Fertigkeiten geworden sind, ist ein hoher Anteil von willkürli-

Sprechfertigkeit

chen und unwillkürlichen Übungen erforderlich. Für die Entwicklung von Sprechfertigkeiten (wie auch aller anderen Fertigkeiten) gibt es mehr oder weniger typische Entwicklungsphasen, die beim hochgradig hörgeschädigten und gehörlosen Kind durch die Funktionsbeeinträchtigung bzw. im Extremfall durch den Ausfall des auditiven Analysators nur dann annähernd zeitgerecht ausgenutzt werden können, wenn der Hörschaden frühzeitig erkannt und eine entsprechende pädagogische Förderung eingeleitet wurde.

Ziel der Entwicklung von Sprechfertigkeiten

Das Ziel der Entwicklung von Sprechfertigkeiten ist es, das hörgeschädigte Kind zum selbständigen, verständlichen Sprechen zu führen, damit es in einer normalen Kommunikationssituation mit einem hörenden Partner dieses anwenden kann.

Dem hörgeschädigten Kind fehlen die natürlichen Voraussetzungen für die auditive Perzeption von Lautsprache und für die Kontrolle des eigenen Sprechens bzw. sie sind nur bedingt vorhanden. Infolgedessen muß beim gehörlosen und hochgradig schwerhörigen Kind die Fähigkeit zur lautsprachlichen Produktion bewußt aufgebaut und geübt sowie beim mittel- und leichtgradig schwerhörigen Kind korrigiert und intensiviert werden.

Traditionell – und auch heute oft noch – wurde diese spezielle Förderung als Artikulationsunterricht bezeichnet. Durch die Bezeichnung „Entwicklung von Sprechfertigkeiten" versucht man, den einseitig auf die sprechtechnische Seite und den formalen Sprechakt orientierten Ansatz mehr und mehr zu überwinden, außerdem umfaßt der Sprechvorgang – wie eingangs gezeigt – mehr als nur die Artikulation von Sprachlauten. Die Artikulation wird heute als *Teil* der lautsprachlichen Kommunikation betrachtet.

Individuelle Hör-Sprech-Erziehung

In der individuellen Form der Hör-Sprech-Erziehung erfolgt das grundlegende Anbilden der verschiedenen Sprechfertigkeiten bzw. gegebenenfalls die Korrektur von aufgetretenen Sprechfehlern. Einen Schwerpunkt bilden die Artikulation und die rhythmisch-dynamisch-melodische Akzentuierung, wobei auch Sprechatmung, Stimmeinsatz und Stimmlage beachtet werden.

Begleitende Förderung

Darüber hinaus ist in allen Formen der Erziehung und Förderung (Früherziehung, vorschulische Erziehung, schulischer Unterricht, Gestaltungsformen des Schülerinternats usw.) eine begleitende fördernde Einflußnahme auf die Sprechfertigkeiten angebracht, wobei stets die Sprechfreude und das Mitteilungsbedürfnis des hörgeschädigten Kindes Vorrang haben. Eine wichtige Hilfe kann das Sprachvorbild sein, an dem das Kind seine eigene Sprech- und Ausdrucksweise korrigieren kann. Ein möglichst hoher Sprachumsatz vom hörgeschädigten Kind selbst gewährleistet den erforderlichen hohen Übungsanteil, um den Sprechvorgang zur Fertigkeit werden zu lassen.

Durch die besser werdenden Hörhilfen, das frühzeitigere Erkennen von Hörstörungen und eine sich unmittelbar daran anschließende Früherziehung gelingt es immer häufiger, die hörgeschädigten Klein- und Vorschulkinder sowie Schüler zu einer zunehmend geläufigen Sprechfertigkeit zu befähigen. Eingeübt wird verständliches Sprechen von Wörtern und Sätzen in Form von Redeganzen. Gegebenenfalls müssen im Einzelfall aber auch einzelne Laute und Lautverbindungen in gesonderten, direkten und indirekten Sprechübungen erarbeitet und Lautbildungsschwierigkeiten abgebaut werden (Jussen et al. 1994, 84).

Die Feststellung der im Einzelfall durchzuführenden Maßnahme erfordert neben einer frühzeitig medizinischen und pädagogischen Diagnose eine enge Zusammenarbeit aller am Erziehungsprozeß beteiligten Personen, so z. B. der Eltern, Hörgeschädigtenpädagogen, Erzieher, Lehrer und ggf. Logopäden.

Mit der Entwicklung von Sprechfertigkeiten beschäftigen sich: Jussen et al. (1994): Lautbildung bei Hörgeschädigten. – Lindner (1994): Entwicklung von Sprechfertigkeiten. – Neppert (1999): Elemente einer akustischen Phonetik.

10.4 Visuelle Lautsprachperzeption

Für einen Hörgeschädigten ist die auditive Perzeption von Schallereignissen, und damit auch von Lautsprache, nur eingeschränkt bzw. im Einzelfall nicht möglich. Für die Perzeption von Lautsprache bieten die beim Sprechen sichtbaren Bewegungen (= Sprechbewegungen) eine gewisse Möglichkeit, die Einschränkung oder den Ausfall des auditiven Analysators zu kompensieren. Das Nutzen dieser beim Sprechen sichtbaren Bewegungen der Sprechorgane für die Auffassung von Lautsprache wird als visuelle Lautsprachperzeption oder Absehen bezeichnet. In der älteren pädagogischen Literatur und gegenwärtig auch noch in der medizinischen Literatur findet man dafür auch die Termini „Lippenlesen" (häufig auch die englische Bezeichnung „lipreading") oder Ablesen.

Visuelle Lautsprachperzeption

Für den normalhörenden Menschen stellt die sprachliche Kommunikation über das Absehen kein Erfordernis dar. Dennoch ziehen auch Hörende in bestimmten Situationen das Absehen zur auditiven Sprachauffassung mit heran, z. B. wenn ein Gespräch bei Umgebungslärm, also unter erheblichem Störschall, abläuft, schaut der Zuhörende dem Sprecher unwillkürlich auf den Mund bzw. ins Gesicht. Die Bedeutung des Absehens steigt also dort, wo für die rein auditive Erfassung sprachlicher Zeichen ungünstige oder erschwerte Bedingungen vorliegen. Das ist vor allem dann der Fall, wenn eine dauernde Schädigung des auditiven Analysators, wie beim Hörgeschädigten, vorliegt.

Die visuelle Lautsprachperzeption stützt sich auf das Erfassen der äußerlich sichtbaren Sprechbewegungen. Äußerlich erfaßbar ist die Stellung und Bewegung der Lippen, des Unterkiefers und der Zungenspitze. Ein großer Teil der für die Sprachproduktion wesentlichen Stellungen und Bewegungen der Artikulationsorgane ist jedoch nicht sichtbar, z. B. wenn die Laute im Kehlkopf oder tief im Inneren der Mundhöhle gebildet werden. Dadurch ist das Absehbild lückenhaft. Der Absehende muß nun durch Kombination aus den erkennbaren Merkmalen das objektiv Fehlende ergänzen und er muß die mehrdeutig abgesehenen Bewegungen (zahlreiche Bewegungen der sichtbaren Sprechorgane können nicht nur einem bestimmten Laut, sondern einer Lautgruppe zugeordnet werden) eindeutig machen.

Die visuelle Lautsprachperzeption ist ein komplexer Vorgang, an dem mehrere Faktoren beteiligt sind. Vollständiges Sprachverstehen ausschließlich über das Absehen ist schwer möglich und erfordert einen umfangreichen Sprachbesitz sowie ein hohes Maß an Kombinationsfähigkeit. Das Absehen ist eine Fertigkeit zur visuellen Perzeption von Lautsprache. Die Absehfertigkeit ist, wie die Sprechfertigkeit (s. Kap. 10.3), erlernbar und läßt sich durch Übung steigern.

Absehkurse für Erwachsene

Personen, die erst im *Erwachsenenalter* schwerhörig werden oder das Gehör verlieren, erlernen die *Absehfertigkeit* zumeist mit Hilfe von Absehkursen (z. B. an der Volkshochschule oder durch Angebote der Schwerhörigenvereine, Selbsthilfegruppen oder auch am Institut in Rendsburg, s. Kap. 12.2). Im Laufe der Jahre haben sich für diesen Personenkreis eine große Anzahl von methodischen Konzepten zur Entwicklung von Absehfertigkeiten herausgebildet. Sie lassen sich jedoch zwei theoretischen Grundrichtungen zuordnen: der formalen Absehmethode und der Inhaltsmethode.

Die formale Methode geht von Einzellauten und Silben aus; wenn diese abgesehen werden, geht man zu Wörtern über und sehr viel später zu Sätzen. Die Inhaltsmethode geht vom Sinnzusammenhang aus, und es wird ausschließlich im Sinnzusammenhang geübt (Petersen 1989, 38f; Wisotzki 1996, 183f).

Absehfertigkeit bei Kindern

Anders als bei späthörgeschädigten Erwachsenen vollzieht sich das Erlernen der *Absehfertigkeit bei gehörlosen, schwerhörigen und ertaubten Kindern:* Die visuelle Lautsprachperzeption entwickelt sich bei ihnen mit ihrer (laut-)sprachlichen Entwicklung und ihrem sprachlichen Können. Das zu erreichende Niveau der Absehfertigkeit hängt im beträchtlichen Maß vom sprachlichen Entwicklungsstand und vom sprachlichen Können ab. Einen Einfluß auf die visuelle Lautsprachperzeption haben der Umfang des Wort- und Sprachformenschatzes und dessen kommunikative Verfügbarkeit sowie der Grad der Sprechfertigkeiten und der sprechtechnischen Kontrollmechanismen.

Damit das Absehen gelingen kann, müssen bestimmte äußere Bedingungen eingehalten werden, dazu gehören z. B.: — Regeln

- Das Gesicht ist dem Absehenden zuzuwenden und zugewendet zu halten, solange man spricht.
- Der Mund des Sprechers soll gut beleuchtet sein (jedoch kein zu grelles Licht, da es die Konturen des Gesichtes verflacht) und sich gegen dunklen Hintergrund abheben.
- Die Entfernung zwischen dem Absehenden und Sprechenden soll 0,5 bis 3,5 Meter betragen.
- Sprechender und Absehender sollen sich auf gleicher Augenhöhe befinden.
- Der Sprecher soll mit natürlichem Mundbild sprechen.
- Das Sprechtempo ist leicht herabzusetzen.
- Bartwuchs, auffällige Brillengestelle, individuelle Gestaltungen des Gesichts können das Absehen erschweren bzw. bedürfen einer längeren Eingewöhnungszeit.

Zum Absehen sei als Literatur empfohlen: Alich (1977): Sprachperzeption über das Absehen vom Munde. – Leonhardt (1996a): Didaktik des Unterrichts für Gehörlose und Schwerhörige. – Lindner (1992): Pädagogische Audiologie. – Wisotzki (1996): Altersschwerhörigkeit.

10.5 Übungsaufgaben zu Kapitel 10

Was ist der Unterschied zwischen Hörerziehung und Hörtraining? **Aufgabe 56**

Vergleichen Sie die Entwicklung der Fähigkeit zum bewußten Hören beim hörenden und hörgeschädigten Kind! **Aufgabe 57**

Wie kann die Hörfähigkeit beim hörgeschädigten Kind entwickelt werden? **Aufgabe 58**

Welche Formen der Hörerziehung sind Ihnen bekannt? **Aufgabe 59**

Was ist Ziel der Rhythmisch-musikalischen Erziehung? **Aufgabe 60**

Aufgabe 61   Was sind Sprechfertigkeiten?

Aufgabe 62   Was ist Absehen? Was ist visuelle Lautsprachperzeption?

Aufgabe 63   Was ist der grundlegende Unterschied beim Erlernen der Absehfertigkeiten bei von Geburt an hörgeschädigten Kindern und späthörgeschädigten Erwachsenen?

Aufgabe 64   Welche Bedingungen müssen erfüllt sein, damit das Absehen möglich oder erleichtert wird?

11 Die besondere Bedeutung und die Aufgabenfelder der Früherziehung

Je früher ein hörgeschädigtes Kind eine entsprechende Förderung erhält, um so günstiger ist das für seine geistig-sprachliche und soziale Entwicklung. Voraussetzung für die Einleitung einer derartigen Frühförderung ist natürlich, daß das Kind als hörgeschädigt erkannt worden ist. Der gegenwärtige Stand kann hier noch nicht befriedigen (s. Tab. 11).

Die große Mehrzahl von hörgeschädigten Kindern wird nach dieser Statistik der Bundesregierung erst jenseits des 2. Lebensjahres als hörgeschädigt erkannt, wenn auch davon auszugehen ist, daß die hochgradigen Hörschäden (vor allem Gehörlosigkeit) früher erkannt werden. Zahlreiche Untersuchungen und Veröffentlichungen belegen, daß Eltern betroffener Kinder sehr viel früher – zumeist gegenüber Pädiatern – ihre Vermutung, daß ihr Kind hörgeschädigt sei, äußerten, doch von diesen über längere Zeit vertröstet oder abgewiesen wurden (Ministerium für Arbeit, Gesundheit und Soziales... 1992; HörEltern... 1998; Müller 1994, 97f; Ullrich 1994, 202).

Forderung: früheres Erkennen von Hörschäden

Folgerichtig wird im „Vierten Bericht der Bundesregierung über die Lage der Behinderten und die Entwicklung der Rehabilitation" (1998, 14) gefordert, daß die Erkennung angeborener

Tab. 11: Kindliche Hörbehinderungen werden oftmals erst später erkannt. 100 % = alle Kinder, bei denen in U 3 – U 9 Hörbehinderungen festgestellt wurden: Quelle: die vom Beauftragten der Bundesregierung für die Belange der Behinderten herausgegebene „Dokumentation der Untersuchungsergebnisse 1991 – Kinder" (1994, 39).

Untersuchung	Zeitpunkt	Erstdiagnose Hörschädigung
U 3	4.– 6. Lebenswoche	3,7 %
U 4	3.– 4. Lebensmonat	6,0 %
U 5	6.– 7. Lebensmonat	5,6 %
U 6	10.–12. Lebensmonat	4,8 %
U 7	21.–24. Lebensmonat	8,3 %
U 8	43.–48. Lebensmonat	48,8 %
U 9	60.–64. Lebensmonat	22,7 %

Hörstörungen bei Säuglingen in den ersten Lebensmonaten sicherzustellen ist, damit die Säuglinge bereits vor dem 6. Lebensmonat mit Hörgeräten versorgt und mit gezielter Therapie an die Sprachentwicklung normal hörender Säuglinge herangeführt werden können. Die medizinisch-technischen Möglichkeiten zur Früherkennung sind gegeben; was gegenwärtig noch fehlt, ist ein flächendeckendes Hörscreening.

Daß es noch immer möglich ist, über zwei Jahrzehnte nicht als „hörgeschädigt" erkannt zu werden, soll Fallbeschreibung 7 zeigen. Obwohl es mehrere Anlässe bzw. Hinweise (Verdachtsmomente) auf eine mögliche Hörschädigung gab – Frühgeburt, kurzfristiger Sauerstoffmangel während der Geburt, (wenn auch geringfügige) Auffälligkeiten in der Sprachentwicklung, gehäufte Mittelohrentzündungen, familiäre Disposition – wurde die erste Hörprüfung mit über 20 Jahren durchgeführt. Die Betroffene vermochte offensichtlich recht gut, ihr eingeschränktes Hörvermögen (unbewußt) in gewisser Weise zu kompensieren und sich im und am sozialen Geschehen zu orientieren. So hat sich die junge Frau – zu diesem Zeitpunkt Studentin des Lehramts an Sonderschulen mit der vertieft studierten Fachrichtung Gehörlosenpädagogik – wohl eher zufällig „selbst diagnostiziert".

Fallbeschreibung 7:
Am ... 1971 wurde ich in München geboren. Die Geburt verlief ohne große Komplikationen, das einzig Außergewöhnliche war, daß die Nabelschnur dreimal um den Hals gewickelt war, was einen kurzzeitigen Sauerstoffmangel zur Folge gehabt haben könnte.

Nach Aussagen meiner Mutter war ich ein sehr lebhaftes Kind und hatte den Drang, meine Umwelt genauestens zu erkunden. Meine Mutter unterstützte und förderte mich, und dies vor allem in den für die Entwicklung so wichtigen ersten beiden Lebensjahren. Meine Mutter erzählte sehr viele Geschichten, sie sang gerne mit mir und, was mir das Liebste war, sie schaute sehr oft mit mir Tier- und Kinderbücher an. Dabei setzte sie mich immer auf ihren Schoß und hielt mich an ihren Brustkorb gedrückt. So vermittelte sie mir unbewußt die Sprache über alle Sinne. Auch verlor sie nie die Geduld bei meinen vielen Fragen und erklärte mir alles sehr anschaulich, sei es, indem sie es mir zeigte, aufmalte oder vormachte. Sprachlich war ich nicht auffällig. Einzig r, ng und kn konnte ich bis zur Einschulung nicht sprechen. Das Wort „Knopf" artikulierte ich wie „Nof". Erst als ich das Wort zum ersten Mal gelesen hatte, begriff ich, daß es „Knopf" heißt.

Mit 2 ¾ Jahren ging ich in einen katholischen Kindergarten in unserer Nähe. In diesem Kindergarten wurde die musische Erziehung sehr groß geschrieben. Jede Kindergruppe hatte zwei- bis dreimal in der Woche rhythmische Gymnastik, die darauf ausgerichtet war, sich zu bestimmten Rhythmen und/oder zu Musik mit Gegenständen, z. B. Bällen, Seilen, Tüchern, zu bewegen oder zu Musik etwas zu malen. Zudem gab es eine Orff-Gruppe und für jedes Fest im Jahreskreis (Ostern, Muttertag, Sommerfest ...) wurde etwas einstudiert. Hier im Kindergarten entstand, sehr zum Leidwesen meiner Mutter, mein erster Kontakt mit der Flöte, dem Instrument, das ich jahrelang spielte.

Im September 1978 wurde ich in die Sprengelschule unseres Bezirks eingeschult. In der Schule erschloß sich für mich eine ganz neue Welt. Das Lesenlernen bereitete mir sehr viel Freude und ich entwickelte mich zu einem richtigen Bücherwurm. In der Grundschule war die Sitzordnung meist, außer im Fach Handarbeiten, bestimmt durch Gruppentische.

Nach den vier Jahren Grundschule wechselte ich auf das Gymnasium. Am Gymnasium tauchten für mich das erste Mal schulische Probleme auf. Erst heute ist mir klar, daß diese zum großen Teil durch meine Schwerhörigkeit bedingt waren. Ich hatte große Schwierigkeiten, den Lehrern zu folgen, wenn sie etwas diktierten, vor allem im Fach Französisch. Es war mir nicht möglich, die einzelnen Laute, beispielsweise das ee, é, è, ê, auseinanderzuhalten. Auch verstand ich nicht sofort alle Wörter und so verlor ich meist schon zu Beginn des Diktates den Faden. Um ehrlich zu sein, muß ich sagen, daß ich während meiner Schulzeit die meisten Diktate von meinen Banknachbarn abschrieb. In der Freizeit war es meist so, daß mir bei spontanen Witzen die Pointen entgingen und ich nicht mitlachen konnte oder der Meinung war, die anderen lachen über mich, weil ich den Witz nicht mitbekommen hatte. Im schlimmsten Fall konnte ich nicht mitreden, weil ich nicht wußte, von was die Rede war. Irgendwann fing ich an, mich deshalb immer mehr abzusondern. Das soll nicht heißen, daß ich zum freudlosen Eremiten wurde. Ich hatte sehr viel Spaß mit meinem Bruder und meinen engsten Freunden.

Obwohl man den Eindruck gewinnen muß, war ich dem Ohrenarzt nicht unbekannt, ganz im Gegenteil: Seit meiner frühesten Kindheit hatte ich mit Ohrenentzündungen zu kämpfen. Irgendwann sagte man meiner Mutter, ich zitiere: „Das linke Ohr Ihres Kindes ist kaputt." Von da an war ich der Überzeugung, mein linkes Ohr sei taub.

Ich weiß genau, welche Frage hier aufkommen muß: Hat denn nie jemand die Idee gehabt, dies audiometrisch zu überprüfen? Nein. Die Ärzte beließen es dabei, meine häufigen Mittelohrentzündungen auszukurieren. Die einzigen Tests, die bei mir gemacht wurden, waren die während regulärer Reihenscreenings in der Schule. Allerdings waren diese Tests nicht sehr aussagekräftig, da die Ärzte meist frontal zu mir saßen oder das schlechtere Abschneiden meinerseits dadurch erklärt wurde, daß ich erkältet sei.

Im Sommer 1991 legte ich mein Abitur ab und begann im Wintersemester 1992/93 an der Universität Gehörlosenpädagogik zu studieren. Dieses Studium beinhaltet unter anderem ein sonderpädagogisches Blockpraktikum nach dem zweiten Semester. Während dieses Praktikums sollten wir mit den Kindern artikulieren. Um mit der Technik vertraut zu werden, übten wir zuvor an den Geräten, dabei machte ich eine erstaunliche Entdeckung. Ich mußte die Lautstärke wesentlich höher einstellen als meine Kommilitonen. Zudem nahm ich plötzlich wesentlich mehr Geräusche wahr.

Der nächste logische Schritt war daher der Gang zu einem HNO-Arzt. Dieser begutachtete meine Ohren und konnte keinerlei Anomalien feststellen. Er erstellte ein Tonaudiogramm. Das Tonaudiogramm wies einen mittleren Hörverlust von 45–50 dB nach (im Tieftonbereich bis zu 60 dB). Danach wurde noch ein Sprachaudiogramm erstellt. Aus diesen Untersuchungen ergab sich folgende Diagnose: Ich habe eine mittelgradige Innenohrschwerhörigkeit. Diese könnte durch Sauerstoffmangel während der Geburt oder, was wahrscheinlicher ist, betrachtet man meine Familiengeschichte, erblich bedingt sein. Hinzu kommen die bereits erwähnten häufigen Mittelohrentzündungen. Der Arzt ordnete daher eine binaurale Hörgeräteversorgung an und überwies mich an den Hörgeräteakustiker. Von da an stritten sich zwei absolut konträre Gefühle in mir: Einerseits jubilierte ich, ich würde ja von nun an alles, wirklich alles, hören, ich würde nicht mehr ausgeschlossen sein. Andererseits aber hatte ich erst einmal daran zu kauen, daß ich wirklich schwerhörig war.

Seit der Anpassung der Hörgeräte streiten „zwei Seelen in meiner Brust". Zum einen sind die Hörgeräte bei einer Kommunikation in ruhiger Umgebung eine große Hilfe. Zum anderen beherrscht mich oft der Gedanke: „Wie halten die armen Menschen, die normal hören, nur diesen infernalischen Lärm aus?" Ich habe sehr lange ohne Hörgerät gelebt und es ist schwer, mich umzugewöhnen. Zudem entzünden sich meine Gehörgänge sehr leicht und dann ist es unangenehm, das Hörgerät zu tragen. Zusätzlich hatte ich plötzlich mit zwei Hörstürzen zu kämpfen. Nach Gesprächen mit allen meinen Ärzten stellten diese fest, daß die Hörstürze möglicherweise mit meiner Medikation zusammenhingen. Nach Absetzen bzw. Umstellen der Medikamente besserte sich auch mein Gehör, da nach Aussagen des Arztes die Durchblutung des Innenohres nun besser gewährleistet sei.

Nach Abschluß meines Studiums begann ich das Referendariat am Zentrum für Hörgeschädigte in... (nach einer Selbstdarstellung der Betroffenen).

Auch wenn die Kinder frühzeitig als hörgeschädigt erkannt sind, sind voreilige Entwicklungsprognosen dringend zu vermeiden, wie Fallbeschreibung 8 zeigt.

Fallbeschreibung 8:
Geboren wurde ich 1968 als älteste von drei Töchtern eines Arztehepaares, wobei meine Mutter seit meiner Geburt Hausfrau ist. Als ich sechs Monate alt war, bekam meine Großmutter den Verdacht, daß ich „taub" sei, wie sie sich ausdrückte, da ich selbst auf das Zusammenschlagen von Kochtöpfen nicht reagierte. Der Verdacht wurde daraufhin bei einer Untersuchung in der HNO-Universitätsklinik bestätigt.

Aufgrund meiner diagnostizierten Gehörlosigkeit sollten mir damals keine Hörgeräte verordnet werden – mein mittlerer Hörverlust beträgt auf beiden Ohren im Sprachbereich etwa 115 dB. Erst auf Drängen meiner Eltern bekam ich im Alter von zwei Jahren ein Kastenhörgerät angepaßt; das zweite Kastenhörgerät bekam ich im Alter von knapp vier Jahren. Diese Hörgeräte habe ich allerdings wohl wegen des zu geringen „Hörerfolgs" damals nur ungerne getragen.

Als meine Hörbehinderung feststand, besuchten meine Eltern die pädoaudiologische Beratungsstelle einer nahe gelegenen Schwerhörigenschule und fragten den Direktor (!) der Schule, welche Entwicklungsmöglichkeiten bei mir bestünden. Dessen Antwort war: „Wenn ihre Tochter 14 Jahre alt ist, können Sie froh sein, wenn sie die Bildzeitung lesen kann!" – Zum Glück wird eine solche Antwort Eltern nicht überall geboten – als Konsequenz haben meine Eltern meine Frühförderung selbst in die Hand genommen. Den Anstoß dazu gaben folgende Worte eines Kollegen meines Vaters, der einen damals siebenjährigen hochgradig schwerhörigen Sohn hatte: „Arbeiten Sie mit dem Kind, egal, was andere Leute sagen! An Ihnen alleine liegt es, was einmal aus Ihrem Kind wird!" – Durch eine glückliche Fügung lernten meine Eltern Frau S., eine Logopädin für hörbehinderte Kinder, kennen, die ihnen Anleitungen für meine sprachliche Entwicklung gab. Meine Eltern, vor allem aber meine Mutter, begannen mit meiner Förderung, als ich noch nicht ganz ein Jahr alt war. Die intensive sprachliche Förderung zog sich bis etwa zum Ende der Grundschulzeit hin.

Aufgrund der nicht besonders ermutigenden Begegnungen mit dem Direktor der damaligen Schwerhörigenschule beschlossen meine Eltern, mich in den Regelkindergarten unseres Wohnbezirkes zu schicken, zumal viele Kontakte zu anderen Eltern gleichaltriger Kinder unserer Wohngegend bestanden und die Kindergartenleitung der Aufnahme eines hörbehinderten Kindes sehr aufgeschlossen gegenüberstand. – Im nachhinein kann ich mich nicht an negative Erlebnisse aus der Kindergartenzeit, die auf meine Hörbehinderung zurückzuführen wären, erinnern (nach: Jahrestagung 1995).

Inwieweit ein hörgeschädigtes Kind seine verbliebene Hörkapazität mit Hilfe der Hörgeräte auszunutzen vermag, zeigt sich erst unter dem Einfluß kontinuierlicher pädagogischer Förderung. Die ersten 18 Lebensmonate auszunutzen ist dabei besonders wichtig. Während dieser Zeit ist die Plastizität des kindlichen Gehirns am größten. Es vollziehen sich die Markscheidenreifung und die Synapsenbildung. Demzufolge sind die Erfolgsaussichten für das Ausbilden der Funktion der zentralen Hörbahn und der Hörzentren in der Großhirnrinde besonders günstig.	Entwicklung des Hörens
Die Erkenntnisse über das Hören haben sich in den letzten Jahren – u. a. aufgrund moderner Untersuchungsmethoden – erheblich erweitert. Hören als Verstehen wird nicht mehr nur als eine Funktion des äußeren, mittleren und inneren Ohres, sondern als eine Leistung des Gehirns, als ein hochkomplexer Vorgang, gesehen.	Neurologische Grundlagen
Das Hirn und seine Funktionen kommen nicht „fertig" auf die Welt: Es muß fundamentale Prozesse – wie Analyse des Schallreizes nach der Frequenz, Frequenzänderung, Schallintensität, Veränderung der Intensität, Lokalisation der Schallquelle – *erlernen*. Die dazu notwendige Feinorganisation eines Hirngebietes geschieht in einer Phase der Entwicklung, in der die neuronalen Verknüpfungen auf ihre Sinnhaftigkeit geprüft und, je nach Ergebnis, konsolidiert oder wieder abgebaut werden. Von besonderer Wichtigkeit sind dabei externe Sinnreize, die interpretiert oder beantwortet werden müssen.	Reifung des Gehirns
Die Entwicklung des Kleinkindes stellt eine ständige Interaktion, ein Ineinandergreifen von Anlagen und Umwelt dar. Die mit den Erbanlagen gegebenen Möglichkeiten und Grenzen und die Umweltfaktoren beeinflussen sich gegenseitig in vielfältiger Weise.	

Die Schaltstellen innerhalb des Gehirns bilden sich während der Reifung des Gehirns. Die Bildung von 70–75 % dieser Schaltstellen ist genetisch programmiert. Sie entstehen unabhängig von funktioneller Belastung oder Aktivität des betreffenden neuronalen Systems, also unabhängig davon, ob allgemeine Umweltreize oder umweltspezifische Reize auf die betreffende Nervenzelle einwirken. Die übrigen 25 % der Schaltstellen werden jedoch nur *unter* der *Wirkung eines entsprechenden Reizangebotes* gebildet (Schlote 1989, 40f).

Die neuronalen Prozesse etablieren sich in einem bestimmten frühkindlichen Alter und funktionieren dann für den Rest des Lebens. Werden umgekehrt diese Funktionen nicht rechtzeitig aufgebaut oder in fehlerhafter Weise verfestigt, so ist jenseits eines bestimmten Alters eine Korrektur nicht mehr möglich. Die Forschungen Klinkes (1989, 1995, 1997, 1998) belegen, daß es für die Akquisition (Erwerb) der meisten der fundamentalen Hirnfunktionen kritische Perioden geben muß. Als kritische Perioden werden kurzzeitige Phasen, in denen bestimmte Erfahrungen gemacht werden müssen, bezeichnet. Die Einflüsse solcher Erfahrungen sind dauerhaft (Hess 1975, 83).

Beim Menschen ist es sehr schwer, die kritischen Perioden zeitlich abzugrenzen. Klinke vermutet solche beim Säugling in der ersten und zweiten Lallphase, „in denen einmal der kontrollierte Umgang mit der eigenen Atmung und später das Zusammenspiel zwischen Sprechapparat und Hörapparat zu üben ist" (1995, 4).

Anforderungen an die Pädiatrie und Pädaudiologie

Wenn man davon ausgeht, daß die erste Lallphase zwischen dem 2. und 5. und die zweite Lallphase zwischen dem 6. und 8. Lebensmonat liegen, sind aus diesen Überlegungen eindeutige Forderungen an die Pädiatrie und Pädaudiologie abzuleiten. Kinder mit frühkindlichen Hörstörungen sollten zu diesem Zeitpunkt als solche erkannt und mit Hörhilfen versorgt sein, damit eine entsprechende Früherziehung wirksam werden kann. Nur dadurch kann es möglich sein, die kritischen Perioden zu nutzen, in denen das zentrale auditorische System die Auswertungsstrategien erwirbt.

Folgerungen für die Pädagogik

Aus pädagogischer Sicht ist nach Methoden zu suchen, die das auditorische System auch bei hörgeschädigten Kindern aktivieren. Während in der ersten Lallphase zunächst die Rückmeldung über das Lallen vorzugsweise über die Kinästhesie erfolgt – der Säugling vollzieht mit den Organen des Ansatzrohres Bewegungen, die die späteren Sprechbewegungen vorbereiten –, spielt zunehmend (zweite Lallphase) die auditive Rückkopplung eine Rolle. Eine therapeutische Intervention spätestens zu diesem Zeitpunkt scheint zwingend erforderlich. Damit sollte es gelingen, die Phasenspezifität der Sinnesentwicklung und die vergleichsweise enorme Plastizität des kindlichen Gehirns auszunutzen. Löwe (1992b, 19-27) verweist auf weitere Gründe, warum die Früherziehung bereits im ersten Lebensjahr beginnen sollte. Er stützt seine Aussagen sowohl auf nationale als auch auf internationale Darstellungen. Beispielhaft seien drei seiner Gründe genannt, die weiteren können am angegebenen Ort nachgelesen werden:

- weil die optimale Periode bereits vor Vollendung des ersten Lebensjahres vorüber sein könnte
  Begründet wird das mit Untersuchungsergebnissen, die belegen, daß es eine Zeitspanne gibt, während der für den Aufbau der Schaltstellen und Schaltmuster, die für die auditive Sprachwahrnehmung notwendig sind, im Gehirn eine besonders große Plastizität zu bestehen scheint. Diese reicht aber nur bis zur Vollendung des 8. Lebensmonats.
- weil sonst die Qualität der Sprechstimme einen nicht mehr reparablen Schaden erleidet
  Bezogen wird sich hier auf Untersuchungen, die belegen, daß hörgeschädigte, vor Vollendung des ersten Lebensjahres mit Hörgeräten versorgte Kinder, eine bessere Sprechverständlichkeit haben.
- weil rund ein Drittel aller frühkindlicher Hörstörungen progredient verlaufen soll
  Demzufolge ist diesen Kindern, in der Phase ihrer frühen Kindheit, während der sie noch verhältnismäßig viel hören, eine entsprechende Förderung zuteil werden zu lassen.

Hörende Kinder erwerben die Fähigkeit zum bewußten Hören weitgehend durch indirektes Lernen, falls genügend entwicklungsfördernde akustische Reize auf sie einwirken. Beim hörgeschädigten, insbesondere beim hochgradig hörgeschädigten Kind, muß zunächst die Aufmerksamkeit und das Interesse für akustische Erscheinungen (darin eingeschlossen ist die Lautsprache) wachgerufen werden. Hörhilfen bieten die Basis. Sie „verbessern" die Qualität und die Quantität des akustischen Reizes. Das hörgeschädigte Kind lernt, mit Unterstützung und durch Anregung des Pädagogen und der Eltern, Informationen zu verarbeiten. Das beginnt, indem das hörgeschädigte Kind zunächst auf akustische Ereignisse aufmerksam gemacht wird. Diese werden entweder bewußt geschaffen, z.B. in der Therapiesitzung, oder aber aus der Umgebung und der Umwelt spontan ausgewählt, wobei das Kind darauf aufmerksam gemacht wird.

Längerfristig wird damit das Ziel verbunden, daß das hörgeschädigte Kind lernt, alle wahrnehmbaren Höreindrücke unter Nutzung und Anwendung des im Gedächtnis gespeicherten Wissens zu verarbeiten.

Papoušek nimmt an, daß die Sprachentwicklung des Kindes ihren Anfang nimmt „in dem ersten kommunikativen Austausch

Anbahnen von Kommunikation

mit der Mutter nach der Geburt, bzw. schon vor der Geburt, sobald das Gehör des Ungeborenen reif genug ist, Rhythmus und Melodie der mütterlichen Sprache wahrzunehmen. Die These schließt die Annahme ein, daß vorsprachliche Kommunikation und Anfänge der Sprachentwicklung untrennbar in die Entwicklung der ersten sozialen Beziehungen eingebettet sind" (1995, 16).

Zu den ersten akustischen Reizen, die der hörende Säugling aufnimmt, zählen Geräusche, Klänge, die eigene Lalltätigkeit und die Sprache der Mutter oder der engsten Bezugspersonen. Das hörgeschädigte Kleinkind kann diese wichtigen ersten akustischen Reize nicht oder nur sehr eingeschränkt über das Gehör wahrnehmen. Trotzdem ist auch beim hörgeschädigten Kleinkind im ersten Lebensjahr das Kommunikations- und Orientierungsbedürfnis vorhanden. Es äußert sich – ebenso wie beim hörenden Kind – hauptsächlich im Bereich der Bewegung, der Blickkontakte und des Tastens.

Auditive Sprachanbahnung

Vorrangige Aufgabe der Früherziehung ist das *Befähigen des hörgeschädigten Kindes zur Kommunikation*. Dies ist auf verschiedenen Wegen möglich, einer davon wäre der der auditiven Sprachanbahnung. Diese baut auf der beschriebenen frühen Aktivierung des Restgehörs (resp. der vorhandenen Hörkapazität) auf. Die auditive Sprachanbahnung geht von dem Wissen aus, daß hörgeschädigte Kinder voll funktionsfähige Sprechorgane und die potentielle Fähigkeit zum Sprechen haben. Ihr Ziel ist es, dem hörgeschädigten Kind die Möglichkeit zu eröffnen, Sprache auf natürlichem – also imitativem – Weg über das Gehör aufzunehmen. Bei einer Hörgeräteanpassung innerhalb der ersten 6 bis 8 Monate kann man dem Kind noch vor Abschluß der Ausreifung der Hörbahnen wichtige Hörerfahrungen ermöglichen. Mehrere Untersuchungsergebnisse (z. B. Markides 1986; Yoshinaga-Itano 1995) und vielfältige praktische Erfahrungen deuten darauf hin, daß hörgeschädigte Kinder, die bereits im ersten Lebenshalbjahr mit Hörgeräten versorgt und sonderpädagogisch begleitet wurden, eine deutlich bessere Artikulation entwickeln als solche, bei denen erst im 2. Halbjahr oder noch später begonnen wurde. Die gezielte und wirksame Intervention zur Vorbeugung von Sprachentwicklungsstörungen bei Hörgeschädigten und zur gezielten Sprachanbahnung auf auditivem Weg wurde von verschiedenen Therapeuten eindrucksvoll belegt, z. B. von Helen Beebe (USA), Warren Estabrooks, Donald Goldberg, Judith Simser (alle Kanada). Zugleich muß aber auch angemerkt werden, daß trotz der dargestellten vorhandenen Forschungsergebnisse und der guten (teilweise hervorragenden) praktischen Erfahrungen weiterer Forschungsbedarf besteht und keineswegs alle Fragen als gelöst betrachtet werden können.

Nicht zuletzt muß dafür gesorgt werden, daß eine intensive auditive Sprachanbahnung nicht Druck auf die Eltern bewirkt, die normale Prozesse der vorsprachlichen Kommunikation zwischen Eltern und Kind, vor allem die intuitiven Verhaltensbereitschaften der Eltern, blockieren und nachhaltig stören. Der Säugling reagiert aufmerksam, interessiert und freudig auf Lautsprache, ebenso aber auch auf Blickkontakte und ganz besonders auf Berührungskontakte wie Streicheln, Drücken, Kuscheln und Liebkosen. Diese mimisch-gestisch-haptischen Ausdrucksbewegungen lösen bei ihm freudiges Erleben aus. In diesem engen körperlichen Kontakt wird die erste „Zwiesprache" gehalten; es findet also Kommunikation statt. Untersuchungen belegen, daß bereits das Bewußtsein, ein hörgeschädigtes Kind zu haben, die Interaktionen der (hörenden) Mutter bzw. Eltern mit ihrem (hörgeschädigten) Kind verändert.

Verhalten der Eltern

„Dieses veränderte kommunikative Verhalten umfaßt nicht nur eingeschränkte lautsprachliche Äußerungen, sondern leider auch ein reduziertes mimisch-gestisches Verhalten. Das heißt, die hörenden Mütter setzten selbst die Gesten und Mimik in der Kommunikation mit ihrem hochgradig hörgeschädigten Kleinkind nicht in dem Umfang ein, wie es eigentlich in diesem Alter für die Kommunikation mit einem hörenden Säugling und Kleinkind selbstverständlich ist" (Große, G. 1989, 65).

Aus einem Vergleich des kommunikativen Verhaltens gehörloser und hörender Mütter geht hervor, daß die Probleme in der Kommunikation vorwiegend bei den hörenden Eltern zu beobachten sind. Daraus ergibt sich für die Elternberatung im Rahmen der Frühförderung:

„Hörende Eltern sollten ... unbedingt angeleitet werden, ihre Hemmungen und Verunsicherungen im Kontakt mit ihrem hochgradig hörgeschädigten Kleinkind zu überwinden, um die emotionale Entwicklung ihres Kleinkindes und die kommunikativen Beziehungen zu gewährleisten" (66).

Ein weiterer Weg der Befähigung zur Kommunikation wäre der unter Einbezug von Lautsprachbegleitenden Gebärden (LBG) und der Gebärdensprache. Von Vertretern dieses Ansatzes (Prillwitz, Wisch, Wudtke) wurde eine Früherziehungskonzeption entwickelt, das sich auf folgende zentrale Annahmen gründet (Prillwitz et al. 1991, 118):

Früherziehung mit LBG und Gebärdensprache

- Grundlage der Entwicklung des Kindes ist eine enge und stabile Mutter-Kind-Beziehung, die die Behinderung des Kindes annimmt.
- Vorrang hat eine unbeschwerte Kommunikation zwischen hörenden Eltern und gehörlosem Kind.
- Die Gehörlosen bilden eine Minderheitengruppe mit einer eigenen Sprache (der Gebärdensprache).

– Allein das bewußte frühe Einbeziehen der Gebärdensprache garantiert eine relativ normale und anspruchsvolle Kommunikation in der Familie und eine positive Gesamtentwicklung des Kindes.

Auch Prillwitz et al. sehen einen wesentlichen Schwerpunkt in der lautsprachlichen Erziehung. Ihrer Meinung nach muß der Gehörlose auf ein Leben in zwei Welten mit zwei Sprachen vorbereitet werden. Für die Welt der Hörenden mit der Lautsprache, da er hier arbeitet und sich auseinandersetzen muß, und auf die Welt der Gehörlosen, in der er einen großen Teil seiner Freizeit verbringt. Um das angestrebte Ziel zu verwirklichen, wurde eine Früherziehungskonzeption mit drei Arbeitsschwerpunkten ausgearbeitet:

1. Die Elternberatung und -aufklärung
2. Die Entwicklung eines Gebärdensprachlernprogrammes für hörende Eltern, das zu einer flexiblen Gebärdenverwendung anleitet
3. Die lautsprachliche und gebärdensprachliche Förderung des gehörlosen Kindes. (188)

Auch dieser Ansatz verlangt nach weiterer Klärung im Rahmen von Forschungsarbeiten und läßt gegenwärtig noch zahlreiche Fragen unbeantwortet.

Zunehmende Bedeutung der Früherziehung

Unabhängig vom gewählten Ansatz in der Früherziehung (weitere Ansätze wären beispielsweise die muttersprachlich-reflektierende Methode nach van Uden oder die sensomotorische Förderung nach Horsch) wird der Früherziehung ständig wachsende Bedeutung zugemessen (s. auch abschließende Anmerkung im Kap. 4.2). Seit Beginn der Früherziehung (Ende der 50er/Anfang der 60er Jahre) haben sich klassische Aufgabenfelder der Schule mehr und mehr zu solchen der Früherziehung entwickelt (beispielhaft sei die Hörerziehung, die Rhythmisch-musikalische Erziehung und die Entwicklung von Sprechfertigkeiten genannt).

Wisotzki (1994, 86–91) verweist darauf, daß es etwa seit den achtziger Jahren aus verschiedenen Gründen zu einer tiefgreifenden Änderung in der Früherziehung hörgeschädigter Kinder kommt. Seine Überlegungen begründet er mit verschiedenen Kerngedanken (wobei er sich u.a. auf Ausführungen von Ding, Ganster, Jussen, Löwe und Schulmeister stützt), von denen einige beispielhaft aufgeführt werden sollen. (Es empfiehlt sich, vertiefend nachzulesen!):

– ständig sich verbessernde Möglichkeiten einer frühen Diagnosestellung,
– steigende Anzahl von Ausländerkindern (einschließlich Kinder, die aus anderen Kulturkreisen stammen),
– zunehmende Berufstätigkeit beider Elternteile,
– gewandeltes Selbstverständnis der Eltern in ihrer Rolle als Eltern eines hörgeschädigten Kindes,

– veränderte Sicht auf die Bedeutung der Familie, die dem Kind erste interaktionale Beziehungen ermöglicht und Grundfähigkeiten für eine spätere Kontaktaufnahme vermittelt,
– Elternhilfe als Hilfe zur Selbsthilfe (Elternhilfe als Angebot, das von den Eltern abgerufen werden kann).

Eine 1983 gegründete „Arbeitsgruppe Frühförderung gehörloser und schwerhöriger Kinder" akzentuierte auf einer Arbeitstagung 1984 folgende Aufgabenfelder:

I. Diagnostik
1. Grobuntersuchung und Erfassung
2. Differenzierende Untersuchungen
3. Beobachtung der Entwicklung

II. Frühförderung
1. Familienzentrierte Aufgaben
   – Elternhilfe im familiären Bezugsfeld
   – Elternhilfe im außerfamiliären Bezugsfeld
   – Elterninformation
   – Elternanleitung
   – Beratung bei behinderungsbedingten Problemen in der Erziehung
2. Aufgaben der interaktionalen Erziehung
   – Aufbau der Beziehungen zu Personen
   – Aufbau von kommunikativen Beziehungen in der Familie
   – Wecken von Interesse an der Umwelt
   – Entwicklung von Spielverhalten
3. Sensomotorische Förderung
   – Ganzheitliche Förderung der Wahrnehmung zur Unterstützung der kognitiven, emotionalen und sozialen Entwicklung
   – Bewegungserziehung
4. Weckung und Förderung der Lautsprache
   – Sprache
   – Sprechen

Aus diesem Konzept wird deutlich, daß mit den familienzentrierten Aufgaben (II.1) begonnen wird.

Die Stellung der Eltern hat sich innerhalb der Früherziehung in den zurückliegenden Jahren immer wieder verändert: Vom Laienmodell der frühen siebziger Jahre (Fachleute leiten Eltern an) über das Ko-Therapeuten-Modell (Fachkräfte setzen Eltern ein für eine konsequente fachliche Mitarbeit zur Entwicklung des Kindes) wurde es zum Partnerschafts- und Kooperationsmodell (Fachleute arbeiten mit den Eltern zusammen). Frühe Hilfen werden nunmehr als System gesehen, in dem die Eltern, das hörgeschädigte Kind, seine Geschwister und die übrige Familie sowie die Fachleute selbst sich als Teile eines Ganzen verstehen.

Stellung der Eltern

Die wichtigste Voraussetzung für eine gesunde und positive Entwicklung des Kindes ist ein natürliches Verhältnis zwischen Eltern, diesem (hörgeschädigten) Kind und ggf. vorhandenen weiteren hörenden Geschwisterkindern. Die Eltern haben die engste Bindung und den ständigen und unmittelbaren Kontakt zum Kind. In dieses „Verhältnis" muß sich der Hörgeschädigtenpädagoge mit seiner Fachkompetenz einbringen.

Weiterführende Literatur zur Früherziehung: Leonhardt (1998): Ausbildung des Hörens – Erlernen des Sprechens. – Löwe (1992): Früherfassung, Früherkennung, Früherziehung hörgeschädigter Kinder. – Prillwitz et al. (1991): Zeig mir deine Sprachen! Elternbuch Teil 1. – Prillwitz (1991): Zeig mir deine Sprachen! Elternbuch Teil 2. – Stiftung zur Förderung körperbehinderter Hochbegabter, Vaduz (1989): Aufgaben und Probleme der Frühförderung gehörloser und schwerhöriger Kinder unter dem Aspekt der Begabungsentfaltung. – Stiftung zur Förderung körperbehinderter Hochbegabter, Vaduz (1990): Modelle interdisziplinärer Frühförderung zur Begabungsentfaltung auf der Grundlage eines hörgerichteten Spracherwerbs.

11.1 Übungsaufgaben zu Kapitel 11

Aufgabe 65 Was sind die neurophysiologischen Hauptargumente zur Durchführung der Früherziehung?

Aufgabe 66 Wie hat sich die Stellung der Eltern in der Früherziehung verändert?

12 Jugend- und Erwachsenenalter

12.1 Berufliche Eingliederung, Aus-, Fort- und Weiterbildung

Der Übergang von der Schule in das Arbeitsleben ist für die hörgeschädigten Jugendlichen, wie auch für alle anderen, ein entscheidender Schritt. Die Wahl des Berufes und der Ausbildungsweg erfordern bereits im Vorfeld weitreichende Überlegungen und Entscheidungen. So sollte sichergestellt werden, daß der hörgeschädigte Jugendliche eine Ausbildung aufnimmt, die seinen Berufswünschen, seinen Fähigkeiten und seinen individuellen Möglichkeiten entspricht.

Von Ausbildung soll im folgenden dann gesprochen werden, wenn für einen Basisberuf qualifiziert wird (Kap. 6.7). Die Fortbildung soll dagegen die Kenntnisse dieses Berufes aktualisieren und auf den jeweils neuesten Stand bringen. Die Weiterbildung kann darauf aufbauen und zu einer Spezialisierung oder zu einem gänzlich neuen Berufsfeld führen.

Ausbildung
Fortbildung
Weiterbildung

Die berufsbezogene Ausbildung erfolgt in der Bundesrepublik nach dem monalen und dem dualen System (s. auch Kap. 6.7). Die meisten der gehörlosen und zahlreiche der schwerhörigen Schulabsolventen erhalten ihre berufsbezogene Ausbildung in gesonderten Einrichtungen für Hörgeschädigte. Nach dem Verlassen dieser Einrichtungen, in der die sprachlich-kommunikativen Auswirkungen der Hörschädigung ständig berücksichtigt wurden, bildet das Arbeitsleben den Prüfstein für das Gelingen der Integration Hörgeschädigter in die Welt der Hörenden. Hier erweist es sich, ob und inwieweit die schulischen Bemühungen erfolgreich waren. Es zeigt sich hier aber auch, ob der rechtliche Anspruch einer gleichberechtigten Eingliederung in die Gesellschaft umgesetzt werden kann (Schweitzer/Kemper 1995).

Die berufliche Arbeit nimmt im Leben eines Menschen eine zentrale Stellung ein. Sie vermittelt soziale Kontakte und Anerkennung, ermöglicht das Erleben sozialer Existenz als Teil der Gemeinschaft, bestimmt Status und gesellschaftliche Identität, strukturiert das Zeiterleben u. a. (Jahoda 1983 und 1985).

Um den heutigen und den künftigen Anforderungen der Arbeit zu genügen, ist nicht nur eine qualifizierte Ausbildung erforderlich, sondern auch stetige Fort- und Weiterbildung, durch die die Kompetenzen aktualisiert und weiterentwickelt werden.

In den fünfziger und sechziger Jahren konzentrierte sich die Erwachsenenbildung für Hörgeschädigte zunächst auf Schwerpunkte wie Spracherhaltung und Pflege des Sprechens, des Sprachverständnisses und des Absehens sowie auf die Ausweitung der Allgemeinbildung. Seit den siebziger Jahren wurden dann auch integrative Aspekte zur Entwicklung sozialer, beruflicher und persönlicher Kompetenzen verstärkt in die Fortbildung mit einbezogen. Als Qualitätsmerkmale der über den Basisberuf hinausführenden Weiterbildung wurden berufliche Qualifizierung und Umschulung, politische, freizeitorientierte und die Kreativität fördernde Bildung und persönliches Wachstum zur Förderung und Entfaltung aller verfügbaren Kompensationsmöglichkeiten genannt (nach Schweitzer/Kemper 1995).

Mit Beginn der 80er Jahre wandte man sich im Rahmen wissenschaftlicher Untersuchungen verstärkt der sozialen und beruflichen Situation Gehörloser und Schwerhöriger zu. Diese ergaben ein erhebliches Maß an Verhaltensunsicherheiten und Störungen in den Beziehungen zwischen den Hörgeschädigten und ihren Bezugspartnern (Jussen 1997, 73), so daß man der Fort- und Weiterbildung Hörgeschädigter seither deutlich mehr Aufmerksamkeit schenkt.

Aus Forschungen zu Beginn der neunziger Jahre wurde deutlich, daß eingeschränkte Berufsfähigkeit und in den Betrieben festzustellende Schwierigkeiten und Störungen im Arbeitsablauf vor allem durch sprachliche Verständigungsschwierigkeiten, aber auch durch mangelndes soziales Verständnis zwischen den hörgeschädigten, insbesondere den gehörlosen, und hörenden Arbeitskollegen verursacht werden.

Aufgaben

Daraus lassen sich zwei Aufgabenstellungen für die Fort- und Weiterbildung ableiten:

1. Berufsbezogene Fortbildung, d. h. Vermittlung von berufsspezifischem Wissen und technischem Können sowie Einführung in moderne Arbeitsmethoden.
2. Sozial-kommunikative (Interaktive) Weiterbildung, d. h. die Befähigung Hörgeschädigter und Hörender zu einem teambereiten und kooperativen Verhalten.

Der Erfolg derartiger Maßnahmen sollte durch eine Verbesserung der psychosozialen Vorbedingungen der Betroffenen und ihres privaten Umfeldes gesichert sein. Hilfreich erscheinen dabei interaktive Fort- und Weiterbildungsmaßnahmen, an denen Hörgeschädigte und Hörende gleichermaßen beteiligt sind.

In Industrie, Handel und Dienstleistung werden zunehmend neue Formen sozialen Verhaltens und erweiterte berufsbezogene Kenntnisse, Fähigkeiten und Arbeitshaltungen verlangt.

Als Schwerpunkte für die Fort- und Weiterbildung gehörloser **Ziele**
Arbeitnehmer werden in der Fachliteratur genannt:

- Verbesserung, Nutzung und Neuerschließung von Kommunikationsmöglichkeiten; Heranführung an Informationsquellen;
- Förderung der Interaktionskompetenz; Sensibilisierung dafür, daß das Aufeinander-Wirken zum Teil durch bewußt eingesetzte Verhaltensweisen gesteuert werden kann;
- Abbau von Insuffizienzgefühlen und Stabilisierung des Selbstbewußtseins;
- Kompensation von Erfahrungsdefiziten; Anpassung an den allgemeinen Bildungsstand;
- Erweiterung der Sprachkompetenz;
- Stabilisierung der Ich-Identität und die Entwicklung gesunder Persönlichkeitsstrukturen;
- Aktive Auseinandersetzung mit der Lebens- und Arbeitswelt;
- Unterstützung zur Entwicklung von Eigeninitiative und Selbstbildung.

(Rammel 1987, 229–231; Schweitzer/Kemper 1995, 30)

Im Rahmen einer Diskussion der beruflichen Bildungsmaßnahmen schwerhöriger und ertaubter Personen bestätigt Claußen, daß das angestrebte Ziel, daß auch hörgeschädigte Jugendliche eine ähnlich breite berufliche Wahlmöglichkeit haben sollen wie ihre nicht behinderten Altersgenossen, weitgehend erreicht wurde. Er verweist in diesem Zusammenhang aber auf ein neu entstandenes Problem:

„Die Vielfalt der Berufe, in denen schwerhörige und ertaubte Personen tätig sind, hat eine große Vielfalt der nachgefragten Themen beruflicher Weiterbildung zur Folge. Diese Tendenz wird noch verstärkt durch die Unterschiede in der beruflichen Stellung der Nachfragenden. Es zeigt sich, daß berufliche Informationen nicht nur in sehr unterschiedlichen Berufsfeldern, sondern auch auf recht verschiedenem Niveau gewünscht werden. Neben Kursen, die dem Vermitteln aktueller beruflicher Informationen dienen sollen – auch über veränderte Rahmenbedingungen, wie bei den Versicherungen oder Tarifverträgen –, werden auch Veranstaltungen für die Vorbereitung auf eine Meisterprüfung oder zur Begleitung eines Studiums erbeten" (1997, 84).

Eine von Claußen herangezogene Fragebogenaktion des Deutschen Schwerhörigenbundes (DSB) ergab, daß selbst schwerhörige Personen eine gewisse Skepsis haben, ein übliches Bildungsangebot für Hörende für sich nutzen zu können.

Eine bundesweite Bestandsaufnahme der Fort- und Weiterbildungslandschaft für gehörlose, schwerhörige und spätertaubte Erwachsene zwischen 1994 und 1996 ist in Tab. 12 dargestellt.

Damit sind keineswegs alle Fort- und Weiterbildungsmöglichkeiten für hörgeschädigte Erwachsene aufgezeigt. So bieten Volkshochschulen, die Kirchen (meist im Rahmen der Gehörlosen- oder Schwerhörigenseelsorge), Selbsthilfeinitiativen von Hörgeschädigten (z.B. die in zahlreichen Städten bestehenden Kom-

170 Jugend- und Erwachsenenalter

Tab. 12: Fort- und Weiterbildungslandschaft für gehörlose, schwerhörige und spätertaubte Erwachsene (IHK = Industrie- und Handelskammer, HWK = Handwerkskammer, AFG = Arbeitsförderungsgesetz)(nach: Lehmann-Tremmel 1997)

Art der Maßnahme	Ziel der Maßnahme
Aufstiegsweiterbildung	Beruflicher Aufstieg
Umschulung mit Fach(hoch)schulabschluß Umschulung mit IHK, HWK-Abschluß u. a.	Umschulung in neuen Zweitberuf
Lehrgänge für besonders Benachteiligte, Qualifizierung, Einarbeitung	Reintegration, Einarbeitung
Anpassungsfortbildung nach AFG (Bundesanstalt) Sonstige Kurse zu neuen Technologien; nicht nach AFG (über andere Träger)	Anpassung der Qualifikation an neue Technologien
Kommunikative Weiterbildung Sonstige berufsrelevante Weiterbildung	Schlüsselqualifikationen und allgemeine berufsübergreifende Qualifikationen
Allgemeine Fort- und Weiterbildung	Kulturelle und politische Bildung

munikationsforen), Gehörlosenvereine, Schwerhörigenvereine und andere Institutionen zahlreiche Veranstaltungen zu sehr unterschiedlichen Themenbereichen an. Mit diesen Angeboten ist im Regelfall zwar keine unmittelbare berufliche Fort- und Weiterbildung verbunden, sie bieten jedoch vielfältige Möglichkeiten der Erweiterung des allgemeinen Wissens und des Erwerbs spezifischer Kompetenzen.

Berichte und Beispiele zur Aus-, Fort- und Weiterbildung: Landschaftsverband Rheinland (1993): Gehörlose im Arbeitsleben. – Landschaftsverband Westfalen-Lippe (1995): Weiterbildungsmaßnahmen für gehörlose Arbeitnehmer und Arbeitnehmerinnen. – Schulte, E. (1998): Wege in den Beruf und in das Studium. – Schulte, K. et al. (1997): Verbesserung der beruflichen Weiterbildung für gehörlose und schwerhörige Erwachsene.

12.2 Hörgeschädigte Erwachsene

Wie Kapitel 4 zu entnehmen ist, werden die Auswirkungen einer Hörschädigung in hohem Maß dadurch mitbestimmt, wann der Hörschaden eingetreten ist. Betrachtet man die Gruppe der erwachsenen Hörgeschädigten, so ist zwischen denen zu unterscheiden, die bereits seit der frühen Kindheit oder während der Schulzeit hörgeschädigt waren (a), und denen, die erst im Erwachsenenalter, also etwa ab Abschluß der Berufsausbildung, hörgeschädigt wurden (b). Letztgenannter Personenkreis wird auch als Spätbetroffene (oder Späthörgeschädigte) bezeichnet.

a) Hörgeschädigte Erwachsene mit angeborenem
   oder früh erworbenem Hörschaden
Diese Personen haben zumeist eine Schwerhörigen- oder Gehörlosenschule besucht und ihre Berufsausbildung in Einrichtungen für Hörgeschädigte erworben.

Mittelgradig und insbesondere hochgradig schwerhörige, an Taubheit grenzend schwerhörige und gehörlose Erwachsene mit angeborenen oder früh erworbenen Hörschäden, die ihre Schullaufbahn in der Allgemeinen Schule absolviert haben, bilden gegenwärtig noch eher die Ausnahme, da erst in den letzten Jahren entsprechende Begleitsysteme (s. Kap. 6.6) entstanden und der Gedanke des gemeinsamen Lernens ins Interesse schulpolitischer Überlegungen rückte.

Die von Jussen (1987, 160) getroffene Aussage, daß 75 % der schwerhörigen Schüler in der Allgemeinen Schule gefördert werden, schließt alle Arten und Grade von Schwerhörigkeit mit ein, ebenso auch diejenigen schwerhörigen Schüler, die aufgrund ihrer geringfügigen Hörschädigung wenig oder kaum sonderpädagogischen Förderbedarf haben, und solche, die z. T. als Schwerhörige unerkannt, oft ohne jegliche Unterstützung am Unterricht der Allgemeinen Schule teilnehmen. Dieser Personenkreis wird in den weiteren Ausführungen nicht berücksichtigt.

Nach erfolgreicher Berufsausbildung und einer ersten beruflichen Eingliederung sind die ehemaligen Schüler der Schwerhörigen- und Gehörlosenschulen beruflich und sozial meist gut integriert und haben eine Identität als Gehörlose oder Schwerhörige entwickelt. Trotz ihrer weiterhin bestehenden Kommunikationsprobleme kommen sie im Alltagsleben oft gut zurecht und sind entsprechend lebstüchtig.

Ihre Freizeit verbringen sie häufig in Gehörlosen- und Schwerhörigenvereinen. Diese Vereine sind als Selbsthilfegruppen organisiert.

Lange Zeit vertrat man die Auffassung, daß Gehörlose *entweder* in der Welt der Hörenden *oder* in der Welt der Gehörlosen leben, bestenfalls auf der Suche nach einem Ausgleich zur Anspannung im Lautsprachkontakt, zwischen zwei relativ geschlossenen Sprachwelten pendeln. Untersuchungen von Voit belegen, daß Gehörlose weit weniger als angenommen eine Entweder-oder-Entscheidung zwischen der Welt der Hörenden und der Welt der

<!-- marginalia: Leben in beiden Welten -->

Gehörlosen treffen, u. U. wechseln sie Bezugsgruppe und/oder Sprache von Lebensbereich zu Lebensbereich und von Situation zu Situation. Das gilt offensichtlich „nicht nur für Gehörlose, sondern auch für gut Resthörige und Schwerhörige. Insgesamt werden größere Freiräume für die Selbstgestaltung entdeckt und flexibel genutzt" (1998, 265).

Politische und kulturelle Ziele

Sowohl die Gehörlosenvereine als auch zeitlich etwas nachfolgend die Schwerhörigenvereine entwickeln seit einigen Jahren umfangreiche politische Aktivitäten. Vorrangiges Ziel dabei ist es, die Öffentlichkeit auf ihre besonderen Kommunikationsbedingungen und auf ihre speziellen Kommunikationsbedürfnisse aufmerksam zu machen. Durch Bereitstellung hörgeschädigtenspezifischer Hilfen sollen die Lebensbedingungen der Betroffenen verbessert werden.

Die Gruppe der Gehörlosen fordert verstärkt die Anerkennung der Gebärdensprache als vollwertige Sprache. Ausgebildete Gebärdensprachdolmetscher sollen die Brücke zur hörenden Umwelt ermöglichen bzw. eine Hilfe zur Verständigung mit der Umwelt sein. Zu deren Ausbildung sind entsprechende Schulungseinrichtungen zu entwickeln.

In analoger Weise bemüht sich der Deutsche Schwerhörigenbund, kompetente hörgeschädigte und hörende Fachleute zum Kommunikationstrainer/Kommunikationstherapeuten fortzubilden. Diese sollen nach Abschluß der Ausbildung befähigt sein, Einzel- und Gruppenunterricht für hörende Personen mit und ohne Hörgeräte auszuüben.

b) Hörgeschädigte mit im Erwachsenenalter erworbenem Hörschaden

Hörverlust als Lebenskrise

Die Lebenssituationen hörgeschädigter Menschen, bei denen die Schwerhörigkeit oder Ertaubung erst im Erwachsenenalter eingetreten ist, unterscheiden sich deutlich von denen prälingual Hörgeschädigter. Diese Menschen werden aus einer für sie bisher als „normal" geltenden und gesichert empfundenen Lebensumwelt herausgerissen und sind durch die mit der Hörschädigung einhergehende Kommunikationsbehinderung häufig in ihrem Selbstverständnis schwer getroffen (Wisotzki 1994, 139). Trotz der Beherrschung von Laut- und Schriftsprache können sie am Leben der Sprach- und Kulturgemeinschaft nicht mehr uneingeschränkt teilhaben. Je nach Ausmaß des Hörverlustes, aber insbesondere auch nach individuellem Erleben, kommt es oft zu einer tiefen Lebenskrise. Zum Zeitpunkt des Eintretens der Hörschädigung ist die berufliche Ausbildung abgeschlossen, man hat sich in einer bestimmten beruflichen Position etablieren können und einen gewissen Sozialstatus erreicht. Diese scheinbaren „Vorteile" sind jedoch zugleich auch Ursache von ihrer spezifischen psychosozialen Problematik (Pöhle 1994, 29). Erschwerend kommt hinzu, daß „von den Betroffenen ... die Hörstörung vor allem als Grundlage vieler privater wie beruflicher Lebenserschwernisse verkannt" wird, „was zu manchen überflüssigen Leidensentwicklungen und sozialen Benachteiligungen führt" (Richtberg 1986 nach Claußen 1989, 23). Der gleiche Autor fand bei einer Untersuchung, „daß jeder zweite erwachsene Schwerhörige und Ertaubte unter häufigen psychovegetativen Störungen zu leiden hat" und „sich mehr als 60 % der Untersuchten in ständiger ärztlicher Behandlung befanden" (Richtberg 1986 nach Claußen 1989, 23).

Für den Späthörgeschädigten bedeutet eine Ertaubung oder hochgradige Schwerhörigkeit oft eine abrupte Veränderung seiner bisherigen Lebensgewohnheiten und Lebensbedingungen. Er verfügt über die Lautsprache, kann diese aber nur noch bedingt nutzen. Für die Sprachperzeption muß er sich auf das Absehen umstellen bzw. dieses ergänzend zu Hilfe nehmen. Sein erreichter Sozialstatus ist häufig in Frage gestellt, oftmals kann der erlernte Beruf nicht weiter ausgeübt werden, so daß eine Umschulung erforderlich wird. Eventuell möglich gewesene berufliche Entwicklungsperspektiven sind plötzlich verschlossen oder nur unter erheblich erschwerten Bedingungen – wenn überhaupt noch – erreichbar. Neben beruflichen Einschränkungen kommt es zu massiven Erschwernissen im privaten Bereich: Gewohnte und vertraute soziale Kontakte sind plötzlich beendet oder erleben eine erhebliche Einschränkung.

Späthörgeschädigte bilden eine noch weniger geschlossene Population als prälingual Hörgeschädigte (s. auch Kap. 4.1). Ebenso wie der Zeitpunkt des Eintretens der Hörschädigung eine Rolle spielt (z. B. im Jugendalter, mitten im Erwerbsleben oder erst im späten Lebensalter, s. auch 12.3), ist bedeutsam, ob die Hörschädigung mehr oder weniger plötzlich (z. B. durch Hörsturz, durch Unfalltrauma oder als postoperative Folge bei Hirntumor) eintritt oder ob sie progredient verläuft, d. h., das Hörvermögen kontinuierlich abnimmt. Der Entwicklungsweg von Personen, die im Erwachsenenalter einen Hörschaden erleiden, ist zu diesem Zeitpunkt bereits vorangeschritten. Sie verkörpern vom Lebensalter, von der sozialen Situation, vom erreichten Bildungsstand, der individuellen geistig-kulturellen Interessenlage und der beruflichen Situation Einzelschicksale, die in sehr differenzierter Weise Unterstützung und Förderung bedürfen, um die Auswirkungen der Hörschädigung zu bewältigen.

Die außerordentliche Problematik und die Schwere der aus einer (späten) Hörschädigung resultierenden Beeinträchtigung und Lebenserschwernis zeigt sich auch darin, daß ein erhöhter

Reha-Angebote

Anteil von Personen mit psychosomatischen Störungen und mit Selbstmordgefährdung unter den ertaubten und schwerhörig gewordenen Erwachsenen nachgewiesen ist (Richtberg 1980).

Seit Beginn der achtziger Jahre wurden für den genannten Personenkreis Angebote zur Rehabilitation geschaffen. So besteht seit 1983 eine Rehabilitationseinrichtung für Hörgeschädigte in Rendsburg, seit 1987 eine in Bad Berleburg und seit 1997 eine weitere in Bad Grönenbach.

Seminar für Ertaubte und Schwerhörige innerhalb des „Instituts für berufsbegleitende Aus- und Fortbildung (IBAF)" in Rendsburg
Die dort erbrachten Leistungen werden von den Kostenträgern als Rehabilitationsmaßnahme anerkannt. In den vierwöchigen Seminaren, die vorrangig der psychischen Stabilisierung der Betroffenen dienen, werden Kommunikationstechniken sowie soziale und psychologische Fähigkeiten zur Bewältigung der Hörschädigung trainiert. Die angebotenen Maßnahmen zeichnen sich durch einen ganzheitlichen und praxisbezogenen Charakter aus, d. h. die Teilnehmer kommen häufig mit gestärktem Selbstbewußtsein und Lebensmut in ihre berufliche und häusliche Umgebung zurück und können vieles von dem Erlernten sofort anwenden.

Baumrainklinik Bad Berleburg
Seit 1987 besteht eine spezielle Kurmaßnahme für Hörgeschädigte an der Kurklinik der Baumrainklinik Bad Berleburg. Neben der medizinischen Therapie (mit Schwerpunkt Innere Medizin und physikalische Therapie) finden psychotherapeutische Maßnahmen besondere Beachtung, damit für den Hörgeschädigten die individuelle Tragfähigkeit der Behinderung verbessert wird.

Klinik „Am Stiftsberg" Bad Grönenbach
Hörgeschädigten und/oder Tinnitus-Betroffenen steht seit 1997 noch die Klinik „Am Stiftsberg" in Bad Grönenbach/Allgäu zur Verfügung. Eine Aufnahme ist möglich bei Erkrankungen des Herz- und Kreislauf-Systems sowie bei degenerativ rheumatischen, gastroenterologischen und Stoffwechsel-Erkrankungen, des weiteren bei einer allgemein vorliegenden Hörstörung (z. B. als Folge einer Ertaubung, eines Unfalles oder einer Operation) oder bei durch eine Hörstörung hervorgerufenen Krankheitsbildern. Auch hier ist es Ziel, den Hörgeschädigten Hilfe zur Selbsthilfe zu vermitteln, damit sie nach ihrer Entlassung mit den Auswirkungen ihrer Hörschädigung besser zurechtkommen.

Alle drei Einrichtungen bieten mittlerweile auch spezielle Maßnahmen für Cochlea-Implantat-Träger an, so gibt es beispielsweise in Bad Berleburg ein stationäres Hörtraining und in Bad Grönenbach zweimal jährlich eine spezielle Intensiv-Rehabilitation. Beide Angebote umfassen einen Zeitraum von ca. 3 Wochen.

Eine Auswahl aus der Literatur zu hörgeschädigten Erwachsenen: Claußen/Schuck (1989): Pädagogische Hilfen für schwerhörige und ertaubte Erwachsene. – Fengler (1990): Hörgeschädigte Menschen. Kap. 8–10, 137–206. – Fink (1995): Schwerhörigkeit und Ertaubung. – Kongreßbericht (1989): 3. Internationaler Kongress der Schwerhörigen, Montreux, Schweiz. – Richtberg (1980): Hörbehinderung als psycho-soziales Leiden. – Voit (1998): Multiple Sprachwelten – Selbstdeutungen Hörgeschädigter und ihre Relevanz für die Gehörlosenpädagogik.

12.3 Altersschwerhörige

Abb. 20 und Tab. 6 (Kap. 3.4) ist zu entnehmen, daß ein nicht unerheblicher Teil der Hörgeschädigten im fortgeschrittenen Alter ist. Die Mehrzahl von ihnen hat eine Altersschwerhörigkeit (auch: Presbyakusis).

Die Altersschwerhörigkeit ist eine Schwerhörigkeit im Rahmen des normalen Alterungsprozesses: Etwa ab dem 30. Lebensjahr nimmt die Hörfähigkeit bei allen Menschen ab. Diese physiologische Altersschwerhörigkeit geht von den höchsten Frequenzen allmählich auch auf die mittleren Frequenzen über. Etwa zwischen 55 und 65 Jahren zeigt sich die Hörstörung auch im Sprachbereich. Natürlich vorkommende Geräusche im Hochtonbereich, wie Grillenzirpen oder Vogelgezwitscher, können dann ebenfalls nicht mehr gehört werden.

Altersschwerhörigkeit

Die Altersschwerhörigkeit ist eine sensorineurale Schwerhörigkeit, die im allgemeinen etwa seitengleich auftritt. Besonders bei Störgeräuschen (also Lärm in der näheren Umgebung) sinkt das Sprachverständnis der Altersschwerhörigen.

Die Ursachen sind degenerative Prozesse im Cortischen Organ, möglicherweise beschleunigt durch Lärmexposition, Durchblutungsstörungen, Stoffwechselerkrankungen, Kreislaufstörungen oder ototoxische Substanzen.

Ursachen

Die physiologische Altersschwerhörigkeit ist als Zivilisationskrankheit aufzufassen. In den hochentwickelten Ländern setzt sie zunehmend bereits in sehr jungen Jahren ein. Die ständige Lärmbelastung des Alltags und verändertes Freizeitverhalten (stundenlanges Hören von überlauter Musik, häufiger Diskothekenbesuch) scheinen neben den bereits genannten Ursachen dazu beizutragen, daß es zu einer über das Maß der „normalen" Altersschwerhörigkeit hinausgehenden sensorineuralen Schwerhörigkeit kommt.

Höreinbußen im Alter (das betrifft ebenso die Seheinbußen) wurden lange Zeit als „normal" angesehen, ohne sich die psychologischen Konsequenzen für die Betroffenen zu vergegenwärtigen. Das verwundert um so mehr, weil jeder Alternde irgendwann von einer Verschlechterung des Hör- (und auch des Seh-)vermögens betroffen sein wird. Erst in den letzten Jahren rückten derartige Überlegungen auch ins Bewußtsein der Sonderpädagogen.

Die Einschränkungen des Hörens berühren vor allem zwei Bereiche: 1. Die lautsprachliche Kommunikation mit anderen Menschen und 2. die Orientierung in der (akustischen) Umwelt.

Folgen der Höreinbußen

Ältere schwerhörige Menschen berichten oft, daß sie den Gesprächspartner hören, aber nicht verstehen: Die Äußerungen der Mitmenschen werden als undeutlich, genuschelt und schwer verständlich beschrieben. Ebenso schwerwiegend ist der allmähliche Verlust der Möglichkeit, sich in der Umwelt auditiv zu orientieren. Alltägliche Hintergrundgeräusche wie der surrende Kühlschrank, spielende Kinder im Hof oder auch Türklingel und Telefon, werden zunehmend schlechter wahrgenommen. Im Straßenverkehr fühlen sich ältere schwerhörige Menschen häufig unsicher, da sie herannahende Autos und Fahrräder nicht mehr hören. Auch die Fähigkeit, sich im Raum zu orientieren und Geräuschquellen lokalisieren zu können, verringert sich.

Eine besondere Problematik der Altersschwerhörigkeit zeigt sich auch darin, daß der Abbau der Hörfähigkeit oft sehr, sehr langsam (über Jahrzehnte) fortschreitet. Dem Betroffenen wird dadurch die Höreinbuße erst relativ spät bewußt. Eine Versorgung mit Hörgeräten wird häufig abgelehnt (Wisotzki 1996, 18) oder erst sehr spät in Betracht gezogen, wenn nämlich bereits erhebliche Schwierigkeiten in der Kommunikation und Interaktion bestehen.

Höreinbußen im Alter zeigen charakteristische Besonderheiten, die dem Betroffenen zumeist nur langsam bewußt werden. Zu diesen gehören:

- Es muß lauter gesprochen werden, damit der ältere Mensch verstehen kann.
- Sprache wird insgesamt nicht mehr so klar wie früher verstanden, insbesondere treten Hörprobleme in Räumen mit schlechter Akustik auf. Veränderte Sprache (z. B. Kleinkindersprache, Dialektsprache, Sprechen durch ein Fenster wie in Büros, am Bank- oder Postschalter, schnelles Sprechen) wird nicht mehr so gut wie früher oder nur bei großer Konzentration verstanden.
- Hintergrund- und Störgeräusche beeinträchtigen das Verstehen erheblich.
- Um Sprache im Radio oder Fernsehen zu verstehen, muß eine größere Lautstärke eingestellt werden. Die Verständnisschwierigkeiten verstärken sich, wenn die Sprache im Hörspiel oder Film von Musik oder anderen Hintergrundgeräuschen begleitet wird.

Eine Altersschwerhörigkeit bedeutet nicht nur eine Einschränkung der Wahrnehmung akustischer Erscheinungen, sondern sie greift in erheblicher Weise auch in personale und soziale Bereiche des Betroffenen ein (Claußen 1989; Fengler 1990; Fink 1995; Richtberg 1980; Tesch-Römer/Wahl 1996; Wisotzki 1993 und 1996). Dabei sind das Privatleben und das Berufsleben gleichermaßen betroffen. Sollte der Altersschwerhörige bereits nicht mehr berufstätig sein, wirkt sich das nicht minder negativ aus, da eine erhöhte Gefahr einer Isolierung und des sozialen Rückzugs besteht.

Für den älteren Menschen stellt die Einschränkung (oder im Extremfall der Ausfall) des Hörens einen Eingriff in das Kontinuum des bisherigen Lebens dar. Die funktionale Einschränkung und Behinderung kann in alle Lebensbereiche eingreifen und als umfassende Lebenserschwerung und psychosoziale Leidens- und Konfliktbelastung erlebt werden. In welchem Umfang der Altersschwerhörige seine Schwerhörigkeit als Behinderung erlebt – viele ältere Menschen akzeptieren ihre Hörprobleme auch, weil diese im Prozeß des Älterwerdens erwartbar sind (Tesch-Römer/Nowak 1996, 122f) – ist individuell sehr verschieden und von zahlreichen Faktoren abhängig. Diese näher zu untersuchen, fand lange Zeit keine wissenschaftliche Aufmerksamkeit. So schreibt Richtberg (1980, 59f), daß in Deutschland die Altersschwerhörigkeit in gerontopsychologischen Arbeiten wegen ihrer scheinbaren Selbstverständlichkeit meist nur beiläufig erwähnt wurde, ohne daß ihr Stellenwert im Erlebniswandel des alternden Menschen besonders analysiert wurde. Erst in jüngerer Zeit zeigt man an den Auswirkungen einer Schwerhörigkeit im Alter vermehrt psychologisches, psychiatrisches, medizinisches und pädagogisches Interesse.

Der Andragogik und Geragogik kommt die Aufgabe zu, den Senioren flexible und personenbezogene Unterstützung anzubieten, die es ihnen ermöglicht, die sozialen Folgen ihrer häufig erst im höheren Alter eingetretenen Hörschädigung zu bewältigen und weiterhin ein sinnerfülltes Leben zu führen.

Forderungen an Andragogik und Geragogik

So könnten in Volkshochschulen und Seniorenzentren Angebote geschaffen werden, die die Kommunikationsstrategien und Hörtaktiken älterer Menschen verbessern, damit sie in Kommunikationssituationen aktiv ihre Bedürfnisse einzufordern lernen. Der Einbezug der (Ehe-)Partner und Familienangehörigen in derartige Rehabilitationsmaßnahmen ist angebracht, da diese die Hörprobleme des schwerhörigen Familienmitglieds häufig unterschätzen, in deren Folge es zu Problemen in der Partnerschaft und den Familienbeziehungen kommt. Ebenso scheint eine Einführung und Einweisung in die Bedienung der erstmalig benötigten Hörgeräte angebracht. Fengler (1990, 211) beschreibt mit Bezugnahme auf Publikationen von Ward/Gowers, daß eine Gruppe von über 65jährigen, die sich einem diesbezüglichen Training unterzog, hinterher wesentlich besser über ihre Geräte Bescheid wußte als eine Kontrollgruppe. Auch sechs Monate später bestand dieser Informationsvorsprung noch, und die trainierte Gruppe trug ihre Hörgeräte regelmäßiger. Generell sollte die Bedeutung von Hörhilfen für die Aufrechterhaltung der Selbständigkeit sowie für die Erhöhung der Lebensqualität nicht unterschätzt werden.

Auch Hellbrück (1996, 74) empfiehlt für die älteren Menschen ein Hörtraining, um das Hören und Verstehen in komplexen akustischen Situationen zu üben. Das Hören, Zuhören und Verstehenkönnen ist auch von Leistungen des kognitiven Apparates abhängig. Die Aufmerksamkeit muß über eine bestimmte Zeit aufrecht erhalten werden können. Dies wiederum impliziert psychische Anspannung, schnellen Zugriff auf Gedächtnisinhalte, Flexibilität bei der Einstellung auf wechselnde Gesprächspartner sowie -themen usw. Diese mentalen Faktoren dürfen die bedeutendsten Unterschiede zwischen den älteren und jüngeren Schwerhörigen ausmachen.

Insgesamt ist anzumerken, daß es für die Einführung wirksamer Bewältigungsstrategien keine Altersgrenze gibt.

Ausgewählte Literatur zur Altersschwerhörigkeit: Fengler (1990): Hörgeschädigte Menschen. Kap. 11, 207–213. – Lindner (1999): Absehen – der andere Weg zum Sprachverstehen. – Tesch-Römer/Wahl (1996): Seh- und Höreinbußen älterer Menschen. – Wisotzki (1996): Altersschwerhörigkeit.

12.4 Übungsaufgaben zu Kapitel 12

Aufgabe 67 Welche Fort- und Weiterbildungsmöglichkeiten gibt es für gehörlose und schwerhörige Erwachsene?

Aufgabe 68 Umreißen Sie die besondere Lebenssituation von Personen, die erst im Erwachsenenalter hörgeschädigt wurden!

Aufgabe 69 Was ist Altersschwerhörigkeit?

Aufgabe 70 Worin zeigt sich die besondere Problematik der Altersschwerhörigkeit?

13 Überblick über die Geschichte der Hörgeschädigtenpädagogik

Beschäftigt man sich mit der Geschichte der Hörgeschädigtenpädagogik, stellen sich alsbald verschiedene Fragen: Seit wann gibt es Schulen für Hörgeschädigte? Seit wann gibt es überhaupt Hörgeschädigte? Wie sahen die ersten Bildungsversuche aus? usw.

Ohne es mit gesicherten Daten belegen zu können, kann man davon ausgehen, daß es Hörgeschädigte gibt, seit es Menschen gibt. Hörschäden gab es zu allen Zeiten der Menschheitsgeschichte. Sobald die schriftliche Überlieferung einsetzt, wird von Gehörlosen (unter verschiedensten Bezeichnungen) berichtet.

Bis zu Beginn des 20. Jahrhunderts war die Geschichte der Hörgeschädigtenpädagogik letztendlich eine Geschichte der Taubstummenbildung. Der Taubstumme stand nominell im Vordergrund der Betrachtungen, zumeist waren hier – aus vielerlei Gründen, z.B. aufgrund mangelnder diagnostischer Möglichkeiten – die Schwerhörigen und die Sprachbehinderten mit einbezogen. Erst im Lauf der Zeit haben sich die Gehörlosen-, Schwerhörigen- und Sprachbehindertenpädagogik separiert und zu eigenständigen Disziplinen entwickelt.

Die Geschichte der Erziehung taubstummer Kinder hat nach Möckel (1988, 15) die gründlichste Beachtung in der historischen Betrachtung der Geschichte einzelner sonderpädagogischer Fachrichtungen erfahren. Die Ursachen liegen vermutlich darin, daß die Taubstummenschulen die ersten institutionalisierten Einrichtungen (Schulen) für Behinderte waren. Erst nach deren Entstehung gründen sich weitere „spezielle" Schulen für unterschiedlich behinderte Kinder. So liegen zahlreiche Beiträge und Monographien zur Geschichte der Erziehung taubstummer Kinder vor.

Beispielhaft seien genannt: Walther (1882), Karth (1902), Emmerig (1927), Werner (1932), Schumann (1940), Blau (1966), Kröhnert (1966), Kröhnert (1982), Löwe (1983), auch Heese (1983), Brand (1990) und Löwe (1992a).

13.1 Erziehung Hörgeschädigter von den Anfängen bis zum Mittelalter

Das Verhältnis zu mißgestalteten (also behinderten) Kindern war bis zum Mittelalter zwiespältig. Es reichte von besonderer Verehrung über Fürsorge und Duldung, auch Unfruchtbarmachung, bis hin zur Verstoßung und physischen Vernichtung. Da ein Hörverlust die Kinder nicht entstellt und dieser nicht optisch sichtbar wird, bleibt er über längere Zeit unbemerkt. Daher ist anzunehmen, daß gehörlose Kinder nicht getötet wurden, was in einigen Stämmen bei Neugeborenen mit Mißbildungen durchaus üblich war. Infantizid war im Normalfall nur unmittelbar nach der Geburt zulässig. Mit der ersten Nahrungsaufnahme war die soziale Geburt vollzogen, das Kind war in die Sippe, also in die Gemeinschaft, aufgenommen.

Altertum — Im Altertum konnten hochgradig hörgeschädigte Kinder und Jugendliche keinem überlieferten Bildungsideal entsprechen. Sie konnten weder Priester noch Krieger noch Verwaltungsbeamter oder Kaufmann werden. Das traf selbst für hochgradig hörgeschädigte Kinder und Jugendliche aus königlichen Familien zu (Löwe 1992a, 20f). Derselbe Autor vermutet, daß die erste Erwähnung eines tauben und stummen Menschen in der Weltliteratur die Einstellung gegenüber Gehörlosen bis gegen Ende des Mittelalters nachhaltig geprägt hat. Er bezieht sich hier auf Herodot (um 490 bis etwa 425/20 v. Chr.), der als „Vater der Geschichte" gilt und von König Krösus von Lydien (er regierte von etwa 560–546 v. Chr.) berichtet, daß dieser einen tauben und stummen Sohn gehabt habe, über den er sich gegenüber Athis, seinem anderen Sohn, einmal wie folgt geäußert haben soll: „Du bist mein einziger Sohn, denn den anderen kann ich gar nicht rechnen."

Griechenland — Im antiken Griechenland erfährt die Auseinandersetzung um die Bildbarkeit Hörgeschädigter eine gewisse Zuspitzung. Die Ärzte der damaligen Zeit kannten das äußere Ohr, das Trommelfell und z. T. auch die Paukenhöhle. Das Innenohr hingegen war ihnen unbekannt. Entsprechend schwer fiel ihnen die Beschreibung des Hörvorgangs.

Hippokrates (460 bis ca. 377 v. Chr.) schrieb fälschlicherweise die Stummheit einem Fehler der Zunge zu. Der Zusammenhang von Hörschaden und Stummheit war noch nicht erkannt. Hippokrates ließ sich von der Beobachtung leiten, daß der Gehörlose zwar Laute ausstößt, aber die Zunge nicht zur richtigen Artikulation führt.

Aristoteles (384–322 v. Chr.) griff diesen Gedanken auf und verglich den Gehörlosen ohne Lautsprache mit Tieren:

„Die Sprache beruht auf der Gliederung der Stimme mittels der Zunge ... Alle Tiere, welche entweder gar keine oder keine freie Zunge haben, entbehren der Sprache. ... Alle Taubgeborenen sind auch stumm, daher haben sie zwar eine Stimme, aber keine Sprache" (zit. n. Schumann 1940, 9).

Aristoteles hielt zugleich das Gehör für das wichtigste Organ der Belehrung. Da seiner Meinung nach Bewußtseinsinhalte nur über die Sinnesorgane aufgenommen werden, äußerte er sich dahingehend, daß im allgemeinen taube Menschen schwerer zu erziehen seien als Blinde. In späteren Zeiten ist diese Aussage des Aristoteles dann so interpretiert worden, daß Taube gänzlich bildungsunfähig seien (Stichnoth 1986, 36). Diese Auffassung hielt sich beharrlich, obwohl wiederholt auf den kausalen Zusammenhang von Hörschaden und Stummheit hingewiesen wurde, so z. B. von Alexander von Aphrodisias, einer der antiken, in vieler Beziehung selbständig denkenden Aristoteleskommentatoren, der von 198–211 n. Chr. den Lehrstuhl der peripatetischen Philosophie zu Athen inne hatte. Er erkannte, daß Gehörlose nicht sprechen, weil sie nicht hören.

Auch hinsichtlich der Intelligenz der Gehörlosen ist die Haltung der griechischen Gelehrten uneinheitlich. Sprache wurde gleich Lautsprache gesetzt. Die Einsicht Platons (427–347 v. Chr.), daß sich der Gehörlose mittels Gebärde verständigt und diese von Intelligenz zeugt, blieb unbeachtet (Schumann 1940, 10).

Informationen gibt es auch über die Lage der Gehörlosen in der Gesellschaft im alten Israel. Sowohl die Bücher des Alten Testaments wie auch die spätere jüdische Literatur, insbesondere der Talmud, bieten Belege. Im dritten Buch Moses steht u. a. folgendes Gebot: „Du sollst einen Tauben nicht schmähen!" (zit. n. Löwe 1992a, 21). Schumann (1940, 8) verweist darauf, daß dem Talmud zu entnehmen ist, daß die Gehörlosen bei den Juden als bildungsfähig galten. Auch spricht er die Vermutung aus, daß die Juden ebenfalls die Beziehung zwischen Gehörlosigkeit und Stummheit erkannt hatten und die Gehörlosen nicht mit den Geistigbehinderten gleichsetzten (7). Außerdem unterschieden sie zwischen Gehörlosen und Menschen, die nachsprachlich (also im Sprachbesitz) ertaubt waren. Wer nicht sprechen konnte, war in der jüdischen Gesetzgebung einem Kind gleichgestellt. Die Ertaubten besaßen dagegen den Rechtsstatus eines hörenden Menschen.

Jüdische Tradition

Im alten Rom wurde die rechtliche Stellung des Gehörlosen im Codex Justitianus (auf Veranlassung des Kaisers Justitian 482–565[1] n. Chr.) und seiner Nachfolgegesetze fixiert. Es wurde

Rom

---

[1] In verschiedenen Quellen sind unterschiedliche Jahreszahlen zu finden.

zwischen von Geburt an Gehörlosen, die als rechts- und geschäftsunfähig galten, und Ertaubten, die Rechtsschutz genossen, unterschieden.

Schumann (1940, 13) verweist unter Bezug auf Plinius den Älteren (23–79 n. Chr.) auf einen Bildungsversuch an einem Gehörlosen. Dies muß aber eine absolute Seltenheit gewesen sein. Der berühmte Arzt Roms, Galen (ca. 129 bis ca. 201 n. Chr.) der nach Jetter (1992, 103) als „Höhepunkt der alten Medizin" gilt und aufgrund seines beeindruckenden Gesamtwerkes zu den einflußreichsten Ärzten aller Zeiten gehört, hob die Schwerhörigen und Spätertaubten von den von Geburt Gehörlosen ab. Letztere seien für die Anforderungen des täglichen Lebens völlig unbrauchbar. Auch er empfahl die Lösung des Zungenbändchens zur Beseitigung der Stummheit. Er übernahm damit die irrige Auffassung, wonach die Zunge für die Sprachlosigkeit verantwortlich sei.

13.2 Hörgeschädigte im Mittelalter

Die mittelalterliche Geisteshaltung war zunächst geprägt von einer unabdingbaren Anerkennung der Lehren Aristoteles'. Aristoteles war nach und nach zur unbedingten Autorität geworden, besonders, nachdem seine Lehre mit der Lehre der Kirche vereinigt worden war. Fast gleicher Autorität erfreuten sich Hippokrates und Galen, aber auch die römische Rechtsprechung.

Wie erwähnt, schrieb man Aristoteles zu unrecht die Aussage zu, daß Gehörlose bildungsunfähig seien. Diese Fehlinterpretation unterband lange Zeit jeden Versuch einer Bildung Gehörloser. Bedeutungsvoll war auch die ständige Bezugnahme des irrtümlichen Zusammenhangs von einem Fehler der Zunge mit der mangelnden Sprache, was auf Hippokrates zurückgeht und wiederholt von anderen übernommen wurde (z. B. durch Galen). Diese ausschließliche Orientierung verhinderte zunächst neue Erkenntnisse.

Der kirchliche Einfluß

Die auf die antike Philosophie gestützte christliche Lehre (Scholastik) vermochte nicht, eine naturwissenschaftliche Klärung des Zusammenhangs von Hörschaden und Sprachlosigkeit zu geben. Andererseits war die Kirche durch Konzilienbeschlüsse und päpstliche Anordnungen verpflichtet, den Gehörlosen die Sakramente nicht vorzuenthalten. Aus diesem sowie aus karitativen Gründen entstand das Anliegen, auch Gehörlosen die christliche Lehre zu vermitteln, um ihnen so die elementaren religiösen Weihen (Kommunion, Abendmahl, Sterbesakramente usw.) zukommen zu lassen.

Nachweislich wurden von Mönchen in Klöstern die ersten Bildungsversuche mit Gehörlosen vorgenommen. Beispielhaft sei auf den angelsächsischen Bischof Hagulstad (640–721), bekannt als John of Beverley, verwiesen. Nach einem Bericht soll er im Kloster Hexham einen Gehörlosen unterrichtet haben (Rieder 1976, 93; Löwe 1992 a, 23).

Bekannt ist auch die Unterrichtung eines gehörlosen Mädchens durch die Äbtissin Scholastika – Tochter des Fürsten Georg I. von Anhalt –, die 1469, im Alter von 18 Jahren, die Leitung des kaiserlich freiweltlichen Stiftes Gernrode (Harz) übernahm. Sie unterwies das gehörlose Mädchen in den Hauptlehren des Christentums durch Zeichen und Bilder (Emmerig 1927, 12; Schumann 1940, 23).

Mit dem Übergang zur Renaissance (14.–16. Jh.) veränderte sich auch die Stellung der Gehörlosen allmählich. Dabei war es keineswegs so, daß man sich sofort von Vorurteilen und negativen Einstellungen löste – die über Jahrtausende geprägten Auffassungen waren nicht sofort zu überwinden.

Die scholastischen Universitäten wurden unter erbitterten Kämpfen im Sinne des Humanismus umgestaltet, die Lateinschulen reformiert und erweitert sowie allgemeine Volksschulen errichtet. Es kam zu einem Aufblühen von Handwerk und Handel in den Städten. Insbesondere die Medizin konnte einen deutlichen Aufschwung nehmen.

Die Menschen der damaligen Zeit befanden sich im Widerspruch zwischen Wissensdrang und bestehendem Aberglauben. Man fühlte sich zudem den kirchlichen Glaubenssätzen – mehr oder weniger stark – verpflichtet. So sah Martin Luther (1483–1546) die Gehörlosigkeit wie die Blindheit und andere Gebrechen als Werke des Teufels an. Das schloß aber nicht aus, daß Luther Gehörlosen die kirchliche Weihe zubilligte. So wurde die Tochter eines Christian Cotta zu Eisenach auf ausdrückliches Geheiß Luthers zum Abendmahl zugelassen (Schumann 1940, 34).

Die Medizin blieb trotz neuer anatomischer Erkenntnisse der aristotelisch-galenischen Lehre zunächst verhaftet. Was sie jedoch lieferte, war die Sammlung von Nachrichten und Berichten über Gehörlose. Unterstützt wurde sie dabei von Naturforschern und Chronisten. So berichten u. a. Rudolf Agricola (1442 od. 43–1485), Felix Platter (1530–1614) und Philipp Camerarius (1537–1624) von gebildeten Gehörlosen, die lesen, schreiben und selbst sprechen konnten. Nach und nach änderte sich auch die Rechtsstellung der Gehörlosen zu ihren Gunsten, so wurden sie erbberechtigt und das Strafrecht veränderte sich (zu Verhandlungen gegen Gehörlose wurden Sachverständige und Dolmetscher herangezogen).

Erkenntnis: Taubheit und Stummheit hängen zusammen

Ein wesentlicher Fortschritt in Richtung einer Bildung Hörgeschädigter wurde durch Hieronymus Cardanus (1501–1576) erzielt. Cardanus, italienischer Mathematiker, Arzt und Philosoph, erkannte den ursächlichen Zusammenhang zwischen Taubheit (Gehörlosigkeit) und Stummheit. Zugleich unterteilt er in verschiedene Formen (Arten) von Hörschädigungen:

> „Manche sind so beschaffen von Geburt. Sie sind folgerichtig auch stumm, denn wir lernen durch Hören sprechen, wer nicht hören kann, kann auch nicht sprechen. Andere werden nach der Geburt taub, aber bevor sie sprechen lernen. Sie werden aus der gleichen Ursache stumm und sind den ersteren ähnlich, weshalb man sie einer Art und Behandlungsweise zuweisen kann. Die übrigen sind die, welche taub werden, nachdem sie entweder nur sprechen oder auch zugleich schreiben gelernt haben" (zit. n. Schumann 1940, 37).

Damit kommt er aktuellen pädagogischen Sichtweisen (vgl. Kap. 2 und 4) ausgesprochen nah. Aus seinen Erfahrungen mit Gehörlosen sowie aus Erkenntnissen aus der Literatur schlußfolgert Cardanus des weiteren, daß Gehörlose bildungsfähig seien. Damit widersprach er eindeutig der bis dahin vorherrschenden Meinung.

Die italienische Medizin der Zeit erarbeitete zudem die physiologischen Grundlagen für die Entwicklung der späteren Gehörlosenbildung. So wandte sich Hieronymus Mercurialis (1530–1606) der Beziehung zwischen Gehör und Sprache sowie der Atemlehre zu und nahm zu Atemübungen Stellung. Von Fabricius ab Aquapendente (1537–1619) erschien die erste umfangreiche Monographie über Anatomie und Physiologie der Sinneswerkzeuge und Sprechorgane.

Anfänge einer Hörgeschädigten-Didaktik

Zusammenfassend läßt sich feststellen, daß zu dieser Zeit die Möglichkeit des Unterrichtens von gehörlosen Schülern endgültig erkannt wurde. Cardanus lieferte zugleich den Grundsatz der Didaktik (die Gehörlosigkeit bedingt nicht einen Intelligenzmangel) und er hat den Grundsatz einer Methode des Unterrichts mit gehörlosen Schülern (auf der Grundlage des Schriftbildes) entwickelt. (Weiterführende Informationen diesbezügl. sind Schumann 1940, 36–38 zu entnehmen.)

Gehörlosenbildung als Einzelerscheinung

Zur Umsetzung der in Italien gewonnenen Erkenntnisse und Ergebnisse kam es in Spanien. In Spanien gab es zu jener Zeit, vermutlich infolge der durch Standesvorurteile geförderten Inzucht (Schumann 1940, 41), eine auffallende Häufigkeit von Hörschäden. Um den gehörlosen Mitgliedern der Familien eine standesgemäße Bildung und Erziehung, und damit die Erb- und Lebensrechte zu sichern, bestand Interesse an einer entsprechenden Erziehung. Die ersten überlieferten Bildungsversuche erfolgten daher mit hörgeschädigten jungen Adligen. Während frühere Bildungsversuche immer nur an einem hochgradig hörgeschädigten Kind, Jugendlichen oder Erwachsenen unternommen worden sind, war Pedro Ponce de León (1510–1584) der erste, von dem überliefert ist, daß er nicht nur einen, sondern etwa zwölf hörgeschädigte Schüler unterrichtet hat, darunter auch Mädchen.

Ponce de León entstammte selbst einer Familie des Hochadels der Provinz León. Nachdem er 1526 das Ordensgelübde abgelegt hatte, übersiedelte er 1540 in das Kloster San Salvador zu Ona. Dem Kloster wurden zwei gehörlose Jungen des Hochadels aus der Familie de Valesco zur Erziehung übergeben. Später folgten deren gehörlose Schwestern und weitere Schüler aus adligen und vornehmen bürgerlichen Familien.

Ponce de León

Im Unterricht mit den gehörlosen Schülern ließ sich Ponce zunächst von den Traditionen des Klosters leiten, die ihm die Hilfsmittel der Mönchsgebärde, des Handalphabets und der Schrift in die Hand gaben. Niederschriften von seinem Unterricht hat er nicht angefertigt. Die Kenntnisse, die man über seinen Unterricht hat, gewann man vorzugsweise durch Darstellungen seiner ehemaligen Schüler sowie von Personen, die von seinem Unterricht Kenntnis besaßen:

1. Der Ausgangspunkt und die Grundlage des Verfahrens war die Schriftsprache, die durch ein Fingeralphabet gegliedert wurde. Der Erwerb des Schreibens und der Fingersprache war das erste Unterrichtsziel.
2. Unmittelbar nach dem Gegenstand oder Vorgang wurde das geschriebene Wort oder die natürliche Gebärde eingesetzt, um die Verbindung von Name und Begriff zu schaffen.
3. Nach Erwerb eines gewissen Wort- und Begriffsvorrates begann er die Lautsprache zu entwickeln, wobei er vom Einzellaut ausging.
4. Das Absehen wird nicht erwähnt. Eine gewisse Praxis des Absehens wird sich jedoch aus dem Sprechunterricht ergeben haben.
5. Die Zusprache erfolgte mittels Fingeralphabet, in Gebärden oder in der Schriftform. Die Schüler antworteten in der Lautform oder schriftlich. So entstand eine enge Verflechtung von Fingeralphabet, Schrift- und Lautsprache mit den verdeutlichenden Gebärden.
6. Das schriftsprachliche Verstehen war die Grundlage der weiteren Sprach- und Verstandesbildung und des Wissenserwerbs.
(Nach Schumann 1940, 43)

Schumann (1940) sah Ponces Bedeutung weniger in der Aufstellung eines Lehrverfahrens, sondern darin, daß er mit seinen Schülern der Welt Beispiele gebildeter und sprechender Gehörloser gab.

Aus dem Umfeld von Klöstern heraus führt Manuel Ramirez de Carrión (1579 bis nach 1652), der etwa 50 Jahre nach Ponce wirksam wurde. Väterlicher- und mütterlicherseits aus edlen Familien stammend, war er später als Elementarlehrer tätig. Dabei unterrichtete er auch einen Gehörlosen im Sprechen nach einem eigenen Verfahren, welches sich wahrscheinlich an die Lautiermethode anlehnte, die er im Sachunterricht der Elementarschule anwandte. Etwa ab 1600 unterrichtete er dann als Hauslehrer nacheinander mehrere gehörlose adlige Kinder. Dabei kam er u. a. auch als Lehrer in das Haus der Familie de Valesco, für die bereits Ponce gearbeitet hatte. Seine letzte Stelle hatte er am Hofe in Madrid inne, um den gehörlosen Prinzen Emanuel Philibert von Carignano zu unterrichten. Carrión war überaus erfolgreich. Seine Schüler erlangten eine hohe Sprach- und Geistesbildung. Er lehrte sie lesen, schreiben und sprechen, pflegte das Absehen, ohne es methodisch zu lehren, und bediente sich des Handalphabets.

Schumann (1940, 49) vermutete, daß Carrión der erste Gehörlosenlehrer war, der bei seinen Schülern Hörreste erkannte und für den Unterricht nutzbar machte. Carrión bezeichnete sich als Erfinder seiner Leselehrmethode und des Taubstummenunterrichts. Man kann ihm nicht nachweisen, daß er von Ponces Verfahren Kenntnis hatte.

Er verpflichtete seine Schüler, über das Unterrichtsverfahren Stillschweigen zu bewahren. Eine von ihm verfaßte Schrift enthielt zwar Ausführungen über Gehörlosigkeit und Stummheit, aber keine Beschreibung seines Verfahrens.

Die Spanische Methode

Die „Spanische Methode" wurde neben den zwei bereits genannten Persönlichkeiten noch von einer dritten geprägt: Juan Pablo Bonet (1579–1633). Er war Sekretär der Familie, in der Carrión den gehörlosen Don Luis de Valesco unterrichtete. Nach dessen vorübergehendem Ausscheiden aus dem Dienst der Familie versuchten mehrere Personen erfolglos, darunter Bonet, den Unterricht fortzusetzen. Dennoch legte Bonet 1620 die erste umfassende Darstellung zur Unterrichtung Gehörloser vor. Obwohl Bonet Carrión nicht erwähnt, müssen sie einander bekannt gewesen sein. In diesem Werk war ganz offensichtlich Carrións Verfahren dargestellt. Dennoch: Mit seiner Publikation lag das erste Lehrbuch der Hörgeschädigtenpädagogik vor. Damit war das Wissen um die Unterrichtung Gehörloser erstmalig zusammengefaßt und einer breiteren Öffentlichkeit zugänglich. Das Buch hatte den Titel „Reduction de las letras, y arte para enseñar a ablar los mudos" und erschien 1895 in deutscher Übersetzung als „Vereinfachung der Buchstaben und die Kunst, Stumme sprechen zu lehren".

In der Geschichte der Hörgeschädigtenpädagogik werden die drei Spanier als eine Einheit gesehen. Sie haben sich in ihrem Wirken ergänzt, so daß ein geschlossenes Verfahren entstand, welches als „Spanische Methode" bezeichnet wird. Ponce gilt dabei als Erfinder, Carrión als Methodiker und Bonet als Theoretiker. Zugleich legten alle drei ihrem Verfahren den gleichen Stufengang zugrunde, der durch die Stationen der Schrift, des Handalphabets und der Lautsprache gekennzeichnet ist. Zugleich erkannten alle drei noch nicht die Bedeutung des Absehens.

Versuche, Hörgeschädigte zu unterrichten, wurden in den folgenden Jahren auch in anderen Ländern unternommen, zu nennen wären hier vorzugsweise England, die Niederlande und auch das deutschsprachige Mitteleuropa.

1644 veröffentlichte Sir Kenelm Digby (1603–1665), englischer Staatsmann, ein Buch, in dem er seine Beobachtungen beschrieb, die er während eines Besuches in Spanien bei der Unterrichtung von Don Luis de Velasco durch Carrión erlebt hatte. Der Bericht fand in England aufmerksame Beachtung. Die entsetzende Diskussion führte u. a. dazu, daß John Bulwer (1614–1884), englischer Arzt und Schriftsteller, eine Art „Akademie" für Gehörlose forderte. Er hatte auch schon Geldmittel zur Durchführung und ein Gebäude in Aussicht. Aber alle Persönlichkeiten, mit denen er verhandelte, fanden seinen Plan aufgrund der hergebrachten Meinung so absurd, daß sie ihm jede Förderung versagten (Schumann 1940, 59).

Während Bulwer sich theoretisch mit Verfahren der Unterrichtung Gehörloser beschäftigte, gelten John Wallis (1616–1703) und William Holder (1615–1696/97) als die ersten, die in England gehörlose Kinder unterrichtet haben. Wallis war Phonetiker. Auf der Grundlage seiner Erkenntnisse, daß die verschiedenen Laute durch genau zu bestimmende Veränderungen der Sprechwerkzeuge erzeugt werden und gegeneinander abzugrenzen sind, kam ihm der Gedanke, daß es auf dieser Grundlage möglich sein müsse, Gehörlosen das Sprechen zu lehren. Für ihn war aber auch ein Unterricht denkbar, ohne das Sprechen zu lehren. Er selbst hat einigen seiner Schüler einen solchen Unterricht, der sich auf unmittelbarer Schriftsprachassoziation gründet, erteilt. Wallis setzte die von Bonet angebahnte Methode, Sprache stufenweise aufzubauen, fort und lehrte sie auf der Basis der grammatischen und logischen Kategorien.

Holder war ein in vielen Bereichen hochbegabter Mann. Seine nur auf wenige praktische Erfahrungen beruhenden Aussagen zeigten neue Wege beim Sprechunterricht. Zudem setzte er sich kritisch mit dem Absehen auseinander. Er verwies bereits darauf, daß Absehen Sprachkenntnis voraussetzt; das Schiftbild des Lautes müsse dem Sprechen vorangestellt werden.

Der Weg zur institutionalisierten Bildung Gehörloser – Übergang zur Neuzeit

George Dalgarno (1626–1687), aus einer angesehenen Familie stammend, arbeitete als Privatlehrer in Oxford. Es ist nicht genau bekannt, ob er gehörlose Kinder unterrichtet hat oder sich nur theoretisch mit der Unterrichtung Gehörloser auseinandersetzte. Allgemein weiß man aber von seinen sprachphilosophischen und lautphysiologischen Interessen, die entsprechende Basis boten. Er verglich das blinde mit dem gehörlosen Kind und stellte einen Sprach- und Bildungsrückstand des letzteren fest. Bei entsprechender Förderung seien diese Rückstände jedoch vermeidbar. Er entwickelte ein (beidseitiges) Handalphabet, mit dessen Hilfe Sprache erlernt werden sollte.

Im Reigen der Fachleute, die sich im Rahmen der englischen Hörgeschädigtenpädagogik der damaligen Zeit verdient gemacht haben, wären noch Henry Baker (1698–1774)[2] und Thomas Braidwood (1715–1806) zu nennen. Aufgrund seiner Erfolge bei der Unterrichtung von drei gehörlosen Kindern eröffnete Baker eine Art Privatschule für gehörlose und stammelnde Kinder von Eltern, die das geforderte hohe Schulgeld bezahlen konnten. Auch er verheimlichte sein Vorgehen vor Besuchern, ebenso hat er keine Veröffentlichungen hinterlassen. Bekannt ist, daß ihm Schreiben, Zeichnen, Sprechen und Absehen als Unterrichtsmittel dienten. Tagesereignisse, Ereignisse in der Schule und im Elternhaus, Beobachtungen auf Spaziergängen wurden zum Sprachaufbau genutzt und durch ein grammatisches System gestützt und gesichert.

Auch Braidwood eröffnete (1760) eine Privatschule für gehörlose Kinder in Edinburgh. Nach seinem Tod führte seine Witwe bis 1816 die Anstalt fort. Sprechen und Absehen standen im Vordergrund des Lehrzieles seiner Schule.

Die niederländische Hörgeschädigtenbildung ist mit dem Namen Johann Conrad Amman(n)[3] (1669–1724) verbunden. Ammann stammte aus der Schweiz. Nach Abschluß seines Medizinstudiums in Basel führte ihn eine Studienreise nach Holland, wo es ihm so gefiel, daß er sich in Amsterdam ansiedelte. Ihm wurden mehrmals Gehörlose zur Heilung vorgestellt. Für damalige Verhältnisse traf er die maßgebliche Entscheidung, daß nach (seinerzeitigem) Kenntnisstand Gehörlosen mit medizinischen Mitteln nicht zu helfen ist. Er suchte einen Ausweg über die Physiologie des Sprechens. Dazu beobachtete er die Verschiedenheit der die Sprache bildenden Laute sowie die Verschiedenheit der

Johann Conrad Ammann

---

[2] Baker war Schwiegersohn von Daniel Defoe. Er arbeitete sich vom Buchhändlerlehrling zum angesehenen Wissenschaftler hoch.
[3] In der Fachliteratur werden beide Schreibweisen verwendet.

ihnen zugrunde liegenden Bewegungen und die Verschiedenheit der Sprechbilder. Ein Versuch vor dem Spiegel überzeugte ihn davon, daß die Verschiedenheit der Mundbilder die Grundlage einer Verständigung für Nichthörende sein könnte (Schumann 1940, 76).

Theoretische Abhandlungen hatten zuvor u. a. Anton Deusing (1612–1666) geliefert. Er verfaßte Schriften, die sich u. a. auch mit Gehörlosen beschäftigten. Die rein theoretischen Schriften orientierten auf eine Förderung der Gehörlosen mit Mitteln der Schrift, Gebärde und Lautsprache. Auch Franz Mercurius van Helmont (1614–1699), der ebenfalls nie selbst Gehörlose unterrichtet hatte, entwickelte Vorstellungen, wie der Gehörlose durch Imitation über das Absehen und den Tastsinn zur Lautsprache geführt werden soll. Neben Tasten/Fühlen empfahl er, den Spiegel einzubeziehen.

Die zentrale Stellung in der niederländischen Gehörlosenbildung nimmt – wie erwähnt – jedoch Ammann ein. Etwa ab 1690 lehrte er auf der Basis seiner theoretischen Überlegungen mehreren Gehörlosen das Sprechen, offensichtlich mit großem Erfolg. Sein Vorgehen beschrieb er in den Schriften „Surdus loquens" (1692) und „Dissertatio de loquela" (1700), wobei letztere eine ausführliche Darstellung seines Vorgehens beinhaltete. Beide Schriften waren in lateinischer Sprache verfaßt.

Im Gegensatz zu einigen seiner Vorgänger machte Ammann aus seiner Methode kein Geheimnis, sondern sprach sogar die Bitte aus, daß recht viele seine Methode versuchen (Schumann 1940, 76). Zahlreiche Personen versuchten dies auch; zuerst fand das Vorgehen Nachahmer in England, dann in Deutschland und Frankreich sowie nach und nach auch in anderen Ländern.

Mit Bezug auf Schumann (1940, 82) läßt sich folgendes festhalten: Ammann war vom überragenden Wert der Lautsprache überzeugt. Ausgehend von der Überlegung, daß die Lautsprache nicht nur hörbar, sondern auch sichtbar und fühlbar ist, lehrte er den Gehörlosen auf der Basis seiner Lautlehre Sprechen und Gesprochenes abzusehen. Sein Vorgehen läßt sich wie folgt verdichten:

1. Im Mittelpunkt des Verfahrens stand die Absehbarkeit der Sprache.
2. Die Formen und die Sachinhalte der Sprache wurden gezielt eingeführt. Sprache sollte als Werkzeug gebraucht werden.
3. Das Schriftbild war Unterrichtsmittel. Sowohl beim Sprech- als auch beim Sprachunterricht ging er vom Schriftbild aus und bediente sich seiner als Gedächtnishilfe.
4. Die Gebärde erwähnte er nicht als Unterrichtsmittel, da er ihre Anwendung für selbstverständlich hielt.

Im Vergleich zu seinen Vorgängern benutzte er das Handalphabet nicht. Die Aneignung und Verwendung der Lautsprache durch die Gehörlosen war die Grundlage seines Verfahrens. Ammann begründet das Absehen, nutzte die Vibrationen für die Artikulation, führte den Artikulationsspiegel ein und verwendete die Schriftsprache für die Lautsprachentwicklung seiner Schüler. In seinen theoretischen Arbeiten entwickelte er eine Einteilung der Laute.

Angeregt durch Ammanns Buchveröffentlichungen, versuchten sich insbesondere Vertreter aus dem deutschsprachigen Mitteleuropa und Frankreich, sich ebenfalls der Bildung Gehörloser zuzuwenden. In Deutschland waren es vor allem evangelische Pastoren, die den Versuch unternahmen, gehörlosen Kindern Unterricht zu erteilen. Beispielhaft wären hier zu nennen Georg Raphel, Superintendent in Lüneburg (1673–1740), Vater von sechs Kindern, unter ihnen drei gehörlose Mädchen, die er selbst unterrichtete. Im Gegensatz zu Ammann ging er bei seinem Sprechunterricht nicht vom Einzellaut, sondern von der Sprechsilbe aus. Johann Ludwig Ferdinand Arnoldi, Pfarrer in Großlinden bei Gießen (1737–1783), hatte in seinem Pfarrhaus eine kleine Gehörlosenschule eingerichtet, in die er hörgeschädigte Kinder wohlhabender Eltern aufnahm. Nach Löwe (1992a, 35) kann die Einrichtung als erste deutsche Gehörlosenschule angesehen werden.

Frankreich

Aus der französischen Hörgeschädigtenbildung sollen exemplarisch Jacob Rodriguez Pereira (1715–1780) und R. Ernaud (1740–1800) erwähnt werden.

Pereira hatte sich, um seiner gehörlosen Schwester helfen zu können, an die Akademie in Bordeaux gewandt, deren Sekretär ihm die Schriften von Bonet, Wallis, Holder und Ammann empfahl. Auf der Grundlage dieses Wissens unterrichtete er nach seiner Schwester noch mehrere andere Gehörlose. Im Mittelpunkt stand für Pereira die Lautsprache. Dem Gehörlosenunterricht kommt die Aufgabe zu, den Gehörlosen Sprechen und Sprache zu lehren. Aufgrund physiologischer Studien stellte er fest, daß seine Schüler Hörreste hatten. Nach ihrer Hörfähigkeit teilte er sie in drei Gruppen ein. Die Gebärde verwendete Pereira zur Einführung in das Wortverständnis und zur Begriffserarbeitung. Sobald er sich mit seinen Schülern über gewöhnliche Dinge unterhalten konnte, gebrauchte er die Gebärde nicht mehr. Er entwickelte das einhändige spanische Handalphabet weiter und paßte es dem französischen an.

Ernaud ging ähnlich wie Pereira vor, verzichtete aber auf das Handalphabet. Er versuchte, die Hörreste seiner Schüler durch systematische Hörübungen unter Benutzung eines Hörrohrs zu beleben und zu stärken.

13.3 Aufklärung und Neuzeit: Die Entstehung einer institutionalisierten Bildung Gehörloser

Wie dargestellt gab es vereinzelt immer wieder (private) Gehörlosenschulen. Sie existierten zumeist nur wenige Jahre und gingen spätestens mit dem Tod ihres Gründers ein. (Die einzige Ausnahme scheint die Schule von Thomas Braidwood gewesen zu sein, dessen Witwe die Schule noch 10 Jahre weiterführte.)

Entscheidenden Einfluß auf die Entwicklung der institutionalisierten Bildung und Erziehung Hörgeschädigter übten erst folgende zwei Schulgründungen für Gehörlose aus:

1770 eröffnete Abbé de l'Epée (1712–1789) in Paris ein privates Taubstummeninstitut. 1778 folgte Samuel Heinicke (1727–1790) in Leipzig mit der Gründung des „Kurfürstlich-Sächsischen Institutes für Stumme und andere mit Sprachgebrechen behaftete Personen".

Fachlich gesehen standen sie sich als Kontrahenten gegenüber: Charles Michel de l'Epée weihte sich – entgegen den Vorstellungen seiner Eltern – bereits mit 17 Jahren der Kirche. Etwa 1760 lernte er durch Zufall zwei gehörlose Mädchen kennen, deren Unterrichtung er übernahm. Zu diesen beiden Schülerinnen kamen bald andere hinzu. Er unterrichtete sie zuerst in seinem Hause. So entstand eine Gehörlosenschule, die er dann nach dem Montmartre verlegte und – offensichtlich angeregt durch die Pädagogik Rousseaus – in eine Erziehungsanstalt verwandelte, die auch auswärtige Gehörlose aufnahm. Abgesehen von privaten Unterstützungen und Geschenken leistete er die Unterhaltung aus eigenen Mitteln und schränkte seinen Lebensbedarf aufs äußerste ein. Erst vier Jahre vor seinem Tod erhielt die Anstalt einen jährlichen Betrag von 3.400 Franken aus der Schatulle Ludwig XVI.; einige Mittel kamen noch von der Regierung, die ebenfalls Räumlichkeiten zur Verfügung stellte.

Abbé de l'Epée

Die Methode de l'Epées wird von Gebärdenzeichen und der Schrift bestimmt. Beide waren gleichermaßen Mittel und Ziel des Unterrichts. Sein Vorgehen war beeinflußt durch die sprachphilosophischen Auffassungen seiner Zeit und dem Gedanken, daß die Gebärde von der Natur des Gehörlosen ausgehe. Die Schrift sollte gleichermaßen zur Kultursprache des Hörenden hinführen. Für das Erlernen der Buchstaben, später auch zum Diktieren von Eigennamen, trat ein Fingeralphabet als Hilfsmittel hinzu. Laut Schumann (1940, 126) hielt de l'Epée das Sprechenlernen für möglich, erstrebenswert und erreichbar. De l'Epée unterschätzte aber die Zeit, die zum Vermitteln der Lautsprache benötigt

Die französische Methode

würde. (Er ging von vier Lektionen aus.) Er hielt das Sprechen für etwas Mechanisches und schloß für den Gehörlosen die Möglichkeit aus, „in artikulatorischer Sprache denken" zu können (vgl. Kröhnert 1966, 50). In der Praxis de l'Epées trat die Lautsprache sehr zurück.

Es läßt sich festhalten, daß Handalphabet, Schrift und Gebärde die wesentlichen Bestandteile seines Unterrichtsverfahrens waren, wenngleich auch mit unterschiedlicher Bedeutung.

Begonnen wurde der Unterricht mit der Vermittlung des Handalphabets. Es sollte das Einprägen und Schreiben von Buchstaben unterstützen. Außerdem diente es zur Erfassung von Wörtern, die durch Zeichen erklärt wurden. Die Zeichen bildeten den eigentlichen Schwerpunkt seiner Methode. Sein Zeichensystem setzte sich zusammen aus

– Wurzelzeichen (zum Erschließen von Grundbegriffen) und
– methodischen Zeichen (zum Vermitteln von lexikalischen, grammatikalischen und syntaktischen Gesetzlichkeiten der Sprache). Später kamen für fortgeschrittene Schüler noch sog. „verkürzte Zeichen" hinzu.

Nach de l'Epées Tod wurde seine Methode von Abbé Sicard (1742 – 1822) ausgestaltet; dies bezog sich sowohl auf die praktisch-methodische Umsetzung als auch auf den Versuch einer wissenschaftlichen Begründung.

Der von de l'Epée praktizierte Unterricht einschließlich der Erweiterungen durch Sicard wird in der Fachwelt als „Französische Methode" bezeichnet.

Samuel Heinicke

Als Vater der „Deutschen Methode" gilt Samuel Heinicke. Heinicke, Sohn wohlhabender Bauern, sollte ursprünglich das Gut seines Vaters übernehmen. Nach Unstimmigkeiten mit seinem Vater verließ er das Elternhaus, wurde zunächst Soldat, studierte und ließ sich 1758 zunächst in Altona, dann in Hamburg nieder und arbeitete als Privatlehrer. Nach Erhalt einer Stelle als Küster und Schulhalter in Eppendorf bei Hamburg begann er 1769, einen Gehörlosen (nachfolgend kamen weitere hinzu) zu unterrichten, nachdem er bereits während seiner Zeit in der Leibgarde in Dresden einen Gehörlosen mittels einer Art Fingeralphabet unterrichtet hatte. 1778 siedelte Heinicke nach Leipzig über und eröffnete mit neun mitgebrachten Schülern seine Schule. Sie wurde staatlich unterstützt und beaufsichtigt. Der Staat übernahm das Pflegegeld für arme Zöglinge und setzte Stipendien für solche aus, die sich in der Methode des Unterrichts mit Gehörlosen ausbilden lassen wollten. Dadurch erhielt die Einrichtung den Charakter eines öffentlichen Institutes (Schumann 1940, 146).

Heinickes Leben und Wirken vollzog sich in einer Epoche, die durch das Gedankengut der Aufklärung bestimmt wurde. Zugleich nahm er als Zeitgenosse von Kant (1724–1804) und Herder (1744–1803) verschiedene philosophische Anregungen auf. Die Wurzeln der sprachphilosophischen Positionen von Kant und Herder gehen auf die Antike zurück, die den Menschen als sprechendes und daher Verstand besitzendes Lebewesen kennzeichnet. Lautsprache und Denken bilden für sie eine untrennbare Einheit.

Heinicke stellte das Prinzip des in der Lautsprache sprechenden und in dieser Sprache denkenden Gehörlosen auf (Schumann 1940, 147). Sein Ziel war es, den Gehörlosen entsprechend auszubilden, da sie nach seiner Ansicht nur so zu nützlichen Mitgliedern der Gesellschaft werden könnten. Er ging davon aus, daß beim Gehörlosen – im Unterschied zum Vollsinnigen, der die Sprache auf normalem Weg erlernt – der fehlende Sinn durch einen anderen ersetzt werden müsse. Heinicke kam auf den Gedanken, die Vokale bei den Gehörlosen mit Hilfe bestimmter Flüssigkeiten anzubilden, so z. B. scharfer Essig für i, Zuckerwasser für o, Wermutextrakt für e, reines Wasser für a und Baumöl für u. Die Anbildung der Laute über unterschiedliche Geschmacksempfindungen hatte Heinicke im sog. „Arcanum" festgehalten.

Das Arcanum ist eine nur acht Seiten umfassende Schrift, die seine ganz persönliche Lehrmethode und „Erfindung" darstellt, artikulierte Laute beim Gehörlosen durch essentielle Mittel über

Die Deutsche Methode

Abb. 42 (links): Titelblatt des Arcanums von 1772 (aus: Winkler 1993, 328)

Abb. 43 (rechts): Doppelseite aus dem Arcanum, auf denen die Artikulation von Vokalen mittels des Geschmackssinns erläutert wird (aus: Winkler 1993, 329)

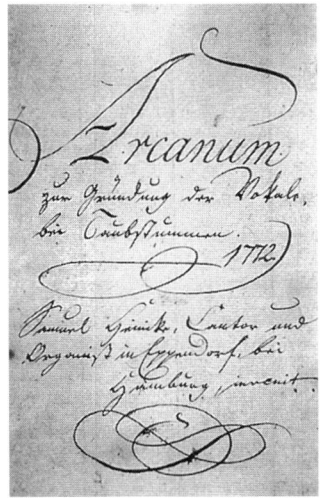
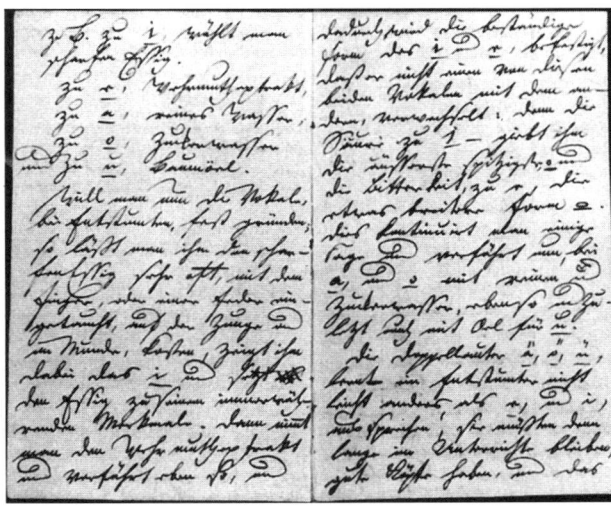

den Geschmackssinn zu befestigen und dauerhaft zu machen (Winkler 1993, 329; auch Schumann 1940, 150).
Neben dem Geschmackssinn nutzte Heinicke noch den Tastsinn. Er erkannte, daß die Sprechbewegungsempfindungen für den Erwerb und die Wiedergabe der Sprache genutzt werden können. Aus dem Arcanum ist zudem zu entnehmen, daß er

„– von der angenäherten Artikulation einfacher Wörter aus der Erlebniswelt der Kinder ausging,
– den Schülern die Lautbildung bewußt machte,
  dem Absehen und Schriftbild keine große Bedeutung beimaß und
– das Lesenlernen nach der Ganzheitsmethode vornahm." (Große, K.-D. 1988, 26f)

Nach einigen Querelen um das Arcanum (nachzulesen bei Schumann 1940; Kröhnert 1966; Winkler 1993) ist es – letztendlich aufgrund seiner Bedeutungslosigkeit – in Vergessenheit geraten. Das Original kann jedoch noch heute in der Samuel-Heinicke-Schule, Schule für Gehörlose und Schwerhörige Leipzig, besichtigt werden.

Nach Heinickes Tod leitete seine Frau Anna Catharina Elisabeth Heinicke die Schule bis Ende 1829 weiter. (Nach ihrem Ausscheiden übernahm ihr Schwiegersohn die Schule.) Die Schule bestand zu dieser Zeit über 50 Jahre. Frau Heinicke führte, trotz zahlreicher widriger Umstände, die Schule fort, entwickelte jedoch Heinickes Methode, ebenso wie andere Gehörlosenlehrer, nicht weiter.

Der Methodenstreit

Zusammenfassend läßt sich festhalten: Abbé de l'Epée entwickelte und verwendete in seinem Unterricht ein gebärdensprachliches Zeichensystem. Der Lautsprache maß er keine Bedeutung bei. – Heinicke dagegen forderte für den Gehörlosen die Lautsprache. Die Vermittlung der Lautsprache sah er als Aufgabe des Gehörlosenunterrichts an.

Diese Auseinandersetzung ist als der sog. „Methodenstreit" in die Geschichte der Hörgeschädigtenbildung eingegangen. Noch heute teilt er die Gehörlosenpädagogen in zwei Lager. Das Problem „Gebärdensprache-Lautsprache" konnte – so Schott (1995, 79) – nie allgemein zufriedenstellend gelöst werden.

Weitere Schulgründungen

Mit der Etablierung der Einrichtungen in Paris und Leipzig war der Durchbruch für eine institutionalisierte Bildung und Erziehung Gehörloser geschafft: In rascher Folge entstanden weitere Bildungseinrichtungen für Gehörlose (s. Tab. 13).

Die Neugründungen orientierten sich in der methodischen Arbeit und damit zugleich in der Wahl des Kommunikationsmittels entweder an der Einrichtung in Paris oder Leipzig. Dabei setzte sich zuerst das gebärdensprachlich orientierte Vorgehen durch. Etwa in der 2. Hälfte des 19. Jh. fand zunächst in den deutschsprachigen, dann aber auch in zahlreichen weiteren Ländern

Tab. 13: Beispiele für weitere Gründungen von Gehörlosenschulen (zusammengestellt aus: Karth 1902; Statistische Nachrichten 1927/28; Brand 1989; Löwe 1992 a; Schott 1995.)

Jahr	Schulgründung
1779	Wien
1784	Karlsruhe
1786	Prag, Krefeld, Staufen
1787	Schleswig
1788	Berlin, Lübeck
1799	Kiel
1802	Vács
1804	München
1805	Mailand
1812	Linz
1817	Warschau, Gmünd
1818	Königsberg
1820	Camberg, Würzburg, Aschaffenburg, Wildeshausen
1822	Erfurt, Ansbach
1825	Frankenthal
1829	Dresden, Halberstadt, Weißenfels, Hildesheim
1830	Lemberg (Lwów), Brixen
1832	Graz, Salzburg
1833	Preßburg
1835	Halle/S.
1858	Gotha

Europas der lautsprachlich orientierte Gehörlosenunterricht Anwendung. Den Stand der Gehörlosenschulen in Europa von 1800 und kurz vor 1900 stellt Tab. 14 gegenüber.

Wie aus Tab. 13 zu entnehmen ist, kam es zu einem relativ raschen zahlenmäßigen Ansteigen der „Taubstummenanstalten". Dennoch reichten die vorhandenen Schulen bei weitem nicht aus, wenn man bedenkt, daß die gesamte Schule oftmals aus weniger als 10 Schülern bestand. Einige Pädagogen begannen, sich Gedanken zu machen, wie die nichtbeschulten Gehörlosen unterrichtet werden könnten. In den vorhandenen Gehörlosenschulen lebten die Gehörlosen isoliert von der Außenwelt, was wiederum Kritik auslöste. Wilhelm Harnisch (1787–1864), der selbst kein Gehörlosenpädagoge, aber Direktor eines Lehrerseminars mit einer damit verbundenen Seminar-Gehörlosenschule war, sprach, nachdem er mehrere Gehörlosenschulen besucht hatte, von „Verheimlichungs- und Einkerkerungsanstalten" (1832).

Die Verallgemeinerungsbewegung

Als Reaktion auf o. g. Erscheinungen kam die Forderung auf, Gehörlose in den heimatlichen Volksschulen zu unterrichten. Geeignete Volksschullehrer sollten während ihrer Aus-

Tab 14: Anzahl der Gehörlosenschulen in Europa im Vergleich 1800 und 1900 (aus: Schumann 1940, 468, basierend auf Karth 1902, 421)

	1800		1900		Schüler:
Deutschland	3	Anstalten	91	Anstalten	6458
Belgien	—		12	„	926
Dänemark	1	„	3	„	400
Finnland	—		8	„	483
Frankreich	2	„	63	„	3834
Großbritannien	1	„	65	„	3073
Holland	1	„	4	„	504
Italien	2	„	47	„	2299
Kroatien	—		1	„	46
Norwegen	—		5	„	309
Österreich	2	„	25	„	1784
Ostseeprovinzen	—		6	„	269
Rußland	—		20	„	885
Schweden	—		12	„	803
Schweiz	—		16	„	732
Spanien	—		11	„	475
Ungarn	—		8	„	492
Insgesamt:	12	Anstalten	397	Anstalten	23772 Schüler

bildung an den Lehrerseminaren in zusätzlichen Lehrgängen und durch Schulbesuche in benachbarten Gehörlosenschulen oder Übungsschulen mit Klassen gehörloser Kinder vorbereitet werden. Dabei sollten die Seminaristen mit den Besonderheiten des Gehörlosenunterrichts und seiner Methodik vertraut gemacht werden.

Verallgemeinerung

Diese Bewegung setzte gegen Ende der 1. Hälfte des 19. Jahrhunderts ein und wird in Fachkreisen als „Verallgemeinerungsbewegung" bezeichnet. Unter „Verallgemeinerung" ist die Verbreitung der Kenntnisse zu verstehen, welche ein Lehrer nach damaligem Verständnis haben mußte, um gehörlose (und blinde) Kinder, zusammen mit vollsinnigen Kindern, zu unterrichten (vgl. Müller 1994, 27). Die Methodik sollte „verallgemeinert" werden. Sie sollte nicht mehr – wie oft geschehen – geheimgehalten, sondern mit den Methoden des Volksschulunterrichts verknüpft werden.

Die Verallgemeinerungsbewegung wurde durch das progressive bürgerlich-pädagogische Gedankengut des 19. Jahrhunderts hervorgerufen und inhaltlich getragen. Als ihre Vertreter seien beispielhaft genannt:

Heinrich Stephani (Augsburg – 1761–1850)
David Christian Ortgies (Bremen – 1786–1859)
Johann Friedrich Jencke (Dresden – 1812–1893)
Karl Wilhelm Saegert (tätig in verschiedenen Orten – 1809–1879) und
Johann Babtist Graser (Bamberg – 1766–1841), der bekannteste Vertreter.

Aber auch bei staatlichen Instanzen fand diese Bewegung Interesse und Unterstützung: Trotz der Vielzahl an Gehörlosenschulen konnte nur ca. ein Fünftel der gehörlosen Kinder erfaßt werden. Die gehörlosen Kinder entstammten größtenteils der ärmeren Bevölkerung, so daß der Staat (oder Verbände) nicht nur für die Beschulung, sondern auch für die Kosten der Unterhaltung und Verpflegung aufkommen mußte (vgl. Schumann 1929, 68). So sah man in der Verallgemeinerung eine Möglichkeit, den Gehörlosen mit möglichst geringen Kosten ein Mindestmaß an Bildung zukommen zu lassen.

Mit der Verallgemeinerung wurden (pädagogisch gesehen) im wesentlichen zwei Ziele verfolgt:

Ziele der Verallgemeinerung

1. Das gehörlose Kind sollte nicht mehr von der hörenden Umwelt isoliert werden. Es sollte im Kreis seiner Familie aufwachsen und wohnortnah beschult werden.
2. Das gehörlose Kind sollte auf natürlichem Weg über das Absehen die Lautsprache erwerben können. Dieser auf Graser zurückführende Gedanke überschätzte jedoch die tatsächlichen Möglichkeiten des Absehens.

Letztlich kam es zum Scheitern der Verallgemeinerungsbewegung. Neben methodischen Unzulänglichkeiten dürften auch die äußeren Rahmenbedingungen Schuld gewesen sein (Klassen von 130 bis 150 Schülern). Zugleich standen keine technischen Kommunikationshilfen zur Verfügung. Ein individuelles und optimales Eingehen auf die spezifischen Belange eines gehörlosen Kindes war in den damaligen Volksschulen objektiv nicht möglich.

Am Ende der Verallgemeinerungsbewegung stand Friedrich Moritz Hill (1805–1874), der Reformator der Gehörlosenbildung. Nach Besuch des Lehrerseminars und kurzer Tätigkeit als Hilfslehrer erhielt er ein Stipendium zu Studienzwecken in Berlin bewilligt. Hier hoffte er auf eine Stelle als Seminarmusiklehrer. Er wurde jedoch aufgefordert, sich mit dem „Blinden- und Taubstummenunterricht" vertraut zu machen. Ab 1830 übernahm er dann die Stelle des ersten Lehrers an der Seminartaubstummenschule in Weißenfels. Tat er sich anfänglich ausgesprochen schwer, seine Tätigkeit als Gehörlosenlehrer zu akzeptieren, sollte er später zum „Reformator der Taubstummenbildung" werden. Hill erlangte Weltruhm. Nach Löwe (1992 a, 57) gehört Hill zu den beiden bedeutendsten Gehörlosenlehrern (der andere ist Johannes Vatter), die es bisher in Deutschland gegeben hat.

Friedrich Moritz Hill

Hill war geprägt durch das Gedankengut von Pestalozzi. Nach Hills Auffassung ist der Gehörlose mit allen Anlagen des Vollsinnigen ausgestattet. Er hat deshalb die gleiche allgemeine Bestimmung wie alle anderen Menschen. Auch der Gehörlose hat die Disposition, sich lautsprachlich zu äußern. Mit seinem Wirken in Weißenfels trug er entscheidend zur Überwindung der inzwischen erstarrten, nur formales Wissen vermittelnden, aber zum Teil auch konzeptionslosen Unterrichtsweise an der Gehörlosenschule bei.

Leitsatz 1   Hills wichtiger Leitsatz war: „Entwickle die Sprache in dem taubstummen Kinde, wie sie das Leben in dem vollsinnigen Kinde erzeugt" (zit. n. Schumann 1940, 312). Der Leitsatz gewinnt Inhalt und Bestimmtheit durch sieben aus ihm abgeleitete Regeln, die sich jedoch teilweise überschneiden:

1. Erwecke in den Schülern das Sprachbedürfnis überhaupt und das Bedürfnis nach unserer Sprache insbesondere.
2. Soll dies gelingen, so führe deinen Kindern Sachen vor und schließe daran unmittelbar unsere Sprachzeichen an.
3. Sowohl bei der Vorführung des Sprachstoffes als auch bei der Einführung der Sprachformen, lasse dich von dem Bedürfnisse des Schülers und von dem natürlichen Entwicklungsgange des Kindes überhaupt leiten.
4. Verfolge im Sprachunterricht des Taubstummen stets folgende vier Zwecke gleichmäßig nebeneinander:
    a) die Ausbildung der Geisteskräfte,
    b) die Aneignung von Sachkenntnissen,
    c) die Ausbildung der Sprachfertigkeit, wozu auch
    d) die Steigerung der mechanischen Fertigkeit im Sprechen, Absehen, Schreiben und Lesen gehört.
5. Verweile vorzüglich bei den Elementen und gehe oft wieder auf dieselben zurück.
6. Zerlege den gesamten Unterricht in kleine Ganze, übe die durchgemachten Pensa vollständig ein und stelle häufig Wiederholungen an.
7. Wende die Lautsprache stets und überall an und fordere die Anwendung derselben auch vom Schüler in diesem Grade.
(Vgl. Schumann 1940, 313–315)

Leitsatz 2   Hill faßt seine Grundregeln in einem weiteren Leitsatz zusammen: „In allem ist Sprachunterricht."

Mit diesem Leitsatz kündigte sich eine weitere für den lautsprachlich orientierten Unterricht bedeutsame Kontroverse an, nämlich die Auseinandersetzung um das Verhältnis von Allgemeinbildung und Sprachunterricht sowie um die inhaltliche Gestaltung des Sprachunterrichts. (Letztendlich besteht die Diskussion darum noch heute.)

In der 2. Hälfte des 19. Jahrhunderts hatte sich in den deutschsprachigen Ländern der lautsprachlich orientierte Gehörlosenunterricht durchgesetzt. Die Auseinandersetzung darüber, ob der lautsprachlich oder der gebärdensprachlich geführte Unterricht bei gehörlosen Schülern der „richtige" Weg in der Bildung und Erziehung sei, wurde z.T. ebenso erbittert wie grotesk geführt. Nicht selten kam es zu gegenseitigen Angriffen und Beschimpfungen (vgl. Schumann 1940, 345–357), nur wenige versuchten den Weg des Kompromisses (wie Otto Friedrich Kruse, 1801–1879, mit sechs Jahren ertaubt und als Lehrer an der Gehörlosenschule Schleswig tätig).

Die „reine" deutsche Methode: Lautsprechmethode

Die Diskussion fand ein (vorläufiges) Ende mit dem II. Internationalen Taubstummenlehrerkongreß in Mailand 1880, auf dem empfohlen wurde, die Anwendung der Lautsprache im Unterricht mit Gehörlosen vorzuziehen. Der Beschluß wurde von den 164 Teilnehmern[4] nahezu einstimmig gefaßt, „nur von seiten der Amerikaner und des Schwedens Eckborn machte sich Widerspruch geltend" (Schumann 1940, 409). In Deutschland wurde dieser Beschluß gleichsam als nationaler Sieg ausgelegt. Der Kongreß verabschiedete acht Resolutionen, von denen zwei in ihrer Tragweite bedeutsam waren:

Mailand 1880: Proklamation der Lautsprache

„I. In der Überzeugung der unbestrittenen Überlegenheit der Lautsprache gegenüber der Gebärdensprache, insofern jene die Taubstummen dem Verkehr mit der hörenden Welt wiedergibt und ihnen ein tieferes Eindringen in den Geist der Sprache ermöglicht, erklärt der Kongreß: daß die Anwendung der Lautsprache bei dem Unterricht und in der Erziehung der Taubstummen der Gebärdensprache vorzuziehen sei ...

II. In der Erwägung, daß die gleichzeitige Anwendung der Gebärdensprache und des gesprochenen Wortes den Nachteil mit sich führt, daß dadurch das Sprechen, das Ablesen von den Lippen und die Klarheit der Begriffe beeinträchtigt wird, ist der Kongreß der Ansicht: daß die reine Artikulationsmethode vorzuziehen ist." (Treibel, zit. n. Schumann 1940, 407)

Damit hatten sich in Europa nicht nur die Gehörlosenlehrer, die die Lautsprache für Gehörlose im Unterricht forderten, durchgesetzt, sondern es wurde auch allgemein die Anwendung der reinen Artikulationsmethode empfohlen.

Die Beschlüsse der Konferenz waren jedoch schon allein aufgrund der schulorganisatorischen Verhältnisse zu dieser Zeit nicht umzusetzen. Auf einem 1884 in Berlin stattfindenden Kongreß der Taubstummenlehrer forderte Eduard Rößler (1828–

---

[4] 80 % der Teilnehmer stammten aus Italien und Frankreich. Aus Deutschland nahmen zwei (nach Schumann 1940, 407) oder drei (nach Löwe 1992 a, 302) Personen teil.

1896; zunächst Hilfslehrer bei Hill, dann Lehrer und ab 1878 Direktor der Gehörlosenschule Hildesheim):
1. Einführung des Schulzwanges vom 7. Lebensjahr an,
2. achtjährige Schulzeit mit aufsteigenden Klassen,
3. max. 10 Schüler pro Klasse sowie 1 Lehrer für 10 Schüler,
4. mehr Lehrkräfte für die Artikulationsklasse,
5. schwach befähigte Schüler sollten einen ihren Fähigkeiten und Bedürfnissen entsprechenden Unterricht erhalten,
6. gründliche Ausbildung der jungen Lehrer.
(Nach Schumann 1940, 410).

Einseitige Ausrichtung auf Artikulation

Die Überspitzung der Forderungen des Mailänder Kongresses zeigte sich aber auch in einem didaktischen Verbalismus. Die Gehörlosenschule wurde zur Sprech- und Sprachschule, die die Aneignung des Bildungsgutes vernachlässigte. Das „Maß der Dinge" wurde die Qualität des Sprechens der Schüler. So sagte Johannes Vatter (1842–1916): „Ich werde die Leistungen einer Taubstummenanstalt und des einzelnen Taubstummenlehrers in erster Linie darnach beurteilen, wie die Zöglinge sprechen" (zit. n. Schumann 1940, 411).

Der Unterricht war einseitig auf Sprechen, Lautsprachassoziation und Sprechdenken orientiert. An Bildungsinhalten wurde nur das angeboten, was vom gehörlosen Schüler auch sprechtechnisch (artikulatorisch) in der Lautsprache beherrscht wurde.

Der Ausschluß der Gebärde war zum Kriterium der Methode geworden. Selbst vor Maßnahmen, die jeder Pädagogik widersprechen, schreckte man nicht zurück. An einigen Beispielen soll das verdeutlicht werden (412):

– Dem Gehörlosen wurde beim Sprechen jede körperliche Bewegung untersagt.
– Während des Unterrichts sollten die Kinder die Hände auf dem Rücken halten.
– Bei Gebärdengebrauch waren Strafen angedroht.
– Der Lehrer sollte die Hände in seine Rocktaschen halten.

Nicht weniger bezeichnend war die Zurückdrängung der Schrift. Die Schriftsprache trat in den Hintergrund. Auf den Wert der Schriftsprache für die Sprachentwicklung wurde man erst durch die sog. Schriftbildmethodiker (s. dort) (wieder) aufmerksam.

Vatter, der als Hauptvertreter der reinen Lautsprachmethode gilt, war sechster Sohn einer Webersfamilie. Nach seiner Ausbildung in Nürtingen war er zunächst Lehrer und dann Direktor an der Gehörlosenschule in Frankfurt/M. Die Schule trug den Charakter eines Familienheimes, wodurch es ihm möglich wurde, sich jedem Schüler individuell zuzuwenden. Er war ein erfolgreicher Praktiker, der auch publizistisch sehr umfänglich und zugleich nachhaltig wirksam geworden ist.

Johannes Vatter

Das gehörlose Kind durchlief bei Vatter während der Schulzeit drei Sprachanbildungsstufen (Löwe 1992a, 67):
- anbildende, grundlegende Elementarstufe (1.–3. Schuljahr)
- ausbildende, grammatisch erweiternde Mittelstufe (4.–5. Schuljahr)
- einbildende, praktisch anwendende Oberstufe (6.–8. Schuljahr)

Durch Vatter wurden im Prinzip die bis dahin gemachten Erfahrungen bei der Ausbildung Hörgeschädigter und die theoretischen Einsichten zusammengefaßt und vertieft. Die Gehörlosenpädagogik wurde endgültig in eine Richtung geführt, die sich vorwiegend an der Entwicklung der Lautsprache orientierte. Durch die starke Betonung der Lautsprache gewann die Entwicklung der Sprechfertigkeiten einen besonderen Stellenwert.

13.4 Konzeptionen und Bewegungen Ende des 19./Anfang des 20. Jahrhunderts

Ende des 19./Anfang des 20. Jahrhunderts lassen sich verschiedene Entwicklungen beobachten. Als solche waren zu nennen:
- die (erste) Gebärdenbewegung
- die Schrift- und Mutterschulmethodik
- der Einfluß der Pädagogik der Ganzheitlichkeit und die Methoden der Artikulation
- die (erste) Hörerziehungsbewegung.

Seit der 2. Hälfte des 19. Jahrhunderts formierten sich die Gehörlosen als eine zunehmend organisierte Kraft:

Die (erste) Gebärdenbewegung

1848 erfolgte in Berlin die Gründung des ersten (deutschen)[5] Taubstummenvereins. Die erste Zeitschrift für Gehörlose erschien ab 1853 (auf Anregung der 1846 stattfindenden ersten Taubstummenlehrerversammlung). Beide standen zunächst noch stark unter dem Einfluß der Gehörlosenlehrer.

Ab 1872 gab der gehörlose Eduard Fürstenberg aus Berlin die Zeitschrift „Taubstummenfreund" heraus. Derselbe lud 1873 die Vorsitzenden der deutschen Taubstummenvereine zu einer Versammlung nach Berlin ein, die als 1. Deutscher Taubstummenkongreß gilt. Ihm folgten weitere Kongresse mit zum Teil internationalem Gepräge: 1874 in Wien, 1875 in Dresden, 1878 in Leipzig, 1881 in Prag, 1884 in Stockholm. Damit schafften sich die Gehörlosen ein Forum und begannen, immer selbstbewußter mit

---

[5] Bereits 1834 gründete sich in Frankreich ein Taubstummenverein. Die Initiative zur Gründung hatte der gehörlose Gehörlosenlehrer Ferdinand Berthier (1886–?) ergriffen.

der Forderung aufzutreten, zu den sie betreffenden Fragen gehört zu werden und eigenständig entscheiden zu können. Dazu gehörten u. a.

- für alle gehörlosen Kinder die gleichen Ausbildungsmöglichkeiten wie für die hörenden (Kindergarten, Gehörlosenschulen, Fortbildungsschule);
- neben vollsinnigen Lehrern sollten an den Gehörlosenschulen auch gehörlose Personen (als Aufseher, Handwerksmeister, Lehrer, Erzieher) tätig sein;
- an den Gehörlosenschulen sollten Beiräte von Gehörlosen gebildet werden, die die Aufgabe haben sollten, die Verbindung zwischen Schule und erwachsenen Gehörlosen herzustellen;
- Pflege und Vereinheitlichung der Gebärdensprache.
(Vgl. Schumann 1940, 416 u. 420)

Verschiedene Gehörlosenlehrer traten als Anwälte der Gehörlosen auf, insbesondere was das Recht der Gehörlosen auf Gebärde betraf. Zu ihnen gehörten Johann Heidsiek (1855–1942, Gehörlosenlehrer in Breslau), Joseph Heinrichs (1845–1919, Direktor der Gehörlosenschule Brühl) und Mathias Schneider (1869–1949, Schüler von Vatter, später an der Gehörlosenschule Braunschweig tätig). Sie unterstützten den Einbezug der Gebärde in den Unterricht.

Mit dieser Einstellung haben sich die Anhänger dieser Bewegung die Sympathie einer großen Anzahl von Gehörlosen eingebracht. Unter der Lehrerschaft gerieten sie jedoch in eine Außenseiterrolle.

Heidsiek gilt als entschiedenster Vertreter dieser Bewegung. Er forderte (Schumann 1940, 424):

„Wir haben die Methode dem Wesen des Schülers anzupassen ..., das Umgekehrte ist nicht nur unpädagogisch, sondern im höchsten Grade inhuman ... Wir tun der Natur des Taubstummen Gewalt an, wenn wir von ihm akustische Sprachäußerungen fordern."

Schneider forderte, „jeden Wortausdruck gebärdenmäßig zu unterbauen und gebärdenmäßig zu fixieren" (Schumann 1929, 171).

Johann Heidsiek

Mit ihren Standpunkten fanden die Gehörlosenlehrer in den Ländern Verständnis, in denen das gebärdensprachliche System Verwendung fand (z. B. USA). Heidsiek folgte 1898 einer Einladung von Eduard Miner Gallaudet (1837–1917, Sohn von Thomas Gallaudet, der der Gründer der ersten amerikanischen Gehörlosenschule war) in die USA. Dort dominierte bis in die 70er Jahre des 19. Jahrhunderts der gebärdensprachlich geführte Gehörlosenunterricht an den Schulen. In seinem Bericht „Das Taubstummenbildungswesen in den Vereinigten Staaten. Ein Reisebericht und weiterer Beitrag zur Systemfrage" von 1899 wog er die verschiedenen Sprachmittel gegeneinander ab und setzte sie ins Verhältnis.

Das Wirken der Anhänger dieser Bewegung ist historisch gesehen aus zweierlei Sicht bedeutsam: 1. Sie brachte wieder Bewegung in die Reihen der Lautsprachmethodiker. 2. Es wurde deutlich, daß man das gehörlose Kind und seine Bedürfnisse, seine Sprache und sein Denken zu wenig beachtet hatte (Schumann 1940, 429).

Aus aktueller Sicht ist festzuhalten, daß eine Vielzahl der (berechtigten) Forderungen der Gehörlosen auch heute – ca. 100 Jahre später – nicht erfüllt sind. Die Diskussion um das Für und Wider der Gebärdensprache und ihr Einsatz im Unterricht der Schule ist aktueller denn je.

Ausgelöst wurde diese methodische Richtung durch Karl Emil Göpfert (1851–1906), einem Gehörlosenlehrer aus Leipzig. Sie verlief etwa zeitgleich mit der Gebärdenbewegung ab und war ebenfalls Ausdruck einer Kritik an der reinen Lautsprachmethode.

Die Schrift- und Mutterschulmethodik

Göpfert wählte das geschriebene Wort zum Ausgangspunkt und zur Grundlage des Sprachunterrichts. Er betrachtete die reine Lautsprachmethode als den denkbar schwierigsten Weg zur Aneignung der Lautsprache, da sie der natürlichen Sprachentwicklung des Kindes widerspräche. Bei einem Ausgehen von der Schrift – die er als Ersatz für das fehlende Gehör betrachtete – erwartete er, die Lautsprache zuverlässiger und sicherer „zur organischen Geistestätigkeit zu machen und die unmittelbare Lautsprachassoziation zu erreichen" (vgl. Schumann 1940, 431f). Nach seiner Auffassung sollte das Kind zunächst ganze Wörter und dann bald auch vollständige Sätze kennenlernen, die es schreiben, lesen und absehen lernte. Als prinzipieller Anhänger der Lautsprache lehnte er die Gebärde für Gehörlose ab.

Auch der Däne Georg Forchhammer (1861–1938) ging von der Schrift aus. Er propagierte den imitativen Sprachunterricht, bei dem die Betonung nicht so sehr auf der Sprachproduktion (wie bei den konstruktiven oder sprachaufbauenden Verfahren) liegt, sondern mehr auf dem sinnerfassenden Lesen. Dem hörgeschädigten Kind soll zuerst die Sprache vermittelt werden, bevor ihm das Sprechen beigebracht wird. Zur Unterstützung entwickelte er ein Mund-Hand-System, das insbesondere als Gliederungshilfe beim Absehen dienen sollte.

Göpfert wie auch Forchhammer griffen Hills Grundsatz von der Natürlichkeit und Lautsprachassoziation wieder auf.

Anfangs stieß Göpfert auf starke Ablehnung der reinen Lautsprachmethodiker. Zu der Taubstummenlehrerversammlung in Dresden 1897 hatte Göpfert ein Referat zum Thema „Die Stellung der Schriftform im Sprachunterricht der eigentlichen, insbesondere der schwachbefähigten Taubstummen" eingereicht. Der Vortrag gelangte jedoch nicht auf die Tagesordnung, „da das

Thema zu neu an die Taubstummenlehrerschaft heranträte" (zit. n. Schumann 1940, 431). Göpfert veröffentlichte jedoch seinen Vortrag. Damit kam eine lebhafte Aussprache unter den Gehörlosenlehrern und in den Fachblättern des In- und Auslandes in Gang. Auf der Taubstummenlehrerversammlung 1900 konnte Göpfert dann zum Thema „Die Stellung der Schrift in der Taubstummenschule" referieren.

Die Ideen von Göpfert wurden von Rudolf Lindner (1880–1964), der mit Forchhammer in Kontakt stand, aufgegriffen. Lindner wich insofern von Göpfert ab, als er den Unterricht nicht auf dem Schreiben, sondern auf dem Lesen aufbaute.

Ein weiterer Vertreter dieses Vorgehens war Walter Querll (1882–1947). Er betonte einen mutterschulgemäßen Unterricht bei Gehörlosen. Seine Unterrichtsweise kennzeichneten folgende Grundsätze:

– Das Kind ist nicht zum Sprechen zu zwingen.
– Es ist eine möglichst normale Sprechweise zu verwenden.
– Die Perzeption erfolgt durch das Absehen.
– Die Sätze werden zur Anschauung auf Schriftstreifen gegeben.
– Die Inhalte werden mit natürlichen Gebärden erläutert.
(Schumann 1940, 542f u. 557f; Große, K.-D. 1988, 37).

Querll wollte seine hörgeschädigten Schüler auf dem natürlichen Wege der Mutterschule in die Sprache einführen. Damit bemühte er sich, in ähnlicher Weise zu ihnen zu sprechen wie eine Mutter zu ihrem hörenden Kind spricht. Er kam zu der Erkenntnis, daß das Mutterschulverfahren nicht erst im Unterricht der Schule, sondern bereits in der Erziehung des hörgeschädigten Kleinkindes berücksichtigt werden muß. Deshalb forderte er die Errichtung von Beratungsstellen für Eltern hörgeschädigter Kleinkinder sowie die Schaffung von besonderen Kindergärten für gehörlose und schwerhörige Kinder (Löwe 1992a, 76f).

Ganzheitspädagogik

Der Gedanke, den Sprachunterricht in der Schule für hörgeschädigte Kinder mutterschulgemäß und erlebnisnah zu gestalten, hat große Resonanz gefunden. Er fand durch die Anhänger der Pädagogik der Ganzheitlichkeit zusätzliche Unterstützung.

Die Forderung nach ganzheitlicher Betrachtungsweise fand sich neben der Pädagogik u. a. auch in der Philosophie, Anthropologie und Psychologie (Ganzheitspsychologie) wieder. In der Pädagogik zeigte sich die ganzheitliche Sichtweise in der Betrachtung des Menschen als personale Einheit, verbunden mit der Forderung nach einer harmonischen Ausbildung aller Kräfte. Man wollte der ganzheitlichen Erlebniswelt und Auffassungsgabe des Kindes entsprechen, indem man vom Ganzen einer Sache anstelle einer elementenhaften Betrachtungsweise ausging.

Im Rahmen des Sprachunterrichts an der Gehörlosenschule, der nach wie vor Dreh- und Angelpunkt der Unterrichtung Gehörloser war, zeigte sich schon bei Querll und Schneider eine gewisse Beeinflussung durch o. g. Ideen. Deutlicher war es noch bei Constantin Malisch (1860–1925, Gehörlosenlehrer in Ratibor), Karl Kroiß (1861–1945, Direktor der Gehörlosenschule Würzburg) und Wilhelm Paul (1851–1927, Gehörlosenlehrer in Camberg) zu beobachten. Ihr jeweiliges Vorgehen basierte auf der reinen Lautsprachmethode, sie setzten jedoch recht verschiedene individuelle Akzente.

Constantin Malisch veröffentlichte 1919 eine Arbeit mit dem Thema „Sprechempfindungen und Sprechunterricht". Er traf damit einen günstigen Augenblick. Die Umstellung auf Ganzheitsbezug und Gestalterfassung war von der Psychologie weitestgehend vollzogen. Er löste sich von der Vorstellung, daß die stete und klare Bewußtheit der Sprechempfindungen den Gehörlosen die Sprechäußerungen ermögliche. Gemäß dem imitativen Spracherwerb wollte er die Sprechbewegungen den gehörlosen Schülern nicht bewußt machen, da dies den Ablauf derselben stören kann. Die Assoziation der Wortbedeutung soll den motorischen Ablauf auslösen und automatisch die Sprechbewegung führen.

Er begann den Sprechunterricht mit Vorübungen (4 bis 6 Wochen), die auch Lallübungen enthielten. Ausgehend von Lallwörtern ging er zu aphoristischen Sätzen und dann zu vollständigen Satzstrukturen über. Technische Artikulationshilfen sollten möglichst vermieden werden. Kritik lösten vor allem seine eigenartigen Satzbildungen wie Papa pah (= ist fort), Papa paff (= raucht), Papa papp (= ißt) aus. Ob diese Redeformeln die Anfänge einer entwicklungsfähigen Sprache darstellen, ist mehr als anzuzweifeln (Schumann 1940, 540).

Kroiß ging ebenfalls vom Erlebnisganzen und Satzformeln im Sprachunterricht aus, benutzte aber sogleich korrekte Sätze, z. B. Papa sah, Anna gab, usw. Im Gegensatz zu Malisch wollte er von bewußten Sprechbewegungen zu automatisierten gelangen. Damit wandte er sich gegen den imitativen Spracherwerb.

Paul forderte, von den Silben auszugehen und diese den Artikulationsübungen zugrunde zu legen. Beim Lesenlernen sollte dann vom Einzellaut ausgegangen werden. Seine grundsätzlichen Überlegungen zur Artikulation legte er in dem 1908 erschienenen Buch „Die Silbenmechanik als Grundlage des Artikulationsunterrichts" nieder.

All die hier genannten Vertreter der einzelnen Richtungen – seien es die der Gebärdenbewegung, die der Schrift- und Mutterschulmethodik oder die der Artikulationsmethoden – hatten Vorbehalte gegen die reine Lautsprachmethode. Ihre Auseinandersetzung und Kritik führte „im Laufe der Zeit zu einem kindgemäßeren Sprechunterricht, zu einer vermehrten Hineinnahme der Schrift in den Erstsprachunterricht und zu einem Sprachaufbau, der den Bedürfnissen des hörgeschädigten Kindes mehr entsprach als viele der früheren Verfahren" (Löwe 1992 a, 78).

Sprachformenunterricht

Erwähnt werden soll an dieser Stelle noch der *Sprachformenunterricht*. Als Reaktion auf den in seinen Ergebnissen nicht überzeugenden imitativen mutterschulgemäßen Sprachunterricht kam es alsbald zu einer Überbetonung des Sprachformenunterrichts. Er hatte seine Vorläufer bei den Grammatisten (z. B. Victor August Jäger [1794–1864], Leiter der Gehörlosenschule Schwäbisch-Gmünd, „Alles ist im Sprachunterricht") und nahm methodische Anleihen beim Fremdsprachenunterricht. Der Sprachunterricht wurde nach einem systematischen Grammatiklehrgang durchgeführt. In diesem wurden den gehörlosen Schülern die grammatischen Regeln, verbunden mit entsprechenden Übungen, vermittelt. Einer ihrer bekanntesten Vertreter war Franz Ruffieux (1889–1964), Gehörlosenlehrer an verschiedenen Gehörlosenschulen. Er veröffentlichte zahlreiche Übungs- und Lehrbücher, die in ihrer Systematik eine adaptierte Grammatik für Gehörlose darstellten. Er ging davon aus, daß für den (Alltags-)gebrauch eine Sprache in den einfachsten Sprachformen genügt; das Verstehen müsse sich auch auf komplexere Formen erstrecken. Er forderte, „durch Stoff- und Formbeschränkung Zeit zu schaffen zur Festmachung einer vereinfachten Ausdrucksweise" (Schumann 1940, 565).

Die (erste) Hörerziehungsbewegung

Ende des 19./Anfang des 20. Jahrhunderts kam es zu einer weiteren Bewegung, der sog. (ersten) Hörerziehungsbewegung. Bei den Lautsprachverfahren, die bis gegen Ende des 19. Jahrhunderts Einsatz fanden, lernten die Kinder Absehen und in einem Artikulationsunterricht, der auf einer Kombination von visueller Nachahmung sowie taktiler und kinästhetischer Empfindungen beruhte, Sprechen. Zu dieser Zeit wurde man auf Hörreste zahlreicher gehörloser Schüler in der Gehörlosenschule aufmerksam.

Bereits früher hatten einzelne Pädagogen auf Hörreste verwiesen und auch versucht, diese nutzbar zu machen. Zu nennen wären hier Ramirez de Carrión, Pereira und Ernaud (s. a. S. 185f, 190). Es wäre hier noch Jean Marc-Gaspard Itard (1775–1838), Arzt am Taubstummeninstitut in Paris unter Leitung von Sicard, dem Nachfolger de l'Epées, zu nennen. Itard kam aufgrund systematischer Hörübungen mit Gehörlosen zu der Auffassung, daß sich durch Übungen die Hörfähigkeit steigern lasse (Emmerig 1927, 41).

Einen wesentlichen Impuls erhielt die Hörerziehung durch die sich konstituierende HNO-Heilkunde und der weiteren wissenschaftlichen Aufarbeitung der Physiologie des Hörens.

Die Erforschung der Physiologie des Hörens wurde möglich, da Alfonso Corti 1851 das Cortische Organ in den Schneckenwindungen des Innenohres entdeckte. Die Funktion des Cortischen Organs untersuchte Hermann Helmholtz (1821–1894) in seiner „Lehre von den Tonempfindungen" (1863).

Letztendlich lösten die Forschungsergebnisse von zwei HNO-Ärzten und deren Bemühen um angemessene pädagogische Berücksichtigung dieser Ergebnisse die Hörerziehungsbewegung aus: Viktor Urbantschitsch (1847–1921) aus Wien und Friedrich Bezold (1842–1908) aus München. Beide lenkten ihre Aufmerksamkeit auf das Restgehör Hörgeschädigter und die nichtgenutzten Potenzen im Gehörlosenunterricht. In ihrer wissenschaftlichen Begründung vertraten sie allerdings unterschiedliche Ansätze.

Urbantschitsch ging von der Überlegung und dem physiologischen Ansatz Itards aus. Aufgrund seiner Untersuchungen (1888 und 1889) nahm er an, daß nur etwa 3 von 100 Gehörlosen vollständig taub sind. Das Nicht-in-Erscheinung-Treten der tatsächlich vorhandenen Hörfähigkeit beruhe auf einer Inaktivitätslethargie der Hörfunktion, deren Tätigkeit aber durch akustische Reize und durch planmäßige akustische Übungen zu steigern ist. Um die Lethargie des Hörens nicht wirksam werden zu lassen, sind

- bei gehörlosen und ertaubten sowie „gehörlos erscheinenden" Kleinkindern akustische Eindrücke durch Spieldosen, Klingeln und Pfeifen zu erregen,
- bei Drei- und Vierjährigen Sprech- und Sprachhörübungen durchzuführen,
- bei Sechsjährigen mit dem planmäßigen orthophonischen und ortho-akustischen Unterricht zu beginnen (nach Schumann 1940, 444).

Aus der Darstellung seiner Überlegungen wird deutlich, daß er bereits vor dem Eintritt in die Schule mit der Hör- und Sprecherziehung einsetzen wollte. Eine vorschulische Erziehung war zur damaligen Zeit noch nicht üblich. Mittels methodischer Hörübungen sollte die Erweckung der Hörspur erfolgen. Der Übungsverlauf sah folgendermaßen aus:

1. Einzelvokale laut und gedehnt ins Ohr rufen;
2. fand sich eine erste Hörspur nach wiederholter Übung noch nicht, sollte ein entsprechender Harmonikaton längere Zeit auf das Ohr einwirken;
3. sobald einzelne Vokale richtig aufgefaßt und wiedergegeben wurden, wurde zu leicht auffaßbaren Wörtern übergegangen;
4. durch wiederholtes Einsprechen von Wörtern und kurzen Sätzen sollten Hörbilder vermittelt werden (Schumann 1940, 444; Große, K.-D. 1988, 46).

Unter den Gehörlosenlehrern fand er Befürworter und Kritiker gleichermaßen. Es hatte sich gezeigt, daß gewisse Erfolge zu erreichen waren, doch die Hörfähigkeit wieder verfiel, sobald die Übungen ausblieben. Kraft- und Zeitaufwand der Lehrer und

Schüler – so meinte man – stand in keinem Verhältnis zum Erfolg (Schumann 1940, 444). Die Kritiker erreichten, daß Hörerziehung letztlich nicht in die Stundenplanung der Gehörlosenschule aufgenommen wurde. Die Mehrzahl der Gehörlosenlehrer war immer noch davon überzeugt, daß ihre Schüler keine verwertbaren Hörreste hätten.

Der Fehler von Urbantschitsch lag darin, daß er meinte, daß durch die Hörübungen das Gehör physiologisch aktiviert würde. Das somatische Substrat des Ohres würde praktisch verbessert. Damit würde es sich tatsächlich um ein Heilen im medizinischen Sinne handeln.

Ermittlung und Nutzung der Hörreste

Nicht unerwähnt bleiben soll aber auch sein Verdienst. Es bestand darin, die „Hörreste als erster an einer größeren Zahl von Taubstummen systematisch durch ein eigens ausgebildetes Verfahren für den Unterricht verwertet und damit zweifellos ausgezeichnete Erfolge erzielt zu haben"(Wanner 1927, 503, zit. n. Heese 1983, 302).

Bezold schlug in Zusammenarbeit mit dem Physiker Edelmann als Prüfmittel eine kontinuierliche Tonreihe vor, die aus einer Zusammenstellung von möglichst obertonfreien Stimmgabeln und Pfeifen bestand. Die Überprüfung sämtlicher Schüler der Gehörlosenschule München in den Jahre 1883 bis 1889 ergab: Was an Gehör nicht vorhanden oder verlorengegangen ist, kann durch keine Therapie, auch nicht durch Hörübungen, wiedergewonnen werden, und ungefähr ein Drittel der in der Schule untergebrachten Schüler besitzt noch so viel Hörreste, daß ein Erlernen der Sprache auf auditivem bzw. visuell-auditivem Weg möglich ist (Schumann 1940, 445).

Für diese Schüler forderte er einen sog. „Hörergänzungsunterricht" oder „Hörsehunterricht" in besonderen „Hörklassen" oder „Anstalten für partiell Taube".

Im Gegensatz zu Urbantschitsch vertrat Bezold den Standpunkt, daß das Gehör nicht aus einer Lethargie physiologisch erweckt werden könne, sondern daß die Schüler durch spezielle Hörübungen lernen können, die verbliebenen Hörreste, die er bei seinen Stimmgabelüberprüfungen gefunden hatte, zu nutzen. Auf dieser Position beruht im wesentlichen die wissenschaftliche Begründung der gegenwärtigen Auffassungen zur Hörerziehung: Nutzung der noch vorhandenen Hörkapazität, keine Aktivierung des sog. lethargischen Hörnervs.

Der pädagogisch interessierte Bezold unterbreitete aufgrund seiner Forschungsergebnisse konkrete schulorganisatorische Vorschläge. Er empfahl die Einteilung der Schüler in „1. absolut Taube, 2. im späteren Kindesalter Ertaubte mit in Erinnerung gebliebenen Sprachresten und 3. Taubstumme mit partiellem Hörvermögen" (Bezold 1896, 154, zit. n. Heese 1983, 303). Für die erste Gruppe forderte er Artikulationsklassen, für die Gruppen 2 und 3 „Hörklassen".

Die von Bezold gegebene Anregung, den „hörrestigen" Schülern „Sprachunterricht durchs Ohr" (später „Hörergänzungsunterricht") anzubieten, fand aus pädagogischer Sicht vor allem von Karl Kroiß Beachtung. In seinem 1903 erschienenen Buch „Zur Methodik des Hörunterrichts" stellte er eine an der Assoziationspsychologie seinerzeit orientierte wissenschaftliche Begründung der Hörerziehung vor. Dieses Buch war das erste pädagogische Werk, das sich mit der Hörerziehung hörgeschädigter Kinder auseinandersetzte (Löwe 1992a, 81).

Anfänge der gezielten Hörerziehung

Die Hörbewegung fand ihre Fortsetzung durch den ungarischen Heilpädagogen und Mediziner Gusztáv Bárczi (1890–1964). Als Schularzt initiierte er ab 1923 an der Gehörlosenschule in Budapest seine Methode des „Hörerweckens und Hörerziehens". 1936 erschien sein gleichnamiges Buch („Hörerwecken und Hörerziehen"). Zu diesem Zeitpunkt existierten bereits Schwerhörigenschulen, so daß die Bedeutung vor allem in der Wirkung für die Gehörlosenschulen liegt. Bárczi hatte die Aufmerksamkeit wiederum auf die geringen Hörreste der gehörlosen Schüler gelenkt. Die von ihm praktizierte Zusprache direkt ans Ohr nutzte den Grenzbereich zwischen Hören und der Wahrnehmung von Vibrationen. Bei den so geförderten Schülern kam es zu einer beachtenswerten Verbesserung des Sprechrhythmus, der Sprechmelodie und zu einem verständlicheren Sprechen.

1927 wurde in der Gehörlosenschule in Nürnberg die erste Vielhöreranlage in Betrieb genommen. Der entscheidende Durchbruch in der Hörerziehung auch hochgradig hörgeschädigter Schüler vollzog sich seit den 50er Jahren mit der Entwicklung hochwertiger Hörgeräte. (Weiterführende Informationen diesbezüglich sind Löwe 1991 zu entnehmen.)

Wie oben beschrieben, ging die Initiative um die Trennung der gehörlosen von den schwerhörigen Schülern sowie um einen speziellen Hörunterricht vorzugsweise von den HNO-Ärzten aus. Die 7. Versammlung der Otologischen Gesellschaft 1898 in Würzburg unterbreitete den Unterrichtsministerien der deutschen Staaten die Bitte, zu einer 1899 in München stattfindenden Tagung „die Vorstände und Leiter der Taubstummenanstalten sowie eine Anzahl der Lehrer zu entsenden, um sie von den durch die Hörmethode erzielten Ergebnissen zu überzeugen und sie mit der Einrichtung des Hörunterrichts bekannt zu machen. Die Versammlung fand unter Teilnahme von 51 Ärzten aus dem In- und Ausland und 87 Taubstummenlehrern statt" (Schumann 1940, 446). Seitens der Pädagogen konnte man sich nur der Forderung

Die ersten Schwerhörigenschulen

nach regelmäßigen ohrenärztlichen Untersuchungen der gehörlosen Kinder und stetigen ohrenärztlichen Beratung der Gehörlosenschulen anschließen. Zu einem Beschluß über die generelle Einführung des Hörunterrichts an den Gehörlosenschulen konnte man sich nicht durchringen. Auch die Notwendigkeit „besonderer Einrichtungen für den Unterricht über das Ohr" hielt man für nicht nachgewiesen.

Differenzierte Beschulung

Dennoch gab es bereits zu dieser Zeit (und auch schon zuvor) vereinzelt Pädagogen, die sich für eine Trennung von gehörlosen und schwerhörigen Schülern aussprachen. In den „Taubstummenanstalten" befanden sich von Anfang an auch solche, die als „harthörig" oder als „uneigentlich Taubstumme" bezeichnet wurden (Kröhnert 1982, 62), also Schüler, die vom heutigen Verständnis her mittel- oder hochgradig schwerhörig waren.

Bereits 1816 gründete der bayerische Privatlehrer Gotthard Guggenmoos (1775–1838) in Hallein (Österreich) eine Lehranstalt für schwerhörende und schwersprechende Kinder, die 1829 nach Salzburg umzog. Aufgrund finanzieller Schwierigkeiten mußte die Einrichtung 1835 schließen. Auch in Berlin kam es durch den Privatlehrer Tappe (nähere Informationen zur Person sind nicht bekannt) zur Gründung einer privaten Anstalt für Taubstumme mit Hörresten. Unterstützt wurde seine Initiative von Ludwig Graßhoff (1770–1851; Direktor der Gehörlosenschule Berlin), der die Abtrennung der „Halbhörigen" (Schumann 1940, 442) für sinnvoll hielt. Von 1835–1841 sind in Hamburg nachweislich „teilhörige" Schüler von den gehörlosen getrennt unterrichtet worden.

Aufgrund seiner Forschungsergebnisse forderte Bezold 1900:

„Als die wichtigste Forderung ... muß bezeichnet werden: eine vollständige Trennung der Zöglinge, welche begründete Aussicht auf einen erfolgreichen Unterricht vom Ohre aus geben, und derjenigen, welche auf Grund ihrer geringen Hörreste resp. ihrer absoluten Taubheit einen solchen von vornherein ausschließen lassen, in zwei verschiedene und vollkommen voneinander getrennte Anstalten" (zit. n. Heese 1983, 303).

Etwa zeitgleich zeichnete sich ein weiteres Problem ab: 1872 verwies der Mediziner Anton von Tröltsch (Würzburg) erstmals auf den Zusammenhang von Schwerhörigkeit und Schulleistung. 1880 führte Weil in Stuttgart eine direkte Erhebung der Hörfähigkeit der Volksschulschüler durch. Er untersuchte 5.909 Schulkinder und stellte bei 32,6 % eine Hörminderung fest. 1898 veröffentlichte der HNO-Arzt Arthur Hartmann (1849–1931, HNO- und Schularzt in Berlin) zwei Fälle von verkannter Schwerhörigkeit. Der eine Schüler hatte vier, der andere fünf Jahre in den untersten Volksschulklassen gesessen.

Damit läßt sich die Situation der hörgeschädigten Schüler Ende des 19./Anfang des 20. Jahrhunderts wie folgt verdichten:

1. In den Gehörlosenschulen befand sich eine Reihe von Schülern, die nicht im eigentlichen Sinne gehörlos waren, sondern über ein ausreichendes Hörvermögen verfügten, um Lautsprache – bei entsprechender Förderung – auf auditivem Weg zu erlernen.
2. In den Volksschulen saß eine nicht unerhebliche Anzahl von Schülern, die den Unterricht aufgrund ihrer Höreinbuße (resp. Schwerhörigkeit) nicht ausreichend verfolgen konnten. Da ihre Schwerhörigkeit unerkannt blieb, galten sie als Schulversager.

Obwohl es bereits vorher immer wieder Versuche gab, schwerhörige Schüler gesondert zu unterrichten, gelang erst mit den beiden nachfolgend genannten Schulgründungen der Durchbruch für eigenständige Schwerhörigenschulen.

Die erste bedeutsamere Schulgründung für Schwerhörige erfolgte 1894 in Jena durch Karl Brauckmann (1862–1938). Seine private „Lehr- und Erziehungsanstalt für Schwerhörige und Ertaubte" dürfte jedoch mit einem Schulgeld von durchschnittlich 200 Mark im Monat (Pöhle 1965, 22) nur wenigen Kindern begüterter Eltern zugänglich gewesen sein. Von Brauckmann gingen wesentliche pädagogische Impulse für die sich allmählich profilierende Schwerhörigenpädagogik aus. Seine Methode ist unter dem Namen „Jenaer Verfahren" bekannt.

Auf Bestrebungen Hartmanns entstand 1902 die erste öffentliche Klasse für Schwerhörige in Berlin. Die Klasse übernahm der Gehörlosenlehrer Dionys Reinfelder (1865–1939). 1907 entwickelte sich daraus die erste öffentliche Schwerhörigenschule, deren Rektor Reinfelder wurde. Damit war der Durchbruch für eigenständige Schwerhörigenschulen geschafft. In rascher Folge kam es zu weiteren Gründungen von Schwerhörigenklas-

Tab. 15: Stand der Sonderbeschulung für schwerhörige Kinder bis zu Beginn des 1. Weltkrieges (zusammengestellt aus: Statistische Nachrichten 1927/28; Heese 1983)

Jahr	Aufbau von Sonderschulen in:
1894	Jena
1902	Berlin
1906	Chemnitz
1908	Berlin-Charlottenburg
1910	Berlin-Neukölln
1911	Dortmund, Dresden, Hamburg, Straßburg
1912	Mannheim
1913	Berlin, Essen, Köln, München
1914	Berlin, Hannover, Magdeburg, Stuttgart

sen und Schwerhörigenschulen. Sie entwickelten sich aus Absehkursen, Sonderklassen an Volks- und Hilfsschulen (z. B. in Berlin 1907 und Chemnitz 1924), aber auch aus Hörklassen der Gehörlosenschulen (Hamburg 1911 und Dresden 1915) (vgl. Schumann 1940, 619f; Heese 1983, 306–315). Die Situation der Schwerhörigenbeschulung zu Beginn des 1. Weltkrieges zeigt Tab. 15.

Auf dem 2. Kongreß für Heilpädagogik 1924 in München stellte Reinfelder schulorganisatorische Forderungen zur Schwerhörigenbildung auf:

- Schwerhörigenschulen haben mit den Volksschulen das Unterrichts- und Erziehungsziel, den Sprachaufbau, die Unterrichtsfächer sowie die Anzahl der Unterrichtsstunden gemeinsam.
- Die Schülerzahl beträgt 7–12. Der Unterricht erfolgt in Koedukation.
- Fortbildungs-, Mittel- und höhere Schulen für Schwerhörige sind bei Bedarf einzurichten.
- Im Schwerhörigenunterricht sind das verbliebene Gehör sowie der Gesichts- und Tastsinn besonders zu pflegen.

(Nach Große, K.-D. 1988, 51f)

1926 erschien der erste amtliche Lehrplan für Schwerhörigenschulen. Somit hatte sich Ende der 20er Jahre des 20. Jahrhunderts die Schwerhörigenbildung als eigenständige Disziplin neben der Gehörlosenbildung durchgesetzt.

13.5 Hörgeschädigtenpädagogik im Dritten Reich

Die Zeit des Nationalsozialismus läutete auch für die Hörgeschädigtenpädagogik in Deutschland ein besonders dunkles Kapitel ihrer Geschichte ein. Zu Beginn des Jahres 1933 wurde der Berufsverband der Taubstummenlehrer aufgelöst. Am 14. 7. 1933 wurde das „Gesetz zur Verhütung erbkranken Nachwuchses" erlassen. Diesem folgte am 10. 10. 1935 das „Gesetz zum Schutze der Erbgesundheit". Nach diesen Gesetzen konnten Gehörlose mit erblicher Taubheit zwangsweise sterilisiert werden.

Das Sonderschulwesen wurde durch den Aufbau des „Referates für negative Schülerauslese und Sonderschulfragen im Rassenpolitischen Amt (RPA)" Anfang 1937 bewußt einbezogen. Bereits 1934 hatte der Mediziner und Leiter des Stuttgarter Gesundheitsamtes Gastpar auf einer Gautagung der Reichsfachschaft Sonderschulen den „Wunsch" geäußert, Sonderschulen nicht nur als Teil der Schulorganisation und Schultechnik zu sehen, sondern sie weit mehr als „eine Einrichtung der Gesundheitspflege und ganz besonders der Rassenhygiene" zu verstehen (Gastpar 1934, zit. n. Meyer 1983, 109). Mit der Gründung des Referates sollten die noch bestehenden Widersprüche bzw. Hemmnisse gegen die „vollbiologische Aufgabe" endgültig beseitigt werden.

Die Sonderschulen waren zur Meldung offiziell nicht verpflichtet, es gab aber eine nicht unerhebliche Anzahl von Lehrern, die von sich aus Schüler meldeten und durch ihre aktive Mitarbeit die Umsetzung der Gesetze unterstützten. Eindrucksvoll wird das in den Publikationen von Biesold (1984, 1988) beschrieben.

Das insgesamte Ausmaß der Verbrechen an gehörlosen Menschen dieser Zeit läßt sich an den Forschungsergebnissen von Biesold ungefähr ableiten. Nach Angaben von Nowak (1978, 65) wurden in Deutschland zwischen 1933 und 1945 ca. 350.000 Sterilisationen vorgenommen; ca. 200.000–275.000 Behinderte fielen der „Euthanasie" zum Opfer. Wie viele Gehörlose darunter waren, läßt sich im einzelnen nicht mehr ermitteln. Biesold (1988, 43) hat in seiner Untersuchung 662 gehörlose Frauen, die zwangsweise sterilisiert wurden, ermittelt. Bei knapp 9% von ihnen erfolgte zugleich ein Abbruch der Schwangerschaft, zum Teil während des 6. oder nach dem 6. Schwangerschaftsmonat ihrer Schwangerschaft.

Es wird geschätzt, daß in damaligen deutschen Reichsgebieten dem „Gesetz zur Verhütung erbkranken Nachwuchses" etwa bis 15.000 Personen zum Opfer fielen, die als „erbliche Taubstumme" sterilisiert worden sind (Nowak 1978, 102).

Einiges deutet auch darauf hin, daß zwischen 1933–1945 an einzelnen Gehörlosenschulen keine besonderen Förderprogramme mehr für Schwachbegabte angeboten wurden. Archivstudien ergaben, daß Schüler „wegen Bildungsunfähigkeit abgegeben an ..." (es folgte der Name einer Heil- und Pflegeanstalt) oder „nicht bildungsfähig, abgegeben an ..." (es folgte der Vermerk „Elternhaus", „Eltern" oder der Name einer Heil- und Pflegeanstalt) wurden (Biesold 1988, 176). Vieles deutet darauf hin, daß ein nicht unerheblicher Teil von ihnen ermordet worden ist.

Nicht zu vergessen sind die 146 gehörlosen Schüler der ehemaligen Israelitischen Taubstummen-Anstalt (seit 1938 trug sie den Namen Jüdische Gehörlosenschule) in Berlin-Weißensee, die 1942 verschleppt und ermordet wurden. Die Geschichte dieser Einrichtung ist nachzulesen bei Bendt/Galliner (1993).

Die (sonstigen) Gehörlosen- und Schwerhörigenschulen waren geduldet, sie fanden aber keine weitere Förderung und Unterstützung. Die Hörgeschädigtenpädagogik und das Bildungswesen für Gehörlose und Schwerhörige stagnierten bzw. erlitten eher Rückschläge.

Zu innovativen Fortschritten im Bereich der pädagogischen Förderung hörgeschädigter Kinder kam es erst wieder Anfang der 50er Jahre. Zu dieser Zeit hatte man sich von den unmittelbaren Folgen des Zweiten Weltkrieges (ein Teil der Schulgebäude waren zweckentfremdet oder zerstört worden) etwas erholt.

Auf die jüngere Geschichte wurde im Rahmen der Ausführungen in den einzelnen Kapiteln Bezug genommen, so daß sie an dieser Stelle nicht wiederholt werden soll.

Ergänzende Informationen können Heese (1983), Jussen (1974) und Löwe (1974, 1983, 1992 a) entnommen werden. Spezielle Ausführungen zum Bildungswesen für Hörgeschädigte in der DDR sind zu finden bei Brand (1990), Göbel (1992, 1995), Leonhardt (1994), Pöhle (1995) und Schubert (1995) – durchgängig aus der Sicht ehemaliger Bürger der DDR und damit als „Zeit- und Augenzeugen" – sowie bei Löwe (1992 a), aus der Sicht eines Bürgers der BRD.

Allgemein zur Geschichte der Hörgeschädigtenpädagogik kann empfohlen werden: Heese (1983): Schwerhörigenpädagogik. – Löwe (1983): Gehörlosenpädagogik. – Löwe (1992 a): Hörgeschädigtenpädagogik international. – Möckel (1988): Geschichte der Heilpädagogik. – Schott (1995): Das k.k. Taubstummen-Institut in Wien 1779–1918.

Abb. 44: Artikulationsunterricht in den 50er Jahren an der Gehörlosenschule Leipzig. (Mit freundlicher Genehmigung der Bibliothek für Hör- und Sprachgeschädigtenwesen, Leipzig)

13.6 Übungsaufgaben zu Kapitel 13

Wann und wo begann die Entwicklung einer Gehörlosenbildung?	**Aufgabe 71**
Wer waren die drei Hauptvertreter der „spanischen Methode"?	**Aufgabe 72**
Welche Schulgründungen übten entscheidenden Einfluß auf die Entwicklung der institutionalisierten Bildung und Erziehung Hörgeschädigter aus?	**Aufgabe 73**
Was versteht man unter „französischer Methode" und unter „deutscher Methode"?	**Aufgabe 74**
Was versteht man unter „Verallgemeinerungsbewegung"?	**Aufgabe 75**
Nennen Sie Konzeptionen und Bewegungen Ende des 19./Anfang des 20. Jahrhunderts!	**Aufgabe 76**
Setzen Sie sich mit dem jeweiligen Anliegen von Hill, Vatter und Heidsiek auseinander!	**Aufgabe 77**

Anhang

Glossar

Akquisition: Erwerb
Akustik: Lehre der Schallerscheinungen und der Schallwirkungen
Akustiker: Fachmann für Fragen der Akustik
akustisch: durch das Gehör wahrnehmbar; das Gehör, den Schall betreffend
Akzentuierung: verbale Hervorhebung bzw. Betonung einer bestimmten Stelle im Wort bzw. eines Wortes
Anatomie: Lehre vom Bau des (menschlichen) Körpers und seiner Organe
Andragogik: Erwachsenenpädagogik
Anomalie: Unregelmäßigkeit; geringgradige Entwicklungsstörung; körperliche Fehlbildung
Anotie: angeborene Anomalie des äußeren Ohres mit ein- oder beidseitig fehlender Ohrmuschel
Ansatzrohr: Ort der Lautbildung, Resonanzraum der Stimme, bestehend aus Rachenraum, Mundhöhle, z. T. Nasenhöhle
Aplasie: Gewebe- oder Organanlage vorhanden, aber Entwicklung ausgeblieben
Artikulation: Lautbildung
Artikulationsorgan: Organ oder Organteil, das an bzw. mit der Artikulationsstelle die lautbildende Hemmstelle erzeugt
Asphyxie: Atemstillstand
Ätiologie: Lehre von den Krankheitsursachen
Atresie: angeborener Verschluß von Hohlorganen oder natürlicher Körperöffnungen
Audiogramm: graphische Darstellung des Ergebnisses einer Audiometrie
Audiologie: Wissenschaft vom Hören und der Hörwahrnehmung, Teilgebiet der Akustik
Audiometer: elektroakustisches Meßgerät zur Bestimmung der Hörschwelle; besteht aus Generator, Regelwerk und (Kopf- bzw. Knochenleitungs-)Hörer
Audiometrie: Gehör-Messung

auditiv: fähig, Klänge, Geräusche und Sprachlaute wahrzunehmen und zu analysieren (in bezug auf das menschliche Gehör); das Hören, das Gehör betreffend

auditorisches System: auch auditives System genannt; dient der Aufnahme und Verarbeitung von Schallereignissen. Zu ihm gehören äußeres Ohr und Gehörgang, Mittelohr, Innenohr (als peripherer Hörapparat) sowie Hörbahn und Hörzentren (als zentrales auditorisches System)

Aussonderungsuntersuchung: hat das Ziel, ein Kind als hörauffällig zu erkennen und als hörbeeinträchtigt verdächtig „auszusondern"

BERA: Brain stem Evoked Response Audiometry – ist die Messung der elektrischen Aktivität des Hirnstammes nach akustischer Reizung (= Hirnstammaudiometrie)

Bestimmungsuntersuchung: die durch die Aussonderungsuntersuchung (s. dort) erfaßten Kinder werden näher untersucht, um zu überprüfen, ob der Verdacht zu Recht besteht und, falls sich dieser bestätigt, um Art und Ausmaß des Hörschadens zu bestimmen

BiCROS: Bilateral Routing of Signals (engl.); (s. auch CROS); wenn beidseitiger Hörverlust vorliegt, aber nur eine Seite mit Hörgerät versorgt werden kann; das schlecht hörende, aber bessere Ohr bekommt ein eigenes Hörgerät und nimmt gleichzeitig den verstärkten Schall vom tauben Ohr auf

bilingual: zweisprachig

binaural: für beide Ohren; beide Ohren betreffend

Cerebralparese: durch Schädigung des kindlichen Gehirns prä-, peri- oder postnatal auftretende motorische Bewegungsstörung

Cerumen obturans: Ohrenschmalzpfropf

Cerumen: Ohrenschmalz

Chromosom: sog. Erbkörperchen; sichtbarer Träger der genetischen Information

chromosomal: das Chromosom betreffend

Cochlea: Schnecke, Teil des Innenohres, in dem das Hörorgan liegt, hat Form eines Schneckenhauses mit 2½ Windungen

Cochlea-Implantat: technische Hörhilfe; Innenohrprothese, die gehörlosen und ertaubten Menschen operativ eingesetzt wird

cochleäre Schwerhörigkeit: s. sensorische Schwerhörigkeit

Cortisches Organ: Sinneszellen der Schnecke, umfaßt äußere und innere Haarzellen mit Stützzellen, Basilar- und Deckmembran (benannt nach Alfonso Corti, 1822 – 1876, italienischer Anatom)

cranio-: knöchernen Schädel betreffend

CROS: Contralateral Routing Of Signals (engl.); Herüberleiten eines Schallsignales auf die gegenüberliegende Kopfseite; klassische Hörgeräte-Versorgung bei einseitiger Taubheit, dabei wird ein Mikrophon am tauben Ohr getragen, und die dort empfangenen Signale werden dem normal hörenden Ohr zugeführt

Daktylologie: Zeichensprache mit Hilfe der Hände (von griech. Daktylos = Finger)
Degeneration: Verfall von Zellen, Geweben oder Organen; sog. Entartung zellulärer Strukturen oder Funktionen infolge Schädigung der Zelle
degenerativ: rückbildend, abbauend (z. B. bei Organen)
Demenz: auf organischen Hirnschädigungen beruhender dauernder Intelligenzdefekt
Demographie: Bevölkerungswissenschaft
Deprivation: Mangel, Verlust, Entzug von etwas Erwünschtem (z. B. fehlende Zuwendung der Mutter)
Deprivation, auditorische: Mangel an Höreindrücken
Diskrimination: Unterscheidung
Diskriminationsfähigkeit: Unterscheidungsfähigkeit
Diskriminationsverlust: Anzahl der falsch wiederholten Testwörter, ausgedrückt in Prozent
Dynamik: Lautstärke; Merkmal der Prosodie
Dynamikbreite: umfaßt den vom menschlichen Ohr verarbeiteten Schallpegelbereich
Dysplasie: Fehlbildung oder Fehlentwicklung eines Gewebes oder Organs
Dystrophie: chronische Ernährungsstörung bei Säuglingen

edukativ: erzieherisch
Elektrocochleographie (ECoG): Sonderform der ERA, erlaubt Aussagen über die Funktion des ersten Neurons der Hörbahn
Encephalitis: Gehirnentzündung
endogen: von innen kommend
Endolymphe: visköse (= klebrige) Flüssigkeit im häutigen Labyrinth
Epidemiologie: Wissenschaft von der Entstehung, Verbreitung und Bekämpfung und den sozialen Folgen von Epidemien, zeittypischen Massenerkrankungen und Zivilisationsschäden
ERA: Elektrische Reaktions-Audiometrie (engl. Evoked Response Audiometry) – ist die Messung elektrischer Potentiale im Hörnerv, im Hirnstamm und in der Hirnrinde mit Hilfe eines Mittelwertrechners; gibt Auskunft über die Funktionsfähigkeit der verschiedenen Abschnitte der Hörbahn

Eustachische Röhre: auch Ohrtrompete oder Tube; 3 bis 4 cm lange Röhre; Verbindungsgang von Mittelohr (Paukenhöhle) zum Rachenraum, dient dem Druckausgleich, der Belüftung der Paukenhöhle und dem Schutz vor aufsteigenden Infektionen (benannt nach Bartolomeo Eustachio, um 1520–1574, italienischer Anatom)
Exsudat: durch Entzündung bedingter Austritt von Flüssigkeit und Zellen aus den Blut- und Lymphgefäßen
Externat: Lehranstalt, deren Schüler außerhalb der Schule wohnen
extracochleär: außerhalb der Schnecke

facial: zum Gesicht gehörend, Gesichts-
Formant: die Klangfarbe bestimmender, stark hervortretender Teilton, der durch die Eigenschwingung von Hohlräumen gebildet wird
funktionales Hören: Ausnutzen vorhandener (z. T. äußerst geringer) Hörkapazitäten mit Hilfe elektronischer Hochleistungshörhilfen; Voraussetzung ist eine frühzeitige – möglichst bereits im ersten Lebensjahr, besser noch in den ersten sechs Lebensmonaten – (bewußte) Stimulation der Hörreste (= Hörkapazitäten) und eine gezielte hörgeschädigtenspezifische Förderung

Ganglien: Ansammlungen von Nervenzellen, in denen die Nervenfasern ihren Ursprung haben
Ganglion spirale cochlea: Nervenzellen, die in ihrer Gesamtheit einen Nervenknoten bilden, befindet sich an der knöchernen Längsachse der Cochlea
gastroenterologisch: Magen und Darm betreffend
Gaulledet-University: geisteswissenschaftlich ausgerichtete Universität für Gehörlose in Washington, D.C.
Gebärdensprache: Gebärdensprachliche Systeme (z. B. American Sign Language [= ASL], Deutsche Gebärdensprache [= DGS]), die über eine eigenständige Lexik und Grammatik verfügen und bis auf die Schriftsprache alle Sprachfunktionen erfüllen. Die Gebärdensprache wird als Grundlage für eine eigene Sprachgemeinschaft Gehörloser und zugleich als Kern der Gehörlosenkultur gesehen
Gehörgangsatresie: angeborener Verschluß des Gehörgangs
Geragogik: Theorie und Praxis der Bildung, Anleitung und Förderung im Alter
Gerontologie: Altersforschung
Graph: Schriftzeichen, kleinste, nicht bedeutungskennzeichnende Einheit in schriftlichen Äußerungen
Graphem: kleinstes bedeutungsunterscheidendes Symbol, das ein oder mehrere Phoneme wiedergibt

haptisch: den Tastsinn betreffend
Hauptsprachbereich: liegt zwischen 500–4.000 Hz
hereditär: erblich
Hörfeld: jene Töne, die der Mensch wahrnimmt (Begrenzungslinien beim Normalhörenden: Hörschwelle [0 dB], Schmerzschwelle [120 dB], 16 Hz, 20.000 Hz)
Hörschwelle: Punkt, bei dem ein Schall vom Unhörbaren zum Hörbaren wird
Hörtaktik: Fähigkeit des Hörgeschädigten, soziale Situationen so zu gestalten oder zu beeinflussen, daß im Rahmen der gegebenen Möglichkeiten die eigene Teilhabe möglich bzw. erleichtert wird
hyperkinetisch: mit unwillkürlich ablaufenden Bewegungen einhergehend (oft synonym zu hyperaktiv gebraucht)
Hypotonie (der Muskulatur): Herabsetzung des Ruhetonus eines Muskels oder der Muskulatur
Hypoxie: Sauerstoffmangel

imitativ: nachahmend
Impedanz: Schallwiderstand
Implementierung: (Software, Hardware u. ä.) in ein bestehendes Computersystem einsetzen oder einbauen und so ein funktionsfähiges Programm erstellen
indifferent: gleichgültig, unbestimmt, teilnahmslos
Indikation: aus der ärztlichen Diagnose sich ergebende Veranlassung, ein bestimmtes Heilverfahren anzuwenden, ein Medikament zu verabreichen
Infantizid: Kindesmord
Infrarot-Licht: ein für das menschliche Auge nicht sichtbares, ungefährliches Licht
Insuffizienz: Unzulänglichkeit, Schwäche
Intensität: (bes. gesteigerte) Kraft, (konzentrierte) Stärke
Interaktion: Austausch, Kommunikation
interaktiv: zur Interaktion bereit, Interaktion ermöglichend
Interferenz: Überlagerung
Intonation: Tongebung, Veränderung nach Höhe und Stärke beim Sprechen von Silben oder ganzen Sätzen
intrauterin: innerhalb der Gebärmutter; auch: innerhalb der Gebärmutter erfolgend (oder liegend)

Kinästhesie: Fähigkeit, Bewegungen der Körperteile unbewußt zu kontrollieren und zu steuern; Bewegungssinn, -empfindung
kinästhetisch: die Kinästhesie betreffend
Knochenleitung: Übertragung des Schalls über den Schädelknochen zum Innenohr
Koedukation: gemeinsame Erziehung von Jungen und Mädchen

kognitiv: die Erkenntnis betreffend; erkenntnismäßig
kognitive Entwicklung: Entwicklung all der Funktionen beim Kind, die zum Wahrnehmen eines Gegenstandes oder zum Wissen über ihn beitragen
Kolobom: angeborene Spaltbildung, besonders im Bereich der Regenbogenhaut, der Augenlider oder des Gaumens
kongenital: angeboren
konnatal: angeboren, pränatal erworben
kortikal: von der Gehirnrinde ausgehend, in der Gehirnrinde lokalisiert
kutan: die Haut betreffend

Labyrinth: Innenohr; enthält Hörorgan und Gleichgewichtsorgan; es ist zwischen häutigem Labyrinth (System von Blasen und Kanälen) und das sie umgebende knöcherne Labyrinth (= Knochenkapsel) zu unterscheiden
Labyrinthitis: bakterielle Entzündung des Labyrinths
Lärmexposition: Grad der Gefährdung, der sich aus der Häufigkeit und Intensität des Lärms ergibt, dem der Organismus ausgesetzt ist
lateral: seitlich; an der Seite gelegen
Lautsprache: die aus Lauten als Sprachelementen bestehende oder die in Lauten gegliederte Sprache
Linguist: Sprachwissenschaftler
Linguistik: Sprachwissenschaft
Logopäde: Beruf, zum Tätigkeitsfeld gehören die Diagnostik und Therapie von Hör-, Stimm-, Sprech- und Sprachgestörten
Lues: Geschlechtskrankheit
Luftleitung: natürlicher Weg des Schalls (Umwelt → Gehörgang → Trommelfell und Mittelohr → Innenohr)
Lyme-Borreliose: Erkrankung infolge eines Zeckenstichs; akut auftretender, manchmal in Schüben verlaufender Hörverlust auf einem oder beiden Ohren (mit unterschiedlichem Ausmaß) möglich

Makrostoma: angeborene, abnorme, überwiegend einseitige Vergrößerung der Mundspalte infolge einer queren Gesichtsspalte
Markscheidenreifung: (= Myelinisierung), Umhüllung der Axone (Nervenfasern, die von den Nervenzellen wegleiten) mit einer „Schutzschicht", dem Myelin (Gemisch fettähnlicher Stoffe); erfolgt nach einem charakteristischen für einzelne Bahnen unterschiedlichen Zeitplan. Manche Nervenbahnen sind bei der Geburt bereits myelinisiert, andere brauchen einen längeren Zeitraum dafür
mechano-kutan: durch mechanische Reizung der Haut

medial: in der Mitte liegend; die Mitte bildend
Mediävist: Wissenschaftler auf dem Gebiet der Geschichte, Kunst, Literatur usw. des europäischen Mittelalters
Medikation: Verordnung, Anwendung eines Medikaments (einschließlich Auswahl und Dosierung)
Melodie: Zusammentreffen von Rhythmus und verschiedenen Frequenzen
Meningitis: Hirnhautentzündung
mental: geistig; den Bereich des Verstandes betreffend
Mikrotie: angeborene Kleinheit der Ohrmuschel
Mneme: Gedächtnis, Erinnerung, Fähigkeit des Menschen, für die Lebensvorgänge wichtige Funktionen zu speichern
mnestisch: die Mneme betreffend
Modulation: Abstufung des Sprechens nach Klangfarbe und Lautstärke
mono-: allein-
Morbus: Krankheit
Morbus Meniere: anfallsweiser Drehschwindel mit Übelkeit und Erbrechen, einseitigen Ohrgeräuschen und Schwerhörigkeit
Mukopolysaccharidosen: (auch Mukopolysaccharid-Speicherkrankheiten, Abk.: MPS) Stoffwechselanomalien auf der Grundlage eines erblichen Enzymdefekts

neurale Schwerhörigkeit (auch retrocochleäre Schwerhörigkeit): Funktionsstörung der Hörnerven; siehe auch Kap. 3.2
Neurologie: Lehre vom Aufbau und von der Funktion des Nervensystems
Neuron: Nervenzelle mit allen Fortsätzen
neuronal: die Nervenzellen betreffend
Neurophysiologie: Physiologie des Nervensystems
Nuclei: Plural von Nucleus, also Kerne oder Zellkerne
Nucleus cochlearis: Nervenfaserfortsätze, die sich nach dem Ganglion spirale chochleae zum Hörnerv bündeln
Nucleus: Kern, Zellkern

objektive Audiometrie: Untersuchung des Hörvermögens ohne aktive Mitwirkung des zu Prüfenden
Ophthalmologe: Augenarzt
Ophthalmologie: Augenheilkunde
Orff: Carl Orff (1895–1982), Komponist; das nach ihm benannte Instrumentarium besteht aus Rhythmusinstrumenten (Klangstäbe, Trommeln, Xylophon usw.)
Orthopädie: Lehre von der Erkennung, Entstehung, Verhütung und Behandlung angeborener und erworbener Fehler des Bewegungsapparates

oto-: Wortteil mit der Bedeutung „Ohr"
Otoplastik: Ohrpaßstück; es ist zwischen individuell gefertigten und vorgefertigten Ohrpaßstücken zu unterscheiden

Pädaudiologie: Wissenschaft vom Hören des Kindes und der Hörwahrnehmung von Kindern (fälschlicherweise oft als Kinderaudiometrie bezeichnet)
Pädiater: Kinderarzt
Pädiatrie: Kinderheilkunde
pathologisch: krankhaft (verändert)
pathologische Verdeckung: abnorme auditive Ermüdung, d. h. unter Geräuschbelastung verschlechtert sich die Hörschwelle des Betroffenen
Peak-Clipping: Begrenzungssystem für den Ausgangsschalldruckpegel des Hörgerätes, wodurch ein vom Akustiker eingestellter Schallpegel nicht überschritten wird; es können dadurch jedoch Verzerrungen entstehen
Perforation: Durchbruch; Eröffnung einer geschlossenen Körperhöhle oder Struktur, meist eines Hohlorgans
Perilymphe: wasserklare, eiweißarme Flüssigkeit zwischen knöchernem und häutigem Labyrinth
perinatal: während der Geburt; exakter: den Zeitraum kurz vor, während und nach der Entbindung betreffend
persistierend: anhaltend, dauernd, bleibend
Phasenspezifität: liegt bei der Anlage zum Hören dann vor, wenn der Erbfaktor regelmäßig in einer abgegrenzten Entwicklungsperiode unter Ausbildung der ihm zugeordneten Merkmale manifest wird
Phonation: Stimm- und Lautbildung
Phonem: kleinste bedeutungsunterscheidende, aber nicht selbst bedeutungstragende sprachliche Einheit (z. B. b in Bein im Unterschied zu p in Pein)
phonologisch: die Laute betreffend
Physiologie: Lehre von den normalen Lebensvorgängen und Funktionen des menschlichen Organismus
physiologisch: die Physiologie betreffend; die Lebensvorgänge im Organismus betreffend
Plastizität: Formbarkeit
poly-: viel
Population: Gesamtheit der Individuen einer Art in einem begrenzten Bereich
postnatal: nach der Geburt (auftretend), nachgeburtlich
pragmatisch: das Sprachverhalten betreffend; auch: anwendungs- und sachbezogen
prälingual: vor Abschluß des Spracherwerbs

pränatal: vor der Geburt, vorgeburtlich
Prävalenz: Vorherrschen
Presbyakusis: Altersschwerhörigkeit
progredient: fortschreitend
Prosodie: Sprechausdrucksmerkmale wie Dynamik, Melodie, Stimmklang, Rhythmus, Dauer
prozeßimmanent: im Prozeß enthalten oder innewohnend
Psychiatrie: Teilgebiet der Medizin, das sich mit der Erkennung, den Ursachen, der Systematik und der Behandlung psychischer Störungen befaßt
psychiatrisch: die Psychiatrie betreffend, zu ihr gehörend
Psychosomatik: medizinisch-psychologische Krankheitslehre, die psychischen Prozessen bei der Entstehung körperlicher Leiden wesentliche Bedeutung beimißt
psychosomatisch: die Psychosomatik betreffend, auf psychisch-körperlichen Wechselwirkungen beruhend
psychotherapeutisch: die Psychotherapie betreffend
Psychotherapie: psychotherapeutische Behandlung; psychologische Krankenbehandlung mittels wissenschaftlich fundierter Methoden

Recruitment: Lautheitsausgleich; Leises wird wegen der Schwerhörigkeit nicht oder schlecht gehört; etwas Lauteres wird angenehm laut gehört, wenn es dann aber noch lauter wird, empfindet es der Schwerhörige trotz seines Hörverlustes ebenso laut wie ein Normalhörender. Mitunter besteht sogar Überempfindlichkeit gegen laute Töne und Geräusche
Rehabilitation: Eingliederung eines Hörgeschädigten in das gesellschaftliche und berufliche Leben (allgemein oft auch als [Wieder]eingliederung, z. B. eines Kranken oder körperlich Behinderten, verstanden)
Renaissance: geistige und künstlerische Bewegung (14. – 16. Jh.) auf wissenschaftlichem und literarisch-künstlerischem Gebiet, die versuchte, mittelalterliches Denken und dessen Dogmen zu durchbrechen, und zugleich versuchte, bewußt an ältere Traditionen, bes. an die griechisch-römische Antike, anzuknüpfen
Respiration: Atmung
Retinitis pigmentosa (korrekt eigentlich Retinopathia pigmentosa): meist erblicher, selten erworbener degenerativer Prozeß in der Netzhaut, der von der Peripherie her bis zum Zentrum fortschreitet, Folge: Gesichtsfeldeinschränkung, Erblindung
Retraktion: Zurück- oder Zusammenziehen eines Organs oder Gewebes
retrocochleäre Schwerhörigkeit: s. neurale Schwerhörigkeit

Rhythmus: Gleichmaß, gleichmäßig gegliederte Bewegung; auch: Gliederung des Sprachablaufs durch den Wechsel von langen und kurzen, betonten und unbetonten Silben, durch Pausen und Sprachmelodie

Sacculus: eines der beiden Säckchen (s. Utriculus) im Vorhof des Gleichgewichtsorgans

Schmerzschwelle: Töne werden schmerzhaft empfunden

Scholastik: philosophisch-theologische Lehre des Mittelalters (etwa 9.–14. Jh.), die versuchte, die christlichen Dogmen vernunftmäßig zu begründen und sie mit der überlieferten antiken Philosophie in Übereinstimmung zu bringen

Screening (auch Screeningtest): Verfahren zur Reihenuntersuchung; Aussonderungsuntersuchung

segmentale Merkmale der Sprache: Art (Explosivlaute, Frikativlaute usw.) und Ort (labial, dental usw.) der Produktion

Sensomotorik: durch Reize bewirkte Gesamtaktivität in sensorischen und motorischen Teilen des Nervensystems und des Organismus

sensomotorisch: die Sensomotorik betreffend

sensorineurale Schwerhörigkeit: Zusammenfassung von sensorischer und neuraler Schwerhörigkeit zu einem Begriff; weitere Informationen s. Kap. 3.2

sensorische Schwerhörigkeit (auch cochleäre Schwerhörigkeit): Funktionsstörung im Innenohr; weitere Informationen s. Kap. 3.2

Sepsis: Blutvergiftung

Sinnesepithel: enthält Sinneszellen oder besteht vorwiegend aus solchen; fächerförmiger, gefäßfreier Zellverband, der die äußeren oder inneren Oberflächen auskleidet

somatisch: körperlich

Spiralganglion = Ganglion spirale cochlea, s. dort

sporadisch: gelegentlich

Sprachfeld: Frequenz- und Intensitätsbereich, indem sich menschliches Sprechen bewegt

Stapediusreflexmuskel: einer der beiden Binnenohrmuskeln (s. Trommelfellspannmuskel)

statisches Organ: Gleichgewichtsorgan, Vestibularapparat des Innenohrs

statomotorisch: gleichgewichtsmotorisch; motorische Auffälligkeit aufgrund einer Gleichgewichtsstörung

Stigma: Zeichen, Mal, Merkmal

Struma: Vergrößerung der Schilddrüse

subjektive Hörmeßverfahren: aktive Mitarbeit des zu Prüfenden ist erforderlich

suprasegmentale Merkmale der Sprache: prosodische Sprachmerkmale, wie Betonung, Intonation und Tonlage
Symptom: 1. Kennzeichen, Merkmal; 2. für eine bestimmte Krankheit charakteristische, zu einem bestimmten Krankheitsbild gehörende krankhafte Veränderung
Synapse: Umschaltstelle zwischen Nervenfortsätzen, an der nervöse Reize von einem Neuron auf ein anderes weitergeleitet werden
Syndrom: Krankheitsbild, das sich aus dem Zusammentreffen verschiedener charakteristischer Symptome ergibt (Symptomenkomplex); Gruppe von gleichzeitig zusammen auftretenden Krankheitszeichen
syntaktisch: die Syntax betreffend
Syntax: in einer Sprache übliche Verbindung von Wörtern zu Wortgruppen und Sätzen

Talmud: hebr. „Lehre", Sammlung der Gesetze und religiösen Überlieferungen des Judentums
therapieresistent: auf keine mögliche Therapie ansprechend
Tinnitus: Ohrgeräusche; von den Betroffenen subjektiv wahrgenommenes Rauschen, Klingeln oder Pfeifen in den Ohren
toxisch: giftig
Toxoplasmose: Infektionskrankheit (zwischen Wirbeltier und Mensch übertragen)
transkutan: durch die Haut hindurch
Trommelfellspannmuskel: einer der beiden Binnenohrmuskeln (s. Stapdiusreflexmuskel)

überschwellig: über der Hörschwelle
Unbehaglichkeitsschwelle: Töne werden unangenehm laut empfunden
Utriculus: eines der beiden Säckchen (s. Sacculus) im Vorhof des Gleichgewichtsorgans

Vestibulum: Vorhof, zentrales Mittelstück des knöchernen Labyrinths
Vibration: Materialschwingungen unterhalb des hörbaren Bereiches; werden von speziellen Fühlorganen erfaßt
Visitation: Besuchsdienst
visuell: das Sehen bzw. den Gesichtssinn betreffend
volitiv: willentlich

Wahrnehmung: Aufnahme von Sinnesreizen; Sinnesleistung des Hörens, Sehens, Schmeckens usw., die nicht nur Reizaufnahmen, sondern immer auch zentrale Reizverarbeitungen sind

zentrale Schwerhörigkeit: Schäden im Bereich der Hörbahnen
Zoster oticus: Viruserkrankung im Versorgungsgebiet des Nervus facialis und Nervus vestibulochlearis mit Beteiligung der Ohrmuschel und des äußeren Gehörgangs, Ohrenschmerzen, Schwerhörigkeit, auch Gehörlosigkeit, Fazialislähmung
Zytomegalie: Speicheldrüsenviruskrankheit; häufigste Pränatalinfektion, Neugeborene sind z. T. bei der Geburt unauffällig und entwickeln nach Jahren Innenohrschwerhörigkeit, Sprachstörungen und neurologische Zeichen eines frühkindlichen Hirnschadens

Lösungshinweise zu den Übungsaufgaben

Kapitel 1

Frage zum Einstieg Hörschäden können zu jedem Zeitpunkt des Lebens eintreten. Die Auswirkungen eines Hörschadens sind sehr verschieden; insbesondere unterliegt die zwischenmenschliche Kommunikation einer Veränderung und Beeinträchtigung. Hörschäden sind so individuell wie Fingerabdrücke.

Kapitel 2

Aufgabe 1 Begriffsbestimmungen bilden die Basis für eine wissenschaftliche Verständigung und sind Voraussetzung für ein gezieltes praktisches Handeln.

Aufgabe 2 Medizin: erfaßt jede Funktionsstörung des Hörorgans
Pädagogik: beschränkt sich auf Funktionsstörungen des Hörorgans, die die Beziehung Individuum und Umwelt beeinträchtigen und damit soziale Auswirkungen auf den Betroffenen haben

Aufgabe 3 Eigenständige Schwerhörigenschulen entwickelten sich Ende des 19./Anfang des 20. Jahrhunderts. Die Trennung der Schüler sollte danach erfolgen, ob die Teilnahme am Unterricht über das Hören möglich war (schwerhörige Schüler) oder nicht (gehörlose Schüler).

Aufgabe 4
- größere Variationsbreite der Fächer
- Verlängerung der Grundschulzeit
- veränderte Curricula
- Leistungsbeurteilung

Aufgabe 5 s. Abb. 1, S. 27

Aufgabe 6 Erwerb einer kommunikativen Kompetenz durch den Hörgeschädigten

Aufgabe 7 Gewährleisten einer möglichst allumfassenden und uneingeschränkten Entwicklung Hörgeschädigter durch hörgeschädigtenspezifische Bildung, Erziehung und Förderung

Aufgabe 8 s. Darstellung im Text Kap. 2.2 und 2.3

Kapitel 3

äußeres Ohr, Mittelohr, Innenohr	**Aufgabe 9**

s. Abb. 13 und 14, S. 45	**Aufgabe 10**

Schalleitungsschwerhörigkeit, Sensorineurale Schwerhörigkeit, Kombinierte Schalleitungs-Schallempfindungsschwerhörigkeit, Gehörlosigkeit	**Aufgabe 11**

Sensorineurale Schwerhörigkeit, Kombinierte Schalleitungs-Schallempfindungsschwerhörigkeit, Gehörlosigkeit	**Aufgabe 12**

a) Differenz zwischen Knochenleitung und Luftleitung; Knochenleitungswerte im Normbereich, Luftleitung weist Hörverlust auf b) Luft- und Knochenleitung weisen etwa gleichen Hörverlust auf c) Luft- und Knochenleitung sind herabgesetzt zwischen beiden Kurven liegt eine Differenz; Hörverlust für die Luftleitung ist größer als der für die Knochenleitung	**Aufgabe 13**

Audiometer	**Aufgabe 14**

Schalldruck der Töne, der gerade so groß ist, daß eine Hörempfindung ausgelöst wird; liegt bei (normal-)hörenden Menschen bei 0 dB	**Aufgabe 15**

definierter Mittelwert von jungen Erwachsenen (die in ihrem Leben keine außergewöhnlichen Ohrenerkrankungen hatten und keinem Lärm ausgesetzt waren)	**Aufgabe 16**

20–40 dB – leichte Schwerhörigkeit 40–60 dB – mittlere Schwerhörigkeit 70–90 dB – extreme Schwerhörigkeit über 90 dB im Hauptsprachbereich – Resthörigkeit (Gehörlosigkeit und Taubheit)	**Aufgabe 17**

s. Abb. 18, 19 und Tab. 4, S. 53, 57	**Aufgabe 18**

abhängig von Erfassungsmethoden, Begriffsbestimmung, Klassifikationskriterien usw.; Zahlenangaben sind den Tabellen 7, 8, 9 zu entnehmen	**Aufgabe 19**

Kapitel 4

Aufgabe 20
- Art und Ausmaß des Hörschadens
- Zeitpunkt des Eintretens des Hörschadens
- Vorhandensein einer oder mehrerer weiterer Behinderungen
- soziale Entwicklungsbedingungen

Aufgabe 21 s. Darstellung im Text, S. 72

Aufgabe 22 s. Darstellung im Text, S. 73ff

Aufgabe 23 s. Darstellung im Text, S. 76

Aufgabe 24 Menschen, bei denen im frühen Lebensalter (prä-, peri- oder postnatal) vor Abschluß des Lautspracherwerbs eine so schwere Schädigung des Gehörs vorliegt, daß seine Funktionstüchtigkeit hochgradig bis total beeinträchtigt ist

Aufgabe 25 bilinguale Erziehung
auditiv-verbale Erziehung

Aufgabe 26 Ertaubte sind Kinder, Jugendliche und Erwachsene, bei denen eine totale oder praktische Taubheit nach Abschluß des natürlichen Spracherwerbs (also postlingual) eingetreten ist.

Aufgabe 27 schwerhörig gewordene Erwachsene können bei der lautsprachlichen Kommunikation das verbliebene Hörvermögen unterstützend einsetzen

Aufgabe 28 3./4. Lebensjahr

Aufgabe 29 Personen, die etwa ab dem 18./19. Lebensjahr ihr Gehör verloren haben

Aufgabe 30 alle Personen, die mit einem Cochlea-Implantat versorgt sind

Kapitel 5

Aufgabe 31 dient der Feststellung von Art und Ausmaß der Hörstörung; ermöglicht Basisinformationen über den Hörschaden

Bestimmung der Hörschwelle mit Hilfe von Tönen oder Geräuschen; auf diesem Weg wird der Grenzwert zwischen unhörbarem und hörbarem Bereich ermittelt	**Aufgabe 32**
überprüft Sprachgehör und das Sprachverstehen	**Aufgabe 33**
objektive Verfahren sind von Mitwirkung des zu Prüfenden unabhängig, subjektive Verfahren bedürfen der Mitarbeit des zu Prüfenden	**Aufgabe 34**

Kapitel 6

durch die vergleichsweise geringe Anzahl hörgeschädigter Schüler haben zu Schulen oft einen großen Einzugsbereich; Anfahrtwege sind täglich zeitlich nicht zu bewältigen	**Aufgabe 35**
s. Darstellung im Text, S. 96	**Aufgabe 36**
Förderung des hörgeschädigten Kindes im Elternhaus durch einen Hörgeschädigtenpädagogen	**Aufgabe 37**
ambulante Wechselgruppe/stationäre Wechselgruppe	**Aufgabe 38**
in Hausfrüherziehung individuelle Förderung, bei Wechselgruppe Förderung in Kleingruppe – Kind soll lernen, soziale Kontakte zu knüpfen	**Aufgabe 39**
– Vorbereitung auf Kindergarten – weitere diagnostische Abklärung – Einzel- und Gruppenförderung	**Aufgabe 40**
Pädoaudiologische Beratungsstelle, Hausfrüherziehung, Wechselgruppe	**Aufgabe 41**
– Erziehung des Kindes in größerer Gruppe – Förderung der kommunikativen Kompetenz – Vorbereitung auf die Schule	**Aufgabe 42**
die gleichen wie bei den hörenden Schülern, also Hauptschul- und Realschulabschluß sowie Abitur	**Aufgabe 43**

Aufgabe 44	kleinere Schülerzahlen pro Klasse, halbkreisförmige Sitzordnung, technische Hörhilfen, Schaffen optimaler Abseh- und Hörbedingungen
Aufgabe 45	Einzelfallintegration: ein hörgeschädigtes Kind lernt in einer Klasse (der Allgemeinen Schule) Gruppenintegration: mehrere hörgeschädigte Kinder lernen in einer Klasse (der Allgemeinen Schule)
Aufgabe 46	BBW ist für theoretische und praktische Ausbildung verantwortlich

Kapitel 7

Aufgabe 47	Mikrophon, Verstärker, Regler, Hörer
Aufgabe 48	HdO-Geräte, IdO-Geräte, Taschenhörgeräte, Hörbrillen
Aufgabe 49	HdO-Geräte
Aufgabe 50	stationäre Höranlage: gutes Stör-Nutzschall-Verhältnis, jedoch Gebundenheit an Arbeitsplatz mobile Höranlage: flexibel einsetzbar, störanfälliger

Kapitel 8

Aufgabe 51	Mikrophon, Sprachprozessor, Sendespule, Empfängerspule, Empfänger-Stimulator, Elektroden
Aufgabe 52	s. Darstellung im Text, S. 130f
Aufgabe 53	Ertaubte und gehörlose Kinder im Vorschulalter (insbesondere etwa bis zum 4. Lebensjahr)

Kapitel 9

Aufgabe 54	Erkenntnis, daß die Gebärden der Gehörlosen die linguistischen Kriterien einer Sprache erfüllen

eigene Sprache (Gebärdensprache); gehörlose „Einstellung" (unabhängig vom Ausmaß des Hörverlustes); Gehörlose, die nicht Gebärdensprache verwenden, werden auch nicht als Mitglieder der kulturellen Gruppe der Gehörlosen angesehen

Aufgabe 55

Kapitel 10

s. Begriffsbestimmung im Text, S. 143

Aufgabe 56

hörende Kinder erwerben die Fähigkeit zum bewußten Hören weitgehend durch indirektes Lernen

bei hörgeschädigten Kindern muß zunächst Aufmerksamkeit und Interesse für akustische Erscheinungen geweckt werden

Aufgabe 57

s. Darstellung im Text (Auseinandersetzung mit den Modellen Braun/ Hilgard, Erber und Pollack/Estabrooks), S. 144–146

Aufgabe 58

– planmäßig gezielte Hörerziehung
– sporadische Hörerziehung

Aufgabe 59

s. Begriffsbestimmung im Text, S. 147

Aufgabe 60

s. Begriffsbestimmung im Text, S. 149

Aufgabe 61

s. Begriffsbestimmung im Text, S. 151

Aufgabe 62

Personen, die erst im Erwachsenenalter schwerhörig werden, verfügen über die Lautsprache. Sie lernen das Absehen „hinzu". Personen, die von Geburt an oder vor dem Spracherwerb hörgeschädigt sind, erlernen das Absehen zeitgleich mit der (laut-)sprachlichen Entwicklung und ihrem sprachlichen Können

Aufgabe 63

Sprecher muß Gesicht dem Absehenden zuwenden, Abstand Sprecher – Absehender 0,5 bis 3 Meter, gute Beleuchtung des Gesichtes des Sprechers, gleiche Augenhöhe von Sprecher und Absehendem, natürliches Mundbild, Sprechtempo leicht herabsetzen

Aufgabe 64

Kapitel 11

Aufgabe 65 Plastizität des kindlichen Gehirns, Markscheidenreifung, Synapsenbildung
Umweltreize können Entwicklung des ZNS entscheidend beeinflussen

Aufgabe 66 vom Laienmodell (Autorität der Experten, Eltern erhalten Ratschläge) über Ko-Therapeuten-Modell (Eltern werden durch Fachkräfte als Kotherapeuten eingesetzt) zum Partnerschafts- und Kooperationsmodell (Fachleute arbeiten mit Eltern zusammen); frühe Hilfen werden jetzt als System gesehen, in dem Eltern, hörgeschädigtes Kind, Geschwister, weitere Familienmitglieder und Fachleute Teile eines Ganzen sind

Kapitel 12

Aufgabe 67 s. Tab. 12 sowie Volkshochschulen, Angebote der Gehörlosen- und Schwerhörigenseelsorge, Selbsthilfeinitiativen, Vereine; anzumerken ist, daß es trotz der scheinbaren Vielfalt keine ausreichende Anzahl von hörgeschädigtenspezifischen Angeboten gibt

Aufgabe 68 haben häufig große Schwierigkeiten, sich in ihrer bisherigen Lebenswelt zurechtzufinden (kann bis zur Lebenskrise führen), Lebensgewohnheiten müssen oft aufgegeben oder verändert werden; Auswirkungen betreffen sowohl den beruflichen als auch den privaten Bereich, genannter Personenkreis zeigt eine erhöhte Anfälligkeit für psychosomatische Störungen

Aufgabe 69 s. Darstellung im Text, S. 175

Aufgabe 70 Abbau der Hörfähigkeit schreitet (sehr) langsam voran, so daß den Betroffenen ihre Höreinbußen oft lange nicht bewußt werden, im fortgeschrittenen Stadium besteht erhöhte Gefahr der Isolierung und des sozialen Rückzugs

Kapitel 13

Aufgabe 71 Mittelalter, Spanien

Aufgabe 72 Ponce de Léon, Ramirez de Carrión, Bonet

Lösungshinweise 235

1770 Paris, privates Taubstummeninstitut durch Abbé de l'Epée 1778 Leipzig, Kurfürstlich-Sächsisches Institut für Stumme und andere mit Sprachgebrechen behaftete Personen	**Aufgabe 73**

Französische Methode: geht zurück auf de l'Epée (erweitert durch Sicard), Unterricht unter Einbezug von Gebärden **Aufgabe 74**

Deutsche Methode: geht zurück auf Heinecke, Unterricht in und durch Lautsprache, Vermittlung dieser als Aufgabe des Gehörlosenunterrichts

Bewegung Ende der 1. Hälfte des 19. Jahrhunderts; Verbreitung der **Aufgabe 75**
Kenntnisse, welche ein Lehrer nach damaligem Verständnis haben mußte, um gehörlose Kinder zusammen mit vollsinnigen zu unterrichten; die Methodik sollte „verallgemeinert" werden

– Gebärdenbewegung **Aufgabe 76**
– Schrift- und Mutterschulmethodik
– Einfluß der Pädagogik der Ganzheitlichkeit und die Methoden der Artikulation
– Hörerziehungsbewegung

s. Darstellung im Text, S. 197f, 200f, 202f **Aufgabe 77**

Hill – Reformator der Taubstummenbildung, einer der bedeutendsten Taubstummenlehrer, Hinwendung zum gehörlosen Kind, Auffassung: Der Gehörlose ist mit allen Anlagen des Vollsinnigen ausgestattet

Vatter – Weiterentwicklung der „deutschen Methode" zur „reinen deutschen Methode", Artikulationsunterricht wurde in den Vordergrund gestellt, Qualität des Sprechens wurde „Maßstab" Vatter selbst hatte mit seinem methodischen Vorgehen große Erfolge

Heidsiek – unterstützte Einbezug der Gebärde in den Unterricht, Methode sollte den Schülern angepaßt werden

Literatur

Alich, G. (1977): Sprachperzeption über das Absehen vom Munde. Sprache – Stimme – Gehör, 1, 90-96
Anstötz, Ch. (1992): Schwerstbehindertenpädagogik. In: Klauer, 149-162
Arbeitsgruppe Bildungsbericht am Max-Planck-Institut für Bildungsforschung (1997): Das Bildungswesen in der Bundesrepublik Deutschland. Rowohlt, Reinbek
Arbeitsgruppe Integration Schleswig (1992): Unterrichtliche Integration hörgeschädigter Kinder. Groos, Heidelberg

Bach, H. (1995): Sonderpädagogik im Grundriß. Ed. Marhold, Berlin
Bayer, E. (1979): Zielsetzung und Methode in der Pädoaudiologischen Beratungsstelle. In: Bericht über die Arbeitstagung des Bundes Deutscher Taubstummenlehrer Friedberg 1978. Groos, Heidelberg, 41-49
Becker, K.-P., Sovák, M. (1983): Lehrbuch der Logopädie. Volk und Gesundheit, Berlin
Begall, K. (1995): Versorgung Gehörloser mit dem Cochlear Implant. In: Stiftung zur Förderung körperbehinderter Hochbegabter Vaduz, 60-90
Bendt, V., Galliner, N. (Hrsg.) (1993): Öffne deine Hand für die Stummen. Die Geschichte der Israelitischen Taubstummen-Anstalt Berlin-Weissensee 1873 bis 1942, Transit, Berlin
Benesch, H. (1997): dtv-Atlas Psychologie, Bd. 1 und Bd. 2
Bertram, B. (1998a): Cochlear Implant für Kinder. Eine interdisziplinäre Herausforderung. Groos, Heidelberg
– (1998b): Rehabilitationskonzept bei Kindern. In: Lenarz, T. (Hrsg.): Cochlea-Implantat. Springer, Berlin/Heidelberg/New York, 108-121
BHSA Studienführer (1996): Ein Handbuch für Behinderte. Herausgeg. von der Bundesarbeitsgemeinschaft Hörbehinderter Studenten und Absolventen e. V.
Biesalski, P. (1994): Pädaudiologie. In: Biesalski/Frank, 48-137
–, Frank, F. (Hrsg.) (1994): Phoniatrie – Pädaudiologie in 2 Bänden, Bd. 2: Pädaudiologie. Thieme, Stuttgart/New York
–, Collo, D. (1991): Hals-Nasen-Ohren-Krankheiten im Kindesalter. Thieme, Stuttgart/New York
Biesold, H. (1984): Sterilisation im Hitler-Reich. In: Hörgeschädigtenpädagogik 38, 107-119
– (1988): Klagende Hände. Jarick Oberbiel, Olms
Blankenhahn, R. (1993): Hörgeräte – Ratgeber. Gustav Fischer, Stuttgart/Jena/New York
Blau, A. (1966): Gehörlosenschule. In: Lesemann, G. (Hrsg.): Beiträge zur Geschichte und Entwicklung des deutschen Sonderschulwesens. Marhold, Berlin, 19-54
Bleidick, U. (1974): Pädagogik der Behinderten. Grundzüge einer Theorie der Erziehung behinderter Kinder und Jugendlicher. Marhold, Berlin

- et al. (1998): Einführung in die Behindertenpädagogik, Bd. I. Kohlhammer, Stuttgart/Berlin/Köln
Boenninghaus, H.-G. (1990): Hals-Nasen-Ohren-Heilkunde für Medizinstudenten. 8. A. Springer, Berlin/Heidelberg/New York
Brand, E. (1990): Überblick über die Geschichte der Hörgeschädigtenpädagogik. In: Pöhle et al., 26-35
Braun, A. (1969): Hören als Lernproblem für resthörige Kinder im Vorschulalter und Schulalter. hörgeschädigte Kinder, Kettwig/Ruhr
Breiner, H. L. (Hrsg.) (1992): Lautsprache und Integration für Gehörlose und Schwerhörige. Beiträge zum Internationalen Kongreß Frankenthal des Bundesverbandes Lautsprache und Integration für Gehörlose und Schwerhörige e.V. (BLGS), Pfalzinstitut Frankenthal
Brunner, R., Nöldeke, I. (1997): Das Ohr. Thieme, Stuttgart/New York
Bunck, D. (1998): Das Usher-Syndrom – Diagnostik, pädagogische Einflußnahme und Maßnahmen bei Betroffenen. In: Leonhardt 1998a, 178-187
Bundesministerium für Arbeit und Sozialordnung (Hrsg.) (1998): Vierter Bericht der Bundesregierung über die Lage der Behinderten und die Entwicklung der Rehabilitation, Bonn

Claußen, W. H. (1989): Schwerhörigenandragogik. In: Claußen/Schuck, 14-125
- (1995): Schwerhörigenpädagogik. In: Bleidick, U. et al.: Einführung in die Behindertenpädagogik, Bd. II. Kohlhammer, Stuttgart/Berlin/Köln, 9-42
- (1997): Zur beruflichen Weiterbildung schwerhöriger und ertaubter Personen – Auswertung einer Umfrage des Deutschen Schwerhörigenbundes. In: Schulte et al., 82-89
-, Isstas, M., Arbeitsgruppe (1993): Empfehlungen zur pädagogischen Förderung von Kindern mit einem Cochlear Implant (CI). Hörgeschädigtenpädagogik 47, 294-304
-, Schuck, K. D. (Hrsg.) (1989): Pädagogische Hilfen für schwerhörige und ertaubte Erwachsene, Forschungsbericht. Bd. 1: Grundlegung und empirische Untersuchung, Bd. 2: Inhalte und Methoden. Herausgeber: Der Bundesminister für Arbeit und Sozialordnung, Bonn

Der Beauftragte der Bundesregierung für die Belange der Behinderten informiert (1994): Vorsorge – Früherkennung – Frühförderung. Herausgegeben vom Beauftragten der Bundesregierung für die Belange der Behinderten O. Regenspurger, Bonn
Diller, G. (1991): Hörgerichtete Spracherziehung in der Frühförderung gehörloser bzw. hochgradig hörgeschädigter Kinder unter Berücksichtigung neurologischer Erkenntnisse. In: Jussen/Claußen, 250-257
- (1997): Rehabilitation mit Hörgeräten. In: Kießling et al., 131-180

Edwards, C., Estabrooks, W. (1994): Learning Through Listening: A Hierarchy. In: Estrabrooks, W. (Ed.): Auditory Verbal Therapy. Alexander Graham Bell Association for the Deaf, Washington, 55-74
Emmerig, E. (1927): Bilderatlas zur Geschichte der Taubstummenbildung. Maidl, München

Empfehlungen zum Förderschwerpunkt Hören (1996). In: Amtsblatt des Bayerischen Staatsministeriums für Unterricht, Kultus, Wissenschaft und Kunst, Teil I, Nr. 19, Ausgegeben in München am 31. Oktober 1996.

Erber, N. (1982): Auditory Training. Alexander Graham Bell Association for the Deaf, Washington

Estabrooks, W. (1998): Die auditiv-verbale Praxis. In: Leonhardt 1998b, 121-149

Feger, B. (1990): Der unterschiedliche Status der Hochbegabtenpädagogik in den USA und der Bundesrepublik. In: Feger, H. (Hrsg.): Wissenschaft und Verantwortung. Festschrift für K.J. Klauer. Verlag für Psychologie, Göttingen, 31-45
– (1992): Hochbegabtenpädagogik. In: Klauer, 75-93

Feldmann, H. (1997): Das Gutachten des Hals-Nasen-Ohren-Arztes. Thieme, Stuttgart/New York

Fengler, J. (1990): Hörgeschädigte Menschen. Kohlhammer, Stuttgart/Berlin/Köln

Finckh-Krämer, U., Hess, M., Gross, M., Wienke, A. (1998): Datenschutz innerhalb des länderübergreifenden Deutschen Zentralregisters für kindliche Hörstörungen. HNO 46, 339-345

Fink, S. (1989): Gib mir ein hörendes Ohr. Evangelische Verlagsanstalt, Berlin

Fink, V. (1995): Schwerhörigkeit und Spätertaubung. ars una, Neuried

Franke, U. (1998): Logopädisches Handlexikon. 5. A. Ernst Reinhardt, München/Basel (UTB)

Frerichs, H. (1995): Die „Philosophie" der hörgerichteten Erziehung. In: Frerichs, H., Neppert, J.: Grundlagen und Modelle für den Hörgerichteten Spracherwerb. Neckar, Villingen-Schwenningen, 7-24

Ganster, M. (1979): Zielsetzung und Methode der Arbeit in der Hausspracherziehung. In: Bericht über die Arbeitstagung des Bundes Deutscher Taubstummenlehrer Friedberg 1978. Groos, Heidelberg, 50-59

Gerspach, M. (1989): Einführung in die Heilpädagogik. Jugend und Politik. Frankfurt a. M.

Giebel, A. (1998): Praktische Aspekte der Früherkennung von Hörstörungen im frühen Säuglingsalter. In: Leonhardt 1998b, 42-51

Göbel, J. (1992): Zur Historiographie der Sonderpädagogik in der DDR. In: Leonhardt, A. (Hrsg.): Einblicke und Ausblicke. Groos, Heidelberg, 121-128
– (1995): Zum Neubeginn im Sonderschulwesen in der sowjetischen Besatzungszone 1945 bis 1949. In: Leonhardt, A., Mehnert, D. (Hrsg.): Begegnungen. Groos, Heidelberg, 58-77

Goldberg, D. M. (1993): Auditory-Verbal Philosophy: A Tutorial. The Volta Review, Vol. 95, No. 3, 181-186
–, Flexer, C. (1993): Outcome Survey of Auditory-Verbal Graduates: Study of Clinical Efficacy. Journal of the American Academy of Audiology, 189-200

Gotthardt, U. (1995). Erfahrungen zur psychischen Entwicklung nach Cochlear-Implant. Das Zeichen 9, 311-317

Groos, M. (1981): Differentialdiagnose der Syndrome mit Schwerhörigkeit und Retinopathia. Laryngo-Rhino-Otologie 60, 446-449
–, Finckh-Krämer, U., Spormann-Lagodzinski, M.-E. (1999): Deutsches Zentralregister für kindliche Hörstörungen. Deutsches Ärzteblatt 96, Heft 1-2, 8. Januar 1999, 45-50
Große, G. (1989): Probleme der Kommunikation in der Früherziehung hochgradig hörgeschädigter Kleinkinder. In: 200 Jahre Gehörlosenbildung in Berlin. Humboldt-Universität zu Berlin, Gesellschaftswiss. Studien 10, 64-66
Große, K.-D. (1988): Geschichte der Bildung und Erziehung Hörgeschädigter. Lehrbrief, Berlin
Günther, K.-B. (1999): Bilingualer Unterricht mit gehörlosen Grundschülern – Zwischenbericht zum Hamburger Bilingualen Schulversuch. Hörgeschädigte Kinder, Hamburg
Gutachten zur Ordnung des Schulwesens (1960). Erstattet vom Schulausschuß der Ständigen Konferenz der Kultusminister in der Bundesrepublik Deutschland, Bonn

Haeberlin, U. (1998): Allgemeine Heilpädagogik. Haupt, Berlin/Stuttgart/Wien
Hamann, K.-F., Schwab, W. (1991): Schwerhörigkeit. Trias Thieme Hippokrates Enke, Stuttgart
Hartmann, N. (1969): Die Früherziehung des hörgeschädigten Kindes. Schindele, Neuburgweier/Karlsruhe
Hauff, R. von, Kern, W. (1991): Unterricht in Klassen mit hörgeschädigten und hörenden Schülerinnen und Schülern. Ehrenwirth, München
Heese, G. (1961): Die Rehabilitation der Gehörlosen. Ernst Reinhardt, München/Basel
– (1962): Die Rehabilitation der Schwerhörigen. Ernst Reinhardt, München/Basel
– (1983): Schwerhörigenpädagogik. In: Solarová, 297-331
– (1995): Gehörlosenpädagogik. In: Bach, 85-90
Hellbrück, J. (1996): Psychologie des Hörens im Alter. In: Tesch-Römer, C., Wahl, H.-W. (Hrsg.): Seh- und Höreinbußen älterer Menschen. Steinkopff, Dortmund, 53-76
Hess, E. H. (1975): Prägung. Kindler, München
Hildmann, A. (1998): Möglichkeiten der apparativen Versorgung junger Säuglinge bei neonatalen Hörstörungen. In: Leonhardt 1998 b, 52-76
HörEltern – die Elternvereinigung zur Förderung hörgeschädigter Kinder in Oberfranken e. V. (1998): Lebensläufe hörgeschädigter Kinder. Eigenverlag
Hoyningen-Süess, U. (1989): Was hat die Sonderpädagogik mit Hochbegabten zu tun? Vierteljahresschrift für Heilpädagogik und ihre Nachbargebiete 58, 375-389

Ilchmann, H. (1997): Cochlear-Implant bei Schulkindern. Ausgewählte Aspekte in der pädagogischen Betreuung. In: Leonhardt 1997, 80-87

Jacobs, H., Schneider, M., Weishaupt, J. (1996): Hören – Hörschädigung. Herausgeg. vom Paritätischen Wohlfahrtsverband Hessen
Jahoda, M. (1983): Wieviel Arbeit braucht der Mensch? Beltz, Weinheim
- (1985): Die sozialpsychologische Bedeutung der Arbeit und Arbeitslosigkeit. In: Keupp, H., Kleiber, D., Scholten, B. (Hrsg.): Im Schatten der Wende, Tübingen, 95-98
Jahrestagung (1995): Schwerhörigenseelsorge der Evang.-Luth. Kirche in Bayern. Pappenheim (Eigenverlag)
Jetter, D. (1992): Geschichte der Medizin. Thieme, Stuttgart/New York
Jussen, H. (1974): Schwerhörige, ihre Bildung und Rehabilitation. In: Deutscher Bildungsrat. Gutachten und Studien der Bildungskommission, Sonderpädagogik 2. Klett, Stuttgart, 185-316
- (1982): Ziele, Aufgaben und Organisationsformen der Gehörlosenpädagogik und der Schwerhörigenpädagogik. In: Jussen/Kröhnert, 81-131
- (1987): Möglichkeiten und Grenzen der gemeinsamen Unterrichtung behinderter und nichtbehinderter Kinder und Jugendlicher unter besonderer Berücksichtigung der Hörgeschädigten. Sonderpädagogik 17, 4, 158-169
- (1995): Schwerhörigenpädagogik. In: Bach, 113-121
- (1997): Planung und Gestaltung von Weiterbildungsmaßnahmen für Gehörlose – Ergebnisse einer Untersuchung. In: Schulte et al., 73-81
-, Claußen, W. H. (1991): Chancen für Hörgeschädigte. Ernst Reinhardt, München/Basel
-, Kloster-Jensen, M., Wisotzki, K. H. (1994): Lautbildung bei Hörgeschädigten. Marhold, Berlin
- , Kröhnert, O. (Hrsg.) (1982): Handbuch der Sonderpädagogik, Bd. 3: Pädagogik der Gehörlosen und Schwerhörigen. Marhold, Berlin

Karth, J. (1902): Das Taubstummenbildungswesen im XIX. Jahrhundert. Korn, Breslau
Keller, F. (1996): Stichwörter aus Akustik, Audiologie und Hörgerätekunde. Median, Heidelberg
Kellermann, G. (1998a): Als geistigbehindert diagnostiziert – heute Studentin der Schwerhörigenpädagogik. In: Leonhardt 1998a, 213-225
- (1998b): Nicht für die Schule, sondern für's Leben lernen wir... In: Leonhardt 1998b, 185-188
Keßler, E., Krätzschmar, Ch. (1993): Schulpädagogisches Repetitorium. Luchterhand, Neuwied/Kriftel/Berlin
Kessler, L. (1989): Fehlbildungen in der Otolaryngologie. Springer, Berlin
Kießling, J., Kollmeier, B., Diller, G. (1997): Versorgung und Rehabilitation mit Hörgeräten. Thieme, Stuttgart/New York
Klauer, K. J. (Hrsg.) (1992): Grundriß der Sonderpädagogik. Ed. Marhold, Berlin
Klinke, R. (1989): Hörentwicklung beim Kleinkind. In: Stiftung zur Förderung körperbehinderter Hochbegabter Vaduz, 73-81

- (1995): Das Hören als zentralnervöser Verarbeitungsprozeß. Meggen/Zürich
- (1997): Hören als zentralnervöser Verarbeitungsprozeß. In: Hörgeschädigtenpädagogik, 51, 355-370
- (1998): Hören lernen: Die Notwendigkeit frühkindlicher Hörerfahrungen. In: Leonhardt 1998 b, 77-95

Kobi, E. E. (1993): Grundfragen der Heilpädagogik. Haupt, Bern/Stuttgart/Wien

Kongreßbericht (1989): 3. Internationaler Kongress der Schwerhörigen, Montreux, Schweiz. Herausgeb. Vom BSSV-Bund Schweizerischer Schwerhörigen-Vereine, Zürich

Krauskopf, S. (1993): Meine Erfahrungen als integrierte Schwerhörige. In: hörgeschädigte Kinder, 30, 4, 202-205

Kröhnert, O. (1966): Die sprachliche Bildung des Gehörlosen. Beltz, Weinheim
- (1982): Geschichte. In: Jussen/Kröhnert, 47-77

Kron, F. W. (1996): Grundwissen Pädagogik. 5. A. Ernst Reinhardt, München/Basel (UTB)

Krüger, M. (1982): Der Personenkreis. In: Jussen/Kröhnert, 3-26
- (1982): Häufigkeit (Statistik). In: Jussen/Kröhnert, 37-43
- (1991): Häufigkeitsstatistische und demographische Angaben zum Personenkreis hörgeschädigter Menschen. In: Jussen/Claußen, 25-30

Landschaftsverband Rheinland (Hrsg.) (1993): Gehörlose im Arbeitsleben. Forschungsbericht, Bd. 1 und Bd. 2

Landschaftsverband Westfalen-Lippe (Hrsg.) (1995): Weiterbildungsmaßnahmen für gehörlose Arbeitnehmer und Arbeitnehmerinnen, Bd. I: Voraussetzungen und Bedingungen für Weiterbildungsmaßnahmen, Bd. II: Weiterbildungsmodelle für Gehörlose und ihr berufliches Umfeld. O. O.

Lassahn, R. (1995): Einführung in die Pädagogik. Quelle und Meyer, Heidelberg/Wiesbaden (UTB)

Laszig, R. (1993): Ausgeprägte Schwerhörigkeit und Gehörlosigkeit des Erwachsenen. In: Therapeutische Umschau, Bd. 50, H. 9, 647-652
- (1996): Die prothetische Versorgung bei Taubheit. notabene medici 3, 113-120
- (1997): Gegenwärtiger Stand der Cochlear Implant-Therapie einschließlich des Konzeptes der „Soft surgery". In: Leonhardt 1997, 31-47
-, Marangos, N. (1998): Cochlear-Implant – heutiger Stand. HNO-Praxis Heute, Bd. 18, 40-67

Lehmann-Tremmel, G. (1997): Die Weiterbildungslandschaft für gehörlose, schwerhörige und spätertaubte Erwachsene. Erste Ergebnisse aus der bundesweiten Bestandsaufnahme im Projekt WBH (1994-1996). In: Schulte et al., 96-107

Lehnhardt, E. (1991): Cochlear Implant – Chirurgische Aspekte und Ergebnisse. In: Lehnhardt, E., Bertram, B. (Hrsg.): Rehabilitation von Cochlear-Implant-Kindern. Springer, Berlin/Heidelberg/New York, 53-62
- (1996): Praxis der Audiometrie. Thieme, Stuttgart/New York

- (1998a): Hereditäre Hörstörungen und Syndrome. In: Leonhardt 1998a, 162-177
- (1998b): Entwicklung des Cochlea-Implantats und das Cochlea-Implantat-Projekt in Hannover. In: Lenarz, T. (Hrsg.): Cochlea-Implantat. Springer, Berlin/Heidelberg/New York, 1-8

Leiber, B. (1996): Die klinischen Syndrome. Herausgegeben von Adler, G., Burg, G., Kunze, J., Pongratz, D., Schinzel, A., Spranger, J. Band 1: Krankheitsbilder. Urban und Schwarzenberg, München/Wien/Baltimore

Lenarz, T. (1998): Cochlea-Implantate – Physiologische Grundlagen und klinische Anwendung. In: Lenarz, T.: Cochlea-Implantat. Springer, Berlin/Heidelberg/New York, 9-51

Lenzen, D. (1989): Stichwort „Pädagogik – Erziehungswissenschaft". In: Lenzen, 1105-1117
- (Hrsg.) (1989): Pädagogische Grundbegriffe, Bd. 2: Jugend bis Zeugnis. Rowohlt, Reinbek
- (Hrsg.) (1994): Erziehungswissenschaft. Ein Grundkurs, Rowohlt, Reinbek

Leonhardt, A. (1994): Die Wende in der DDR – gewendete Hörgeschädigtenpädagogik? In: Bleidick, U., Ellger-Rüttgart, S. (Hrsg.): Behindertenpädagogik im vereinten Deutschland. Deutscher Studien Verlag, Weinheim
- (1996a): Didaktik des Unterrichts für Gehörlose und Schwerhörige. Luchterhand, Neuwied/Kriftel/Berlin
- (Hrsg.) (1996b): Schulische Integration Hörgeschädigter. Luchterhand, Neuwied/Kriftel/Berlin
- (Hrsg.) (1997): Das Cochlear-Implant bei Kindern und Jugendlichen. Ernst Reinhardt, München/Basel
- (Hrsg.) (1998a): Mehrfachbehinderte mit Hörschäden. Luchterhand, Neuwied/Kriftel/Berlin
- (Hrsg.) (1998b): Ausbildung des Hörens – Erlernen des Sprechens. Luchterhand, Neuwied/Kriftel/Berlin

Lindner, G. (1992): Pädagogische Audiologie. Ullstein/Mosby, Berlin
- (1994): Entwicklung von Sprechfertigkeiten. Luchterhand, Neuwied/Kriftel/Berlin
- (1999): Absehen – der andere Weg zum Sprachverstehen. Luchterhand, Neuwied/Kriftel/Berlin

Löwe, A. (1974): Gehörlose, ihre Bildung und Rehabilitation. In: Deutscher Bildungsrat. Gutachten und Studien der Bildungskommission, Sonderpädagogik 2. Klett, Stuttgart, 15-183
- (1983): Gehörlosenpädagogik. In: Solarová, 12-48
- (1989): Hörprüfungen in der kinderärztlichen Praxis. Schindele, Heidelberg
- (1991): Hörerziehung für hörgeschädigte Kinder. Schindele, Heidelberg
- (1992a): Hörgeschädigtenpädagogik international. Schindele, Heidelberg
- (1992b): Früherfassung, Früherkennung, Früherziehung hörgeschädigter Kinder. Marhold, Berlin

Lüdtke, K. (1989): Besseres Hören. Germa Press, Hamburg

Markides, A. (1986): Age at fitting of hearing aids and speech intelligibility. British Journal of Audiology, Vol. 20, Number 2, May, 165-167
Marx, R. (1989): Stichwort „Sonderpädagogik". In: Lenzen, 1392-1408
Matschke, R.G., Plath, P. (1985): Zur Früherkennung von Hörstörungen. Eine einfache Methode der Reihenuntersuchung bei Neugeborenen. HNO 33, 40-44
Meyer, H. (1983): Geistigbehindertenpädagogik. In: Solarová, 84-119
Milz, I. (1998): Neuropsychologie für Pädagogen. borgmann, Dortmund
Ministerium für Arbeit, Gesundheit und Soziales des Landes Nordrhein-Westfalen (Hrsg.) (1992): Frühförderung hörgeschädigter Kinder. Ergebnisse einer Arbeitsgruppe
Möckel, A. (1988): Geschichte der Heilpädagogik. Klett-Cotta, Stuttgart
Müller, R.J. (1994): ... ich höre – nicht alles! Hörgeschädigte Mädchen und Jungen in Regelschulen. Schindele, Heidelberg

Naumann, H.H., Scherer, H. (Hrsg.) (1998): Differentialdiagnostik in der Hals-Nasen-Ohren-Heilkunde. Thieme, Stuttgart/New York
Neimann, N. W. (1978): Klassifizierung Hörgeschädigter. Die Sonderschule 23, 2. Beiheft, 18-23
Neppert, J. (1999): Elemente einer akustischen Phonetik. Buske, Hamburg
Nowak, K. (1978): „Euthanasie" und Sterilisierung im „Dritten Reich". Vandenhoeck u. Ruprecht, Göttingen

Padden, C., Humphries, T. (1991): Gehörlose. Eine Kultur bringt sich zur Sprache. Signum, Hamburg
Papoušek, M. (1995): Vom ersten Schrei zum ersten Wort. Huber, Bern
Penteker-Wolfheimer, U. (1998): Rhythmisch-musikalischer Unterricht. In: Diller, G. (Hrsg.): Hörgerichtetheit in der Praxis. Schindele, Heidelberg, 156-175
Petersen, A. (1989): Absehen. In: Claußen/Schuck, Bd. 2, 33-89
Pietsch, F. (1998): Was mir die Lautsprache bedeutet. In: Leonhardt 1998b, 189-193
Pietsch, M. (1998): Mein Leben – normal, nur ein bißchen anders. In: Leonhardt 1998b, 194-197
Plath, P. (1991): Allgemeine Grundlagen des Hörens und seine Störungen. In: Jussen/Claußen, 31-44
– (1992): Das Hörorgan und seine Funktion. Edition Marhold, Berlin
– (Hrsg.) (1995): Lexikon der Hörschäden. Gustav Fischer, Stuttgart/Jena/New York
Pöhle, K.-H. (1965): Karl Brauckmann und die moderne Schwerhörigenpädagogik. Die Sonderschule 10, 285-292
– (1967): Zur Spezifik der Sinnerfassung bei schwerhörigen Kindern. Die Sonderschule 14, 1. Beiheft, 13-55
– (1990): Methodik der Hörerziehung und der rhythmisch-musikalischen Erziehung bei Gehörlosen und bei Schwerhörigen. Lehrbrief, Berlin

- et al. (1990): Rehabilitationspädagogik für Hörgeschädigte. Volk und Gesundheit, Berlin
- (1994): Grundlagen der Pädagogik Hörbehinderter. Potsdamer Studientexte – Sonderpädagogik
- (1995): Rückblick; nach vorn gerichtet. In: Leonhardt, A., Mehnert, D. (Hrsg.): Begegnungen. Groos, Heidelberg, 145-157
-, Reuß, E. M. (1982): Das hörgeschädigte Kind. In: Breitsprecher, A. u. a.: Welches Kind muß sonderpädagogisch betreut werden. Volk und Wissen, Berlin, 54-86

Pollack, D. (1985): Educational Audiology for the Limited-hearing Infant and Preschooler. Charles C. Thomas, Springfield, Il.

Prillwitz, S. (Hrsg.) (1991): Zeig mir deine Sprachen! Elternbuch Teil 2: Vorschulische Erziehung gehörloser Kinder in Laut- und Gebärdensprache. Signum, Hamburg

-, Wisch, F.-H., Wudtke, H. (1991): Zeig mir deine Sprache! Elternbuch Teil 1: Zur Früherziehung gehörloser Kinder in Lautsprache und Gebärden. Signum, Hamburg

Pschyrembel Klinisches Wörterbuch (1997). 258. A. de Gruyter, Berlin/ New York

Rammel, G. (1987): Zur Praxis der Erwachsenenbildung für Gehörlose. In: Gegner, U. (Hrsg.): Orientierungen der Hörgeschädigtenpädagogik, Groos, Heidelberg, 225-237

Richtberg, W. (1980): Hörbehinderung als psycho-soziales Leiden. Forschungsbericht. Herausgeber: Der Bundesminister für Arbeit und Sozialordnung, Bonn

Rieder, K. (1976): Zur Geschichte des englischen Sonderschulwesens. Heilpädagogik, Beiblatt der Zeitschrift Erziehung und Unterricht 19, 93-95

Rohloff, I. (1985): Rhythmisch-musikalische Erziehung mit Gehörlosen: In: Straumann, J. (Hrsg.): Lernen der Bewegung – Lernen durch Bewegung. Teil 1, Groos, Heidelberg, 60-87

Rost, U., Strauß-Schier, A. (1998): Rehabilitations- und Testkonzepte bei Erwachsenen. In: Lenarz, T.: Cochlea-Implantat. Springer, Berlin/ Heidelberg/New York, 136-145

Rutherford, S. D. (1989): Die Kultur der amerikanischen Gehörlosen. Das Zeichen 3, 8, 19-27

Sacks, O. (1990): Stumme Stimmen. Rowohlt, Reinbek

Salz, W., Breitinger, M. (Hrsg.) (1985): Neue Aspekte in der Frühförderung gehörloser und schwerhöriger Kinder. Groos, Heidelberg

-, Graebke, E., Markward, R. (1997): Erfahrungen mit CI-Kindern am Pfalzinstitut. Ein Zwischenbericht. In: Leonhardt, A. (Hrsg.): Das Cochlear Implant bei Kindern und Jugendlichen. Ernst Reinhardt, München/Basel, 97-127

Sander, A. (1973): Die statistische Erfassung von Behinderten in der Bundesrepublik Deutschland. In: Muth, J. (Hrsg.): Behindertenstatistik, Früherkennung, Frühförderung. Klett, Stuttgart, 13-109

Scheiblauer, M. (1929): Rhythmik im Taubstummenunterricht. Blätter für Taubstummenbildung 12, 265-267

Schlote, W. (1989): Grundlagen der neurophysiologischen Entwicklung von Kindern im Vorschulalter. In: Stiftung zur Förderung körperbehinderter Hochbegabter Vaduz, 38-60
Schmidt, K. (1996): Ausnahme bestätigt sich in der Allgemeinen Schule. In: Leonhardt 1996b, 94-100
Schmidt, R. F., Thews, G. (Hrsg.) (1995): Physiologie des Menschen. Springer, Berlin/Heidelberg/New York
Schorn, K. (1998): Differentialdiagnose der Hörstörungen. In: Naumann/Scherer, 62-144
Schott, W. (1995): Das k. k. Taubstummen-Institut in Wien 1779-1918. Böhlau, Wien/Köln/Weimar
Schröder, H. (1992): Grundwortschatz Erziehungswissenschaft. Ehrenwirth, München
Schubel, B., Linß, W. (1990): Grundriß der Anatomie. Gesundheit GmbH, Berlin
Schubert, I. (1995): Früh- und Vorschulerziehung in der ehemaligen DDR. In: Leonhardt, A., Mehnert, D. (Hrsg.): Begegnungen. Groos, Heidelberg, 185-198
Schulte, E. (1991): Organisation der beruflichen Aus- und Fortbildung. In: Jussen/Claußen, 172-176
– (1998): Wege in den Beruf und in das Studium für Hörgeschädigte in Deutschland – Ein Beispiel. Die neue Sonderschule 43, 463-469
Schulte, K. (1974): Phonembestimmtes Manualsystem (PMS). Neckar, Villingen-Schwenningen
–, Strauß, H.-Ch., Lehmann-Tremmel, G. (1997): Verbesserung der beruflichen Weiterbildung für gehörlose und schwerhörige Erwachsene. Neckar, Villingen-Schwenningen
Schumann, P. (1929): Das taubstumme Kind. Die Taubstummheit. In: Handbuch des Taubstummenwesens. Herausgegeben vom Bund Deutscher Taubstummenlehrer. Stande, Osterwieck a. Harz, 3-57
– (1929): Die Bildungseinrichtungen. In: Handbuch des Taubstummenwesens. Herausgegeben vom Bund Deutscher Taubstummenlehrer, Staude, Osterwieck a. Harz, 61-130
– (1929): Die Bildungslehre. In: Handbuch des Taubstummenwesens. Herausgegeben vom Bunde Deutscher Taubstummenlehrer, Staude, Osterwieck a. Harz, 131-197
– (1940): Geschichte des Taubstummenwesens vom deutschen Standpunkt aus dargestellt. Diesterweg, Frankfurt a. M.
Schunk, K. (1998): Wie habe ich sprechen gelernt? In: Leonhardt 1998b, 198-201
Schweitzer, M., Kemper, U. (1995): Gehörlosigkeit und ihre Auswirkungen im Arbeitsleben – Aufgaben der Erwachsenenbildung. In: Landschaftsverband Westfalen-Lippe (Hrsg.): Weiterbildungsmaßnahmen für gehörlose Arbeitnehmer und Arbeitnehmerinnen, Bd. I, 7-40
Seidler, H. (1996): Schwerhörigkeit: Ursachen, Diagnostik, Therapie, Hörgeräteversorgung. Kaden, Heidelberg
Senn, V. A. (1995): Cochli-Tagebuch. Ein Erfahrungsbericht Januar 1994 – April 1995. In: Stiftung zur Förderung körperbehinderter Hochbegabter.Vaduz, 283-314

Silbernagl, S., Despopoulos, A. (1991): Taschenatlas der Physiologie. Thieme, Stuttgart/New York

Solarová, S. (Hrsg.) (1983): Geschichte der Sonderpädagogik. Kohlhammer, Stuttgart/Berlin/Köln/Mainz

Speck, O. (1998): System Heilpädagogik. 4. A. Ernst Reinhardt, München/Basel

Statistische Nachrichten über die deutschen Taubstummenanstaltungen (1927-1928). Staude, Osterwieck a. Harz

Statistisches Bundesamt (Hrsg.) (1998): Statistik der Schwerbehinderten 1997

Stichnoth, T. (1986): Taubstummheit. Die medizinische Behandlung der Gehörlosigkeit vom 17. Jahrhundert bis zur Gegenwart. Dissertation, Köln

Stiftung zur Förderung körperbehinderter Hochbegabter. Vaduz (Hrsg.) (1989): Aufgaben und Probleme der Frühförderung gehörloser und schwerhöriger Kinder unter dem Aspekt der Begabungsentfaltung. Hohenems

– (Hrsg.) (1990): Modelle interdisziplinärer Frühförderung zur Begabungsentfaltung auf der Grundlage eines hörgerichteten Spracherwerbs. Hohenems

– (Hrsg.) (1995): Das Cochlear Implant, eine (neue) Möglichkeit der Begabungsentfaltung bei Hörgeschädigten? Hohenems

Stokoe, W. C. (1960): Sign Language Structure. Linstok Press, Silver Spring

Straumann, J. (Hrsg.) (1985): Lernen der Bewegung – Lernen durch Bewegung. Teil 1: Bewegungs- und Entwicklungsförderung, Rhythmik, Tanz, Musik. Teil 2: Sprechen und Sprechunterricht. Groos, Heidelberg.

Tesch-Römer, C., Nowak, M. (1996): Höreinbußen im Alter: Belastung und Bewältigungsmöglichkeiten. In: Tesch-Römer/Wahl 1996 b, 107-126

–, Wahl, H.-W. (1996a): Was es bedeutet, (nicht) hören und sehen zu können. In: Tesch-Römer/Wahl 1996 b, 1-12

–, Wahl, H.-W. (Hrsg.) (1996b): Seh- und Höreinbußen älterer Menschen. Steinkopff, Darmstadt

Ullrich, D. (1994): HNO-Erkrankungen im Kindesalter. Thieme, Stuttgart

Vognsen, S. (1976): Hörbehindert. Median, Heidelberg

Voit, H. (1992): Vor neuen Weichenstellungen in der Gehörlosenpädagogik? Entscheidende Überlegungen. In: Leonhardt, A.: Einblicke und Ausblicke. Groos, Heidelberg, 167-185

– (1998): Multiple Sprachwelten – Selbstdeutungen Hörgeschädigter und ihre Relevanz für die Gehörlosenpädagogik. In: Gogolin, I., Graap, S., List, G.: Über Mehrsprachigkeit. Stauffenburg Tübingen, 253-271

Vonlanthen, A. (1995): Handbuch der Hörgerätetechnik. Phonak (Stäfa)

Walther, E. (1882): Geschichte des Taubstummen-Bildungswesens. von Velhagen und Klasing, Bielefeld/Leipzig

Weber, B. R., Neuburger, J., Lenarz, Th. (1998): Zur Entwicklung und klinischen Erprobung eines magnetfreien Cochlea-Implantats. Laryngo-Rhino-Otologie 77, 7, 376-381
Wendler, J., Seidner, W., Kittel, G., Eysholdt, U. (1996): Lehrbuch der Phoniatrie und Pädaudiologie. Thieme, Stuttgart/New York
Werner, H. (1932): Geschichte des Taubstummenproblems bis ins 17. Jahrhundert. Fischer, Jena
Wiechmann, W. (1971): Die Wechselgruppe. Eine Form stationärer Untersuchung und Erziehung hörgeschädigter Kleinkinder. Marhold, Berlin
Winkler, J. (1993): Anna Catharina Elisabeth Heinicke (1757-1840). Erste Direktorin einer deutschen Gehörlosenschule. In: Fischer, R., Lane, H. (Hrsg.): Blick zurück. Signum, Hamburg, 323-342
Wirth, G. (1990): Sprachstörungen – Sprechstörungen – Kindliche Hörstörungen. Deutscher-Ärzte-Verlag, Köln
Wisch, F.-H. (1991): Anhang: Manuelle und technische Hilfen. In: Prillwitz, 195-215
Wisotzki, K. H. (1993): Kommunikationsbelastung und Kommunikationsstrategien Schwerhöriger. In: Hörbericht. Das Fachthema. Geers, Dortmund
- (1994): Grundriß der Hörgeschädigtenpädagogik. Ed. Marhold, Berlin
- (1996): Altersschwerhörigkeit. Kohlhammer, Stuttgart/Berlin/Köln
- (1998): Gehörlosenpädagogik. In: Bleidick, U. u. a.: Einführung in die Behindertenpädagogik, Band II. Kohlhammer, Stuttgart/Berlin/Köln, 31-56

Yoshinaga-Itano, C. (1995): Efficancy of early identification and early intervention. Seminars in Hearing 16, 115-123

Zimbardo, Ph. G. (1995): Psychologie. Springer, Berlin/Heidelberg/New York

Fachzeitschriften

„**Hörgeschädigtenpädagogik**": Zweimonatsschrift. Herausgeber: Berufsverband Deutscher Hörgeschädigtenpädagogen (BDH). Verbandsorgan, das gleichermaßen Praktiker wie auch Wissenschaftler ansprechen will. Informiert über verschiedene Aspekte der Hörgeschädigtenpädagogik und über die Arbeit des Verbandes. Median-Verlag Heidelberg

„**Sprache – Stimme – Gehör**": Vierteljahresschrift. Keine Verbandszeitschrift, wird unter Schriftleitung von M. Ptok herausgegeben von H. Neumann, H. Premm und M. Spiecker-Henke. Zeitschrift für Kommunikationsstörungen verschiedener Art, demzufolge nicht eng auf hörgeschädigtenpädagogische Fragestellungen begrenzt; es werden gleichermaßen medizinische, linguistische und sprachheilpädagogische Aspekte einbezogen; interdisziplinäre Fachzeitschrift auf gutem Niveau. Thieme-Verlag, Stuttgart/New York

„forum": Halbjahresschrift. Herausgeber: Deutscher Fachverband für Gehörlosen- und Schwerhörigenpädagogik (DFGS). Verbandsorgan; spricht gleichermaßen Praktiker wie auch Wissenschaftler an. Informiert über verschiedene Aspekte der Hörgeschädigtenpädagogik und über die Arbeit des Verbandes.

Des weiteren können zur Information dienen:

– die beiden **Elternzeitschriften**

„**hörgeschädigte Kinder**": Vierteljahresschrift, Verlag hörgeschädigte Kinder gGmbH, Hamburg.
„**Spektrum Hören**": Vierteljahresschrift, herausgegeben von der Bundesgemeinschaft der Eltern und Freunde hörgeschädigter Kinder e.V., Hamburg

– die **allgemein sonderpädagogische Zeitschrift**
„Die neue Sonderschule", Zweimonatsschrift, Luchterhand Verlag, Neuwied, die in mehr oder weniger regelmäßigen Abständen Beiträge aus dem Bereich der Hörgeschädigtenpädagogik bietet.

Organisationen für Hörgeschädigte

Deutschland

a) **Organisationen der Hörgeschädigten**

Deutscher Gehörlosenbund e.V., Paradeplatz 3, 24768 Rendsburg
Deutscher Schwerhörigenbund e.V., Breite Str. 3, 13187 Berlin
Deutsche Cochlea Implant Gesellschaft e.V., Gehägestr. 28-30, 30655 Hannover
Deutsche Tinnitus-Liga e.V., Am Lohsiepen 18, 42369 Wuppertal
Bundesarbeitsgemeinschaft Hörbehinderter Studenten und Absolventen, Hinter der Hochstätte 2a, 65239 Hochheim a. M.

b) **Organisationen der Hörgeschädigtenpädagogen**

Berufsverband Deutscher Hörgeschädigtenpädagogen, Borsteler Chaussee 163, 22453 Hamburg
Arbeitsgemeinschaft der Leiter der Bildungseinrichtungen für Gehörlose und Schwerhörige (Bundesdirektorenkonferenz), Lerigauweg 39, 26131 Oldenburg
Deutscher Fachverband für Gehörlosen- und Schwerhörigenpädagogik, Friedrichstr. 12, 10969 Berlin
Arbeitsgemeinschaft der Erzieher bei Hörgeschädigten e.V., Elisabethstr. 48, 56564 Neuwied
Bundesarbeitsgemeinschaft der Sozialarbeiter/Sozialpädagogen für Hör-Sprach-Geschädigte e.V., Hanseller Str. 41, 48161 Münster

c) **Organisationen der Eltern hörgeschädigter Kinder**

Elternverband Deutscher Gehörlosenschulen e.V., Lindemannstr. 66-68, 44137 Dortmund
Bundesgemeinschaft der Eltern und Freunde schwerhöriger Kinder e.V., Pirolkamp 18, 22397 Hamburg

d) **Arbeitsgemeinschaften der Seelsorge**

Deutsche Arbeitsgemeinschaft für evangelische Gehörlosenseelsorge e.V., Weender Landstr. 3, 37073 Göttingen
AFESS-Arbeitsgemeinschaft der evangelischen Schwerhörigenseelsorge e.V., Krokusstr. 1, 48527 Nordhorn
Arbeitsgemeinschaft der katholischen Gehörlosenseelsorge Deutschlands, Drovestr. 124, 52372 Kreuzau

e) **weitere Organisationen für Hörgeschädigte**

Deutsche Gesellschaft zur Förderung der Gehörlosen und Schwerhörigen e.V., Niemöllerallee 18, 81739 München
Liga für Hörgeschädigte e.V., Homburgerstr. 20, 61169 Friedberg
Bundesverband Lautsprache und Integration für Gehörlose und Schwerhörige e.V., Hans-Purrmann-Str. 3, 67227 Frankenthal

Österreich

Österreichischer Gehörlosenbund, Waldgasse 13/2, 1100 Wien, Tel. +43 1 602 20 26
Österreichischer Bund für Schwerhörige, Spätertaubte, Tinnitus-Betroffene und Sprachbehinderte; Hans Neuhold, Vizepräsident, p.A. Leopoldhofweg 17/24, A-8160 Weiz, Tel.+Fax: +43 31 72 38914, e-Mail: hans.neuhold@ppl.co.at

Schweiz

Bund Schweizerischer Schwerhörigenvereine, Schaffhauserstraße 7, CH-8042 Zürich
Schweizerischer Verband für das Gehörlosenwesen, Feleggstraße 69, CH-8032 Zürich

Sachregister

Absehen 77, s. auch visuelle Lautsprachperzeption
Akustiker 49
Allgemeine Pädagogik 30
Altersschwerhörige 175-178
Altersschwerhörigkeit 33, 175-178
–, Ursachen 175
Audiogramm 48, 51
Audiometer 51
Audiometrie 89-93
–, Aussonderungsaudiometrie 92
–, Bestimmungsaudiometrie 92f
–, Evoked Response Audiometry (ERA) 90
–, Impedanzaudiometrie 90
–, Kinderaudiometrie 92
–, Neugeborenenaudiometrie 89-90
–, objektive Verfahren 89
–, Sprachaudiometrie 91f
–, subjektive Verfahren 89, 91
–, Tonaudiometrie 91
auditive Perzeption 69, 71, 83
auditive Sprachanbahnung 162f
auditiv-verbal 80
Auditory-Verbal-International (AVI) 79
Auswirkungen 68

Behinderung 31f
berufliche Bildung 109-111
berufliche Eingliederung 167-170
Berufsbildungswerk 94, 110, 111
Berufsfelder 109
Berufsschule 110
Berufsvorbereitung 109
BiCROS 122
bilinguale Erziehung 34, 79, 141f
Bundesdirektorenkonferenz 28

CI-Träger 20, 84-86
Cochlea 40, 47, 52
Cochlea-Implantat 21, 35, 82, 84-86, 102, 107, 127-138
Cochlea-Implant-Zentrum 128
CROS 122

Deutsche Cochlear Implant Gesellschaft 21, 84
Deutsche Methode 192f
Deutsches Zentralregister für kindliche Hörstörungen (DZH) 62

Einzelfallintegration 106f
Elementarbereich 95, 100, 102
Emanzipationsbewegung der Gehörlosen 20
Ertaubte 20, 37, 68, 81-84
Ertaubung 20-26, 60
European Association of Cochlear Implant Users (EURO-CIU) 21

Familie 66, 165
Fingeralphabet 113, 114
Förderbedarf 25, 68, 77
Förderschwerpunkt Hören 24f
Französische Methode 191f
Früherkennung 37, 88, 155
Frühförderung/Früherziehung 51, 74, 80, 94, 97f, 101, 102, 141, 150, 155-166

Gallaudet-Universität 139
Gebärdensprachdolmetscher 111
Gebärdensprache 20, 35, 79, 102, 103, 139-142, 163f
gehörlos 20, 24
Gehörlose 20f, 68, 70, 77-80
–, Lautsprachkompetenz 77f
Gehörlosenbewegung 79
Gehörlosenkultur 20, 79, 103, 140f
Gehörlosenverein 170, 172
Gehörlosigkeit 20-26, 50f, 60, 69
gemeinsames Lernen 106-109
Geschwisterkinder 98

Sachregister

Grad der Behinderung (GdB) 21f
Gruppenintegration 107

Hausfrüherziehung 97f
Hirnstammimplantat 135f
Hörbahn 42, 46, 52, 104, 159, 162
Hörbehinderung 34, 69, 97
Hören 11, 18, 21, 24, 44-46, 120, 127, 132, 148, 159, 161, 175
Hörerziehung 49, 89, 95, 143-146, 206-209
–, Ziele 144
Hörgerät, Hörhilfe 21, 47, 49, 71, 72, 73, 78, 81, 97, 98, 103, 104, 117-124, 143, 148, 156, 177
–, HdO-Geräte 118-120
–, Höranlagen 123-124
–, Hörbrillen 122
–, IdO-Geräte 120
–, Taschenhörgeräte 121
Hörgeräteversorgung 44
hörgerichteter Spracherwerb 34
Hörgerichtetheit 86, 148
hörgeschädigt 18f
Hörgeschädigte
–, Altersverteilung 60f
–, Geschlechterverteilung 65
Hörgeschädigtenpädagogen 28, 47, 97, 98, 99
–, Ausbildung der Hörgeschädigtenpädagogen 28
Hörgeschädigtenpädagogik 26-35, 128
–, Gegenstand 30-35
–, Ziele 29
Hörkapazität 68f, 80, 103, 132, 143
Hörnerv 42, 50, 127
Hörschaden
–, Art und Ausmaß 69
–, soziale Entwicklungsbedingungen 70f
– und weitere Behinderungen 70
–, Zeitpunkt des Eintretens 69f, 88, 170
Hörschäden

–, Diagnostik 88
–, Häufigkeit 57-66
Hörschädigung 23-26, 59, 61, 104
–, Arten 47
–, Ursachen 52-57
Hörschwelle 51, 104
Hör-Sprech-Erziehung 150
Hörsturz 33, 83, 173
Hörtheorien 46
Hörtraining 49, 89, 133f, 136, 143, 178
Hörverlust 69
–, Ausmaß 51f

Infrarotanlage 124
Internat 94, 99, 101, 150

kombinierte Schalleitungs-Schallempfindungsschwerhörigkeit 50, 69
kommunikative Kompetenz 29, 77, 95, 102, 103, 108, 135

manuelle Zeichen 70, 95, 103, 113-117
mechano-kutane Hilfsmittel 125
Mehrfachbehinderung 70, 77, 105
MikroLink-System 124
Mikroportanlage 124
Mitschreibdienst 111
Mund-Hand-System 116, 117

National Technical Institute for the Deaf (NTID) 139

Ohr
–, Anatomie 37-44
–, äußeres Ohr 38, 44
–, Innenohr 40-42, 45f
–, Mittelohr 39f, 44f
organisatorische Maßnahmen im Unterricht 104f

Pädagogik 26
–, Gegenstand 30
Pädoaudiologische Beratungsstelle 94-97
–, Aufgaben 96

Phonembestimmtes Manualsystem (PMS) 113, 116
postlingual Schwerhörige 81
präventive Integration 101, 107
psychosoziale Situation 70, 72, 168, 173

Recruitment 49
Rhythmisch-musikalische Erziehung 95, 143, 147-149
Risikokinder 92

Schalleitungsschwerhörigkeit 47f, 69, 72
Schule für Gehörlose 103
Schule für Schwerhörige 104
Schülerpopulation 23
schwerhörig 20, 24
Schwerhörige 20f, 68, 71-77, 81
Schwerhörigenverein 170, 172
Schwerhörigkeit 20-26
– und Syndrome 54-57
sensorineurale Schwerhörigkeit 48-50, 69, 73-76
Sonderpädagogik 27
–, Gegenstand 31-33
–, Teildisziplinen 27-29, 35

Sonderpädagogisches Förderzentrum 107f
soziales Umfeld 69, 70f, 77, 82, 159
Spanische Methode 186f
Sprachentwicklung Schwerhöriger
–, Auffälligkeiten 74
Sprechfertigkeiten 143, 149-151

Taubblinde/Hör-Seh-Behinderte 70
taubstumm 77
Taubstummenanstalt 23

Verallgemeinerungsbewegung 196f
–, Ziele 197
visuelle Lautsprachperzeption/Absehen 82, 95, 143, 151-153, 168
Vorschulerziehung 100-102, 150

Wechselgruppe 98-100
–, Arten 99
–, Ziele 100

Annette Leonhardt (Hrsg.)
Das Cochlear Implant bei Kindern und Jugendlichen

1997. 139 Seiten. 33 Abb. (3-497-01425-7) kt

Das Cochlear Implant ist eine hochentwickelte Hörprothese, die in die Schnecke des Ohres eingesetzt wird und in bestimmten Fällen Gehörlosen ein Hören ermöglicht. Eine sorgfältige pädagogisch-psychologische Betreuung und eine intensive Hörerziehung sind als Begleitmaßnahmen unerläßlich. Anhand zahlreicher Erfahrungsberichte werden die Möglichkeiten individueller Förderung erläutert.

Aus dem Inhalt

Teil I: Grundlagen

Leonhardt, A.: Das Cochlear Implant bei Kindern und Jugendlichen

Lehnhardt, E.: Das Cochlear Implant von den Anfängen bis zur verläßlichen Hilfe für taube Kinder

Laszig, R.: Gegenwärtiger Stand der Cochlear Implant-Therapie einschließlich des Konzeptes der „soft surgery"

Bertram, B.: Die Erstanpassung des Sprachprozessors bei Kindern als technische und pädagogisch-psychologische Aufgabe

Teil II: Mit Cochlear Implant in Schule und Familie

Horsch, U., Weber, C.: Streß-Belastung und -Bewältigung. Zur Situation von Eltern mit einem cochlear-implantierten Kind

Ilchmann, H.: Cochlear Implant bei Schulkindern – Ausgewählte Aspekte in der pädagogischen Betreuung

Jones-Ullmann, J.: Sprachperzeption und -produktion gehörloser Kinder nach der Implantation: Ergebnisse aus der Forschung

Salz, W., Graebke, E., Markward, R.: Erfahrung mit cochlear-implantierten Kindern am Pfalzinstitut

Wollmann, K.: Dreijährige Erfahrung mit cochlear-implantierten Kindern in der Grundschulstufe

Ernst Reinhardt Verlag München Basel

Ingeborg Hedderich

Einführung in die Körperbehindertenpädagogik

1999. 143 Seiten. 32 Abb. 4 Tab. 21 Übungsaufgaben. UTB–M (3-8252-2102-4) kt

Die Körperbehindertenpädagogik ist in Bewegung geraten! Fragen der integrativen Erziehung und Förderung bei schwerster Behinderung haben in den letzten Jahrzehnten völlig neue Aufgaben gestellt.

Ingeborg Hedderich gibt einen Überblick über die klassischen Themen der Körperbehindertenpädagogik von der Frühförderung bis zur Arbeitswelt. Dabei zeigt sie aktuelle Entwicklungen in Theorie und Praxis auf. Eine kommentierte Bibliographie und umfangreiche Arbeitsmaterialien geben Anregungen zur tiefergehenden Beschäftigung mit dem Fach.

Aus dem Inhalt

Menschen mit Körperbehinderung: Motorik, Bewegung, Wahrnehmung, Formen der Körperbehinderung, Besonderheiten der Entwicklung von Wahrnehmung, Gedächtnis und Intelligenz

Frühförderung und Frühbehandlung bei Körperbehinderung: Organisationsformen, Interdisziplinarität, Zusammenarbeit mit den Eltern, besondere Therapien, Einschulungsdiagnostik

Schulische Förderung bei Körperbehinderung: Entwicklung des Sonderschulwesens, Organisation der Schule für Körperbehinderte, Didaktik, Integration, Berufliche Belastungssituationen der Sonderschullehrerin, spezielle pädagogische Aufgabenfelder

Förderung bei schwerster Behinderung: Personenkreis, Kommunikative Förderung, Förderung und Therapie

Übergang in das Erwachsenenleben: Werkstatt und alternative Formen der Beschäftigung, Selbstbestimmtes Leben und Wohnen, Sexualität

Hilfsmittel bei Körperbehinderung

Arbeitsmaterialien

Ernst Reinhardt Verlag München Basel

Clemens Hillenbrand
Einführung in die Verhaltensgestörtenpädagogik

1999. 235 Seiten. 24 Abb. 6 Tab. 45 Übungsaufgaben. UTB–M (3-8252-2103-2) kt

Aggressive, hyperaktive, ängstliche und selbstmordgefährdete Kinder in Erziehung und Unterricht – Verhaltensstörungen sind ein schillerndes Phänomen und für die Pädagogen eine zunehmend brisante Herausforderung. Lehrer und Erzieher geraten gerade bei Kindern und Jugendlichen mit auffälligen Verhaltensweisen schnell an ihre Grenzen. Wie entstehen Verhaltensstörungen? Wie werden sie diagnostiziert? Welche Modelle und Methoden hat die Sonderpädagogik entwickelt? Auf diese Fragen gibt Hillenbrand in seinem Buch Antwort. Er vermittelt einen Überblick über Grundlagen und praxisrelevante Ergebnisse der Verhaltensgestörtenpädagogik.

Aus dem Inhalt

Wissenschaftliche Grundlegung: Grundbegriffe und Standortbestimmung der Pädagogik bei Verhaltensstörungen

Wissenschaftliche Modelle: Biophysisches, psychodynamisches, verhaltenstheoretisches, soziologisches, polit-ökonomisches und ökologisches Modell

Ausgewählte Konzeptionen: Ich-Unterstützung nach Redl. Kognitive Verhaltensmodifikation. Systemtheorien. Handlungstheoretisches Konzept

Diagnostik: Ziele und Aufgaben. Methoden. Gutachten

Erzieherisches Handeln: Prävention. Interventionen. Beratung. Institutionen der Erziehungshilfe: Rechtliche Rahmenbedingungen. Schulische und sozialpädagogische Hilfen. Jugendstrafvollzug. Vernetzung von Angeboten

Spezielle Störungen: Aggression. Hyperaktivität. Angst

Perspektiven: Resilienz. Metakognition. Integration

Diskussion und offene Fragen: Dominanz psychologischer Theorien. Primat der Beziehung. Ethische Grundlagen

Ernst Reinhardt Verlag München Basel